長谷川晃

公正の法哲学

信山社

目　次

目　次

目　次

第Ⅲ部　正義と法秩序……231

〔初出一覧〕

（第Ⅰ部および第Ⅲ部に再録した論文には必要最小限度の加筆訂正を行った。また第Ⅱ部に利用した論文については挿入の際に必要な修正を行った。尚、これらの論文の再録や利用に際しては関係各位の御快諾をいただいたことに感謝する。）

第Ⅰ部

第一章　“Legal Reasoning and Interpretation of Justice”（北大法学論集、四八巻五号、一九九八年、三三〇―三一一頁）

第二章　「ポストモダニズムと正義論」（法の理論、一七号、一九九七年、一七―七八頁）

第三章　「〈公正な市場〉の法」（法哲学年報一九九四、市場の法哲学、有斐閣、一九九五年、六―二〇頁）

第Ⅱ部　書き下ろし

ただし、第一章および第二章の一部に、「公共的観点とリベラルな平等論」（三島淑臣他編、人間の尊厳と現代法理論、成文堂、二〇〇〇年、四五五―四七九頁）の一部を利用した。また、第三章の一部に、「リベラルな平等についての覚え書き」（北大法学論集、四三巻五号、一九九三年、四三〇―四〇九頁）の一部を利用した。

第Ⅲ部

第一章　「正義はいかに受容されるか」（長谷川晃編、市民的秩序のゆくえ、北海道大学図書刊行会、一九九九年、一六五―二一〇頁）

第二章　「アジア社会における普遍的法の形成」（北大法学論集、五〇巻三号、一九九九年、二七八―二六一頁）

第三章　「市民の時代の公共哲学」（今井弘道編、「市民」の時代、北海道大学図書刊行会、一九九八年、一五九―一九八頁）

第Ⅰ部　法思考から正義へ

第一章　法的正当化と正義観念

一　はじめに

法的正当化は、法的決定のための理由づけのネットワークである。このネットワークは複雑なもので、法規範に限らず一般に様々の規範的言明を中心とし、同時に非規範的言明によって論理的に条件づけられた、複合的、多層的、そして開放的で目的指向的なネットワークの全体である。これが私なりの法的正当化の基本像であった(1)。

法的正当化は、まず制定法だけではなく制定法以外の諸々の実践的原理を必然的に前提し、しかもそれらが一定の論理的連鎖の内に位置するような構成をもっている。そして、それらの部分を形づくる論理的形式としては前件肯定式と目的論的形式との二種類が考えられ、これらが相互に結びついていることもある。また、その正当化の内には、制定法や様々の実践的原理の適用に関する各種の条件が存在しており、特に適用状況の同定については、積極的あるいは消極的な形で事実についての言明（ただし、それは言うまでもなく或る価値的前提に依存して成立するのである）が重要な役割を果たしている。さらにこれらの原理や条件は、各々のメターレヴェルにそれらの適用可能性自体について規定する原理や条件を有していて、それがさらに高次のレヴェルにまで積み重なって各々が多層的なまとまりを構成しており、しかもそれらのまとまりが複合することによって正当化の全体が構成されている。そして、このような可能的なネットワークが具体的な問題状況との関わりで一定の了解と正当化目標とによって枠づけと解釈を与えられて現れるのが、個々の具体的な法的正当化である。それ故、当の問題了解や正当化目標が問題とされうる限り法的正当化は開放性をもち、別の形へと組み換えられる可能性を常にもつ。

次に、法的正当化が具体的には複合的、多層的かつ開放的な正当化のネットワークとして成立しているということは、それ自体が一定の生成プロセスの結果である。すなわち、法的正当化の具体的な構造や布置が規定されるのは、具体的な問題の文脈の下で営まれる正当化の実践の内で或る原理に従っているが故なのであり、その原理は、正当化のネットワーク全体に対してはそれを現実化する高次のメタ原理とでも言うべきものである。この観点から見れば、具体的な法的正当化の構成は、一定の原理に従いながら様々の言明群をその内に位置づけてゆくというダイナミックスを基礎としていると言える。

一般に正当化は問題解決としての思考の一ヴァリエーションである。問題解決としての思考は、最終的問題の下位問題群への分析とそれらについての解答の試みという試行錯誤的な目標達成プロセスとして捉えられるが、正当化もその例にもれず、一定の正当化目標の達成のための言語的な試みである。そこでは、正当化がより直接的に価値評価と決定に関係するために、目標の設定やその達成プロセスへの要請がいっそう強固なものとなり、目標と達成プロセスとの間に負のフィード・バックが強く働いている。このような負のフィード・バックが正当化に働いているということは、正当化に含まれている一つあるいは複数の相互に関連し合う命題群が基本的に不可変更的な論理的支点として固定され、正当化はそれを要として整合的に構成されるということを示している。かくして、法的正当化はある価値的直観に由来する支点とそれをめぐる負のフィード・バック作用の下で目的指向的に営まれ、それと相まって複合的、多層的かつ開放的な様相を呈することになる。このとき、法的正当化の全体を規制しているのは目標定位的で階層的なメタ原理である。もっとも、ここで述べているメタ原理とはあくまで形式的なものであり、それ自体が特定の価値内容を含むものではない。

以上に付け加えて、法的正当化は解釈的な営為でもある。解釈とは一般的に言えばある物事を一定の観点から一定の意味を付与して理解することであり、この意味で、解釈は生物や人間の感覚知覚に始まり、人間の思考やその理解、言葉の解釈や翻訳あるいは法解釈に至るまで共通に見出される営為である。しかも、そこでは常に一定の解釈仮説が前提されており、多くの場合それは必然的に何らかの価値と関連している。法解釈は、特に所与の法的言語の読み換えを通じて一定の規範を具体化し同時に既存の規範体系の維持を図る解釈の一ヴァリエーションであり、その際には黙示的にであれ様々の解釈仮説が常に介在している。

従来、法解釈のための仮説は、正当化の大前提としての法規と小前提とを結びつけるものと考えられてきた。しかし、既に述べたように、そこには結論についての考慮や大前提たる法規の適用可能性についての考慮の他にも、複数ありうる認定事実の選択規準についての仮説や、基本的な解釈原理についての仮説やその選択規準についての仮説、更にそれらの仮説全体を関連づける全体的な仮説などが介在し、それらすべては密接不可分の関係に立っている。さらに、法解釈は所与の法的言語を明確化するというよりは、その不確定性を利用してある決定を様々に権威づけるものであり、その営為の全体を導くものは規整理念としての法の

観念である。(2)

しかし、私は現在、このような見方は基本的には誤っているわけではないとしても、幾つかの重要な限界があると考えている。第一に、以上の考え方は正当化のリニアリティにのみ則しているという限界がある。すなわち、この考え方は、法的正当化を行う決定者のモノロジカルな推論・判断・解釈の構造にだけ焦点をあてている。しかしながら、法的正当化においてさらに重要な問題は、そのようなモノロジカルな推論・判断・解釈を生み出すいっそう深層レヴェルでの多次元的な考量のプロセスであるだろう。第二に、この考え方は法的正当化における価値考量の構造分析が不十分なままである。そこで考えられていたのはあくまで一定の価値考量が定まった後の推論構成のプロセスにおける構造であるが、その背後に存在するはずの多次元的な価値の比較考量の構造を、必ずしも容易なことではないとしても、可能な限り明らかにする必要があるだろう。第三に、法的判断の手続面、特に裁判手続の内での法的正当化・判断・解釈のあり方の考察も忘れることはできない。実際の裁判手続きの内での法的判断には、不完全な判断、省略論法、あるいは論点の絞り込みなどの手続的制約(3)が存在しているのである。

本章においては、特に第一と第二の点が重要な問題であり、とりわけ後者が重要である。この点が明らかになれば、そこから自ずと多次元的考量の構造も明らかになってくるだろう。

二　正当化理由の考量とその構造

多次元的な考量の構造の考察のためには、まず正当化の理由群とその考量の論理を確認する必要がある。この確認が重要であるのは、先に述べたように、法的判断の深層レヴェルにおいて当事者それぞれによって主張される理由間の相対的な比較検討を基礎とすることによって初めて、法的正当化を構成し決定をくだすことが可能になるからである。その場合、両当事者がその法的主張のために依拠する正当化理由は、prima facie には各々に正当なものとして考えられる。もし一方の当事者の法的主張の正当化理由が一見して明らかに不適切であるならば、両当事者の間の正当化理由の比較検討という問題は最初から生じない。

両当事者間の正当化理由の比較考量に関して最もポピュラーな法的手法の一つとしては、いわゆる利益考量が考えられる(4)。それは、争われている利益どうしを付き合わせて検討することによって優先させられるべき利益を決定するという判断方法である。しかし、この方法には周知のような幾つかの問題点がある。つまり、利益考量が必要だというためのレレヴァンシーの規準、そして考量のプロセス自体の規準が明確ではないという問題である。これらのことは、利益考量に際しては当然何らかの形での価値判断が前提されなければならないことを意味している。しかし、現在の我々の知識水準からすれば、そのこと自体はもはやとりたてて重要であるとは言えない。むしろ、いかなる価値判断が利益考量に際してなされているのかということをいっそう明確にすることが重要な問題である。

この問題は極めて深層のものであるために、我々にいかなるアプローチが可能であるかは必ずしも明確ではない。そこではまさに仮説形成とその反証という試行錯誤のプロセスを通じて、徐々に価値評価という営為を明確にしてゆかなければならないであろう。私はここで、正当化理由の比較考量においてそこに含まれている一定の価値仮説の間の価値論的な優劣関係によって規準が定まるという見方をまずはとる。その際私は、価値をそれ自体として捉えるということはしない。ここで求めるのは、我々が日々の価値判断、特に法－政治的判断に際して用いている価値規準を明確にすることであり、その限りで或る価値の存在や内容を考えるのである。ここで考えようとする価値を何か実体的な存在として捉えることは適切ではないであろう。

むしろ、ここで考えようとする価値とは、あくまで一定の価値判断の根拠ないしは理由を与えている単一の命題あるいはその複合体である。

そこでまず、この比較考量は形式的には次のように考えられる。今、対立する正当化理由をそれぞれＡ、Ｂとする。この場合、それらを裁定できるようないっそう高次の理由αを基礎として判断はくだされる。ＡとＢとはそれぞれ対立する内容を有するが、いずれにも根拠があるので、そのような場合には何らかの高次価値αによって、それらの主張のいずれが適切であるかの判断がなされるであろう。ただし、αによるＡやＢの正当化関係は、ＡあるいはＢのいずれかを排除する場合（Case 1）と、いずれをもある序列関係において正当化する場合（Case 2）との二つに分かれる。

Ａ vs. Ｂ　1　α＞Ａ, －Ｂ　or　α＞Ｂ, －Ａ

　　　　　2　α＞Ａ＞Ｂ　or　α＞Ｂ＞Ａ

ちなみに、このような比較考量による価値の整序が絶対的なものか、あるいはケースに応じた一定の条件つきのものかということに関しても相異があることには注意する必要がある。このことから、二つのケースはさらにそれぞれ絶対的ヴァージョンと条件つきヴァージョンとの二つに分かれる。

さらに、これらの正当化理由の考量をその内に含むようなより高次の正当化理由の考量の形式を、右と同じようにして考えることができる。Ｐ、Ｑをそれぞれ次に示すような第一次レヴェルの正当化理由のセット（Ｅ、Ｆ、Ｇ）および（Ｌ、Ｍ、Ｎ）とし、その裁定の規準をαとすると、この高次の正当化のパタンは次のようになるだろう。（Case 3は1に、Case 4は2に類似する。）

P(E, F, G)　vs.　Q(L, M, N)……

3　α'>P, －Q　or　α'>Q, －P

4　α'>P>Q　or　α'>Q>P

勿論、実際の法的判断においては、どこかのレヴェルでこの種の価値の比較考量が打ち切られているわけであるが、それは具体的ケースとその理解のあり方に依存して定まる(5)。

このような形式に則して行われる正当化理由の考量と具体的な推論の形で現れる法的判断とをつなぐ論理的な機序については、次のように考えられるであろう。まず、ここで問題とされている正当化理由の考量によって当該のケースを決定する概括的指針となる一定の価値判断が規定される。次に、そうして規定された価値判断が、当該の法的判断において援用されうる制定法や判例、あるいは事実判断などの間の循環関係を把握するためのパースペクティヴを与え、種々の考慮要素を選別し、それらの間の価値的比重を定め、制定法その他の援用される素材の内容を整合的に規定する。そして、判断全体の内容が以上のように規定されるならば、適切な論理的な形式に則しながら推論が構成される。正当化理由の考量が終わり一定の価値判断が規定された後に展開される推論形成プロセスは、本章の冒頭で述べた法的正当化のモデルに則する形で展開されるであろうことはもはや言うまでもない。結局、法的正当化は価値の比較考量とそこで展開される究極的価値規準に応じて規定されるのである。そこで、この究極的な価値規準のあり方にさらに眼を向けることにしよう。

三　価値解釈の意義

先に示したように、正当化理由の考量は対立する複数の価値に関してそれらを整序する高次価値を規準としながら行われる。そこで次の問題は、この高次価値がいかなる意義をもち、またいかなる機能を果たすかということである。尚、価値の正しさそれ自体の問題とその強制可能性の意義の問題とはここでは一応区別され、後者の問題は以下では触れない。

複数の価値に関して裁定が必要となる場合、一般的に言えば、価値評価のアスペクトとしては、内在的評価と外在的評価（帰結評価）の二つがありうる。

この裁定を行う仔細に関して、まずここで価値アスペクトという要素を考えよう。価値アスペクトとは或る価値の付属的な区分けであり、それらが相まって整合的な価値要求の全体を形づくる。例えば、プライヴァシーの保護についての法的要求がなされたとき、この要求は次のような付属的価値の混成体として捉えることができる。すなわち、消極的自由、自己決定、政府の中立性、適正法定手続、社会的な望ましさ、さらに一定の論証方法の重要性などである。これらの付属的価値は全体としてプライヴァシーの重要性を支えている、プライヴァシーの価値アスペクトなのである。尚、或る価値Vの付属的価値はVnと表記する。(6)

そこで、内在的評価においては当該価値の比較が直接に問題となり、何らかの高次価値規準を軸として種々の価値の相対的な位置づけが定められる。この高次規準は様々な価値アスペクトを整序し、それらの間の優先関係を規定する。例えば、先に述べたCase 1やCase2の場合、高次規準 α がAとBとの関係をAの優位において内在的に評価するときには、α の働きは次のようになるだろう。すなわち、α はAの義務論的な価値アスペクトA*i*に対して支点となる比重を与え、それに応じてBの義務論的な価値アスペクトB*i*の比重を減ずるのである。特に、B*i*の比重の減殺はB*i*の意味解釈の修正によって行われるか、あるいは何らかの補助仮説の追加によってB*i*の意義を変えることによって行われる。

その一方、外在的評価は帰結主義的な考量であり、例えば次のような形で行われる。Aの結果に関する価値アスペクトA*e*に関しては、社会はそれを積極的に支持する層X、場合によってそれを支持する層Y、反対する層Zの三種類の人々に分かれるであろう。この場合、それらの比率は、例えばそれぞれXが1/6、Yが2/3、Zが1/6であるだろう。(7) ここでA*e*が層Xにとっての重要価値であり、その充足値をSとすると、層Zにとってはその反対である-Sが充足値である。問題は層Yであり、その充足値が0より多ければ、社会全体としてA*e*を実現することは望ましいことになる。価値Aが層Yにとっての重要価値であるときには、それは層Xにとっても同じであるから、この二者の充足値の総計は5S（＝S＋4S）となり、Zの充足値（それはS以下であるが）にかかわりなく、価値Aを実現することは社会的に望ましいことになる。これと同様にして、B*e*に関しても類似の外在的評価が可能であり、ここから二つの外在的評価の結果が比較されて、A*e*とB*e*のいずれがより利益があるかが決定されよう。こうして、一般化するならば、対立する二つの価値において外在的に評価されるべき結果に関する価値アスペクトが存在し、かつその充足値がそれぞれSとS'であって、さらにその充足値がそれぞれ社会の層XとZの支持を表現しているならば、AとBのいずれが社会的に支持されるかという問題は、双方の価値が中間層Yにとってどれほどの充足値となるかによって規定されることになるであろう。そして、この点では、高次規準αの働きとはA*e*とB*e*という価値アスペクトにとって最も望ましい結果を選び出すこととなる。

さて、価値の比較考量の最終的な評価は内在的および外在的というこの二つのアスペクトを総合したものである。なぜなら、価値は常にその内在的意義と外在的帰結との側面を同時に有するからである。従って、今AとBという二つの価値が対立しているとすると、それらの間の内在的評価においていずれが優位するか、あるいは外在的評価においていずれが優位するかがまず問われる（それぞれの規準はα_iとα_eである）が、最終的にはその二つのアスペクトの統合においていずれの価値がより優位しているかが規定される（その場合のさらに高次の包括的な規準をΩとする）と考えられる。ただし、このように考えた場合の二つの帰結について付け加えると、(1)AとBに関する内在的評価と外在的評価による優位関係が一致する場合には、α_iとα_eはその結果において間接的に一致し、Ωはそれを表現することになる。しかし、(2)二つの評価が一致しない場合には、Ωはα_iかα_eのいずれかを支持するような別途の内容を表現しなければならない。つまり、当該の問題文脈において、両価値AとBの帰結よりもその内在的意義を重視するか、あるいは逆に内在的意義よりも帰結を重視するかのいずれかを定めなければならないのである。

もう一点、規準Ωとαとの論理的関係に関して付け加えるならば、前節において分析されたように、αは価値AとBとの衝突の解決のための規準であり、また、内在的評価と外在的評価はその規準を構成することをねらいとしている。それ故、この二つの評価を統合するより高次の規準Ωは、αの核となる内容を形成することとなる。換言すれば、αはΩの表現型である。そして、Case 3 や Case 4 においてα'が用いられる場合にも、α'はΩの表現型となる。尚、αとα'とは、次節において触れるように、Ωの文脈相対的な表現であると言ってもよい(8)。

それでは、このような高次価値Ωはいかにして規定されるのであろうか。ここには二つの問題が存在している。それは、いわゆる内的視点の問題、すなわちこの高次価値の内容規定ないしは正当化の問題と、いわゆる外的視点の問題、すなわち我々の価値実践において一義的な高次価値が存在するか、あるいは逆にそのような価値は多様であるとしてそれらの関係はどのようなものであるかという問題である。しかし、本章においてレレヴァントであるのは前者の問題であり、後者ではない。それ故、以下では、もっぱら高次価値の内容規定の可能性の問題を考察することにする。

私は、この価値規定は以下に述べるような意味で解釈の問題であると考える[9]。価値解釈は、解釈学に言うテクスト解釈に倣って考えることができる。解釈はテクストとその読解との間での不断の相互作用である。解釈は我々の思考を構成するものであるから、認識主体と対象とは思考の二つの独立項ではない。そこでは解釈の相互作用において融合がある。テクストが読まれる際には先行了解がまず存在しており、その了解は解釈学的循環のうちにある。先行了解は具体的なテクストに適用されることによって明確化されるが、それによって同時にテクストがその了解のうちに同化され、この同化が新たな先行了解となってさらに解釈が進められる。そして、テクストの意味はこの解釈のスパイラルの内で分節化される。これが解釈としての我々の思考の基本条件である。

この見地からするならば、価値解釈は、テクストたる価値の分節化である。それは理解の対象としての価値の選択ではなく、我々の評価的判断における基本的な社会的価値の反省的な明確化である。この意味では、価値の分節化は解釈と同一の営為である。価値解釈は実践における価値を同定することを不可避的に前提し、それを当該の事例を通じて明確化することそのものである。価値解釈はまた当該社会において我々が従っているはずの基本的価値の内容の構成である。我々は関連する実践を展開させているその内容を分節化し、同時に新たなる実践を形成している。

社会における諸価値は対立相剋の裁定のプロセスを通じて内容を豊かにしてゆくのであり、また解釈は当該の価値について厚みを加えてゆく伝統形成の一面ともなるのであるから、基本的な社会的価値は解釈によって発展させられてゆくと言える。近代以来の社会においては、自由、平等、友愛といった政治的価値、あるいは権利、正義、秩序といった法的価値、さらには慈善、友情、愛といった倫理的価値などが浸透してきている。我々は日常生活において暗黙の内にこれらの価値を習得し、活用している。しかし、生活の様々な場面において、我々の素朴な価値理解は価値の衝突や分裂によって問題化され、より深い理解が要求されることになる。価値解釈はまさにここにおいて本来の重要な意義をもつ。

価値解釈は、様々に対立し分裂する種々の価値の複雑な構造や関係を探究し、その適正な布置を明確化する試みである。それによって、我々は価値の対立や分裂を整序する道を切り開こうとする。この意味で、価値解釈とは既存の価値をそのまま受容し肯定するものではなく、それを批判的に再考し再構成するものであって、より適切な価値のコンセプションを構想してゆくプログレッシヴな試みである。それがめざすのは新たな社会のヴィジョンであり、理念と現実との乖離を自覚しながらも法実践における価値の批判的な理解を求めるのである(10)。

また、価値解釈は、それが人間社会の価値の整序に関わる限り、法の規整理念の必要性とも関連している。法は人間行動の単なる規則や命令だけではなく、様々な社会的価値の整序のための基軸である。法はこのような広範な意味で理解されるべきであり、この点では抽象的な社会秩序の理念でもある(11)。

付け加えるならば、このような批判的な価値解釈の試みは、人間社会における自然的不均衡とコンフリクトの事実に連動する。ただし、その場合、価値解釈の基礎が自然的不均衡の事実に存しているわけではない。事実は抗価値的な事態であり、その限りで、「事実から価値を論理的に導出することはできない」という自然主義的ファラシーは正しいのである。そしてたとえある価値の究極の源泉が当該社会の生活実践や伝統に求められたとしても、それがもし命題論理的な正当化根拠としての何らかの事実（たとえ「道徳的事実」といった特別の事実であれ）に求められるとすれば、そのことは誤りである。この場合の価値の源泉は、まず以て自然的事実に対する我々自身の内的な道徳的応答ないしは道徳的感受性にあるのであり、その反応が含む内的な判断形式において大前提として存在している一定の価値判断に求められる。そして、この価値的前提自体は一定の社会的実践や伝統を前提するにとどまる。より正確に言うならば、或る価値的根拠のさらなる正当化を一定の事実によって与えるということは、それらの事実が価値の直接的な証拠となっているということを意味しているのではなく、そのような事実が当の根拠にとって関連性ある前提条件（presupposition）の重要な一部分と我々がみなしているということを意味するにとどまる。(12)

かくして、法的正当化と判断は究極的には価値解釈に相対的に定まる。それ故、実質的に妥当な法的正当化を構成するという問題は、基本的な社会的価値である正義の最善の解釈理論の構想へとつながっている。

四　解釈的価値としての正義

なぜ正義は法的正当化にとって重要なのだろうか。

法的正当化の構造を探究しながら、我々は、法的判断を構成するために常に基本的な評価的規準がある（それは規準Ωとして分析されるが）ことを確認した。ここで重要な問題は規準Ωの働きである。価値のコンフリクトを解決するために、究極的な価値規準Ωは、一定の社会的価値を肯認しなければならない。今、我々の社会システムの文脈の中には多くの社会的価値があると想定しよう。それらは、例えば自由、平等、公共の福祉、効率性、あるいは適正手続などの社会的価値である。規準Ωが一定の社会的価値を肯認するという場合、これらの価値のストックの中からある価値が、あるいは一定の混合した価値が正当化全体の評価的根拠を創出するために選ばれる。そのとき、この規準Ωが役割を果たすにはどのような価値が重要になるのか。換言すれば、そのような社会的価値の有り様を創出するために、我々はどのような価値に依拠しうるのか。私は、それは正義であると考える。なぜなら、評価の実践においては常に、様々な社会的コンフリクトの解決のために正義が要請されるからである。正義は、本来、人間の秩序のための広範な価値である。[13] それ故、正義は、社会的価値の体系ならびに法的正当化の最も基本的な決定要素である。

この意味で、法的正当化の構造およびその内容は正義によって決定される。そしてさらに、正義の構造および内容は一定の解釈理論によって明らかにされる。もっとも、正義に関しては多くの解釈理論がありうるが、それらの理論の正しさは争われるものであろう。正義の解釈理論は、より良い法の理想像の一候補として展開されるものである。それらは、法実践において、すなわち裁判官、実務家、学者、そして市民が共に参加するところで吟味される。私にも独自の正義の解釈理論はあるが、しかし、ここではそれを措きたい。[14] 代わりに、以下では、正義の解釈理論に共通する幾つかの性質について論じよう。

第一に、正義の解釈理論は裁定的なものでなければならない。当事者は各々の法と正義の解釈に基づいて訴えを起こす。両者のコンフリクトを解決するために、法的正当化は第三者の観点をとって決定のための合理的な正当化を与えなければならない。この点で、正義の解釈理論は、理解可能性や首尾一貫性のような理論的性質だけではなく、以下のような性質をも持たなければならないであろう。[1]十分な理由を示すことで価値的主張の間の衝突を解決する理論であること、[2]特に、正義の一般的内容（例えば、規準Ωに対応する α という表現形式による）[15] を分節化することにより、社会に現存する法制度へのレレヴァンシーや関係（形式的にも、実質的にも）を有している理論であること、そして[3]現実適合性を有すること、すなわち重要な事実を阻害せずにある望ましい帰結を促進できる理論であること、などである。

第二に、正義の解釈理論によって整序される諸価値は、階層的な形で優先順位を定めることはできない。評価実践においては、価値は様々に対立したり競合したりしており、それらの序列は流動的であって、どの価値が最も優先されるかは具体的な事例によって異なる。それ故、正義の解釈理論はヘテラーキー（heterarchy）という形で価値の布置関係を構成し、それは、文脈に依拠する価値の重要性に基づいて優先される価値を示すものとなる。(16)しかしながら、このことは、このヘテラーキー自体の一定の分析的な理解が不可能であるという意味ではない。もし、ヘテラーキーの働きそれ自体を理解できるとすれば、その働きの整合的な像が分節化されなければならない。

第三に、正義の解釈理論は、いわゆる実践理性や賢慮とは区別する必要がある。対立する価値を裁定するために、時には実践理性あるいは賢慮がある種の独断的理論に代わって必要であるとされることもある。そして、この理性や賢慮は、法への忠誠、公平性、独立性、あるいは事実をあるがままに見ること、柔軟さ、謙虚さ、慎重さ、不屈さ、勇気、鋭さ、聡明さ、バランス感覚、決断力などの徳を包含するといわれる。(17)勿論、これらの徳は、法律家だけでなく、一般市民にとっても大変重要である。しかし、それらは正義の解釈理論からは区別されるべきである。というのは、双方の文脈が異なるからである。統計的に見れば、これらの徳をより多く身につけた者ほどより良い理論を展開する確率は確かに低くはないであろう。しかし、徳は、論理的内容をもつ価値理論とは独立した、一定の習慣である。正当化の際には、我々は常に論理的根拠が必要となるのである。

それでは、正義の解釈において我々は何を行っているのであろうか。正義は、社会に埋め込まれた価値テクストである。正義を解釈するとき、それは価値判断を統御する抽象的価値として分節化される。このことは、諸価値が我々の社会生活に深く根ざしていることを意味している。しかし、私が本章の冒頭で提示したように、価値をプラトン的な存在として実体化する必要はない。我々は、それを評価的な思考に必要な論理的前提として捉えるだけでよい。その意味で、正義はすべての正当化理由の究極的な基盤を形づくるエレメントである。一定の正義の解釈がなければ、我々は価値的な決定をなしえない。すべての法的決定は直接的であれ、間接的であれ、そこから論理的に生成されるのである[18]。かくして、法的正当化を理解する上で最終的になすべきことは、抽象的にも具体的にも、正義の最善の解釈理論に到達する試みということになるが、これ以上は他の論究に譲ることにしたい。

五　補遺――法的正当化に係る広範な見方の目的

法的正当化に関する私の拡張された見方を一通り述べたところで、私はこの見方の目的に関して幾つかの点を付け加えたい[19]。それは次の三点である。――[1]最近の民法学における方法論論争に対する私の広範な見方の意義、[2]具体的な法解釈の技法と正義の解釈理論との関係、[3]法的正当化における正義の重要性を強調することの意義。

まず、最近の民法学における方法論論争に関して言えば、ここでの私の見方は法的決定に関する価値合意のための対話プロセスにとって語用論的な必要条件になると考えられる。法的正当化における対話的観点の導入は、特に昨今の民法学の領域では革新的かつ重要なものであると言える[20]。評価的決定は、一人の直観ではなく、協同の熟慮によって行われるべきものである。世界観やライフ・スタイルが多元化している今日、適正な公共的秩序を構築するためには協同作業が必要である。このような文脈では、法的問題もまた、対立する複数の意見の議論によって解決すべきである。ここでは、単独で特権を与えられた見方は存在しない。

しかしながら、その一方では、このような認識それ自体は、法的正当化の理論が明らかにするべきことについて把握するには十分ではないことを強調しておきたい。

一般に、対話という形で価値について協同の討議を行うことは、価値仮説を展開し、検討する方法にすぎない。対話は価値決定の手続的方法ではあるが、その決定の実質的内容を与えるものとは言えない[21]。価値決定の実質的内容は、一定の合理的正当化によって与えられる。それ故、価値に関する対話の前提条件として、重要な決定をなしうる正当化理由とはどのようなものかを我々は理解する必要がある。私の拡張された法的正当化の見方は、法に関する対話の以前に、合理的な正当化を構成するための理解を与えるものとして位置づけられる。

本章の二節では、法的正当化の問題文脈およびその基本構造について論じた。そこでは二つの法的主張の衝突を調整するとされる法的正当化についての理論的分析を展開した。この法的正当化のセット（紛争解決のための第三の主張）をRと呼ぶならば、そのRの内的論理構造を分析したのである。三節では、さらに一歩進んで価値の深層構造およびR内部の価値解釈との必要な関係を明らかにし、四節では、Rの実質的な核を決定する正義の解釈理論の重要性についての議論を行った。以上の節で考察したことは、不断の実質的な検討プロセスである対話のための候補となるRの形式的必要条件を明らかにすることであった。

勿論、問題の解決のためには対立する複数のRがありうるが、これらのRの間の熟慮ある対話によって最善の解決が選び出される。しかし、ここで重要なことは、すべてのRが一定の内的構造を有していて、解決に資する候補として対話に導入されるということである。この見方は、最近の対話論的な法的正当化に関する一定の批判を含んでいる。私の考えでは、対話論的な見方は確かにより適切なものであるが、二つの重要な論点がまだ十分に論じられないままになっている。すなわち、それは候補となる仮説の諸条件と、適切な決定を生み出すための手続的な制約の内容である。我々が対話論的な見方の重要性を認めれば認めるほど、これら二つの点についてさらに考察する必要があると思われる。ただし、ここでは第一の論点についてのみ扱ったのであり、第二の論点については言及しない[22]。

次に、正義の解釈理論と実際の法的技法との関係について見てみよう。実定法の領域では、具体的な法的問題を解決するために、様々な事実関係の情報の中から法的に重要な規準を捉えることがある。例えば、債務者に対する高い利息に対して法的保護を与えるなら、例えば債務者の悲惨な状態や取引全体の社会的安全性について注意を払うべきであるということになり、利息制限法など一定の法律の下で解決を図るためには、これらの個別的考慮によって決定を正当化することで十分かもしれない。そうであるならば、問題は、これらの個別的考慮と、法的正当化の究極的基軸として位置づけられる正義の解釈理論との間にどのような関係が存在するかということである。個々のケースにおける具体的な法的問題の解決に主な関心をもつ者にとっては、個別的考慮が法的正当化の十分な根拠であると感じられるかもしれない[23]。しかし、これは現実とは異なる。私の見方からすれば、本当のところは、個別的考慮自体は高次の価値的考量によって論理的に裏づけられた中間スイッチにすぎないのである。

ここで前節において触れた正義の解釈における文脈相対性を想起されたい[24]。問題を明らかにするためには、特殊な個別的考慮と法的正当化における正義の解釈との関係において三つのレヴェルを区別すべきである。すなわち、正義の抽象的分節化の、正義の文脈相対的分節化の、そしてある実定法の下での特殊な個別的考慮という三つのレヴェルである。この区別によれば、個々のケースの個別的考慮は一定の抽象的な正義の解釈を理論的に伴ったその文脈相対的分節化を通じて導かれると言うことができる。

最後に、法的正当化における正義の重要性を強調することの意義について検討しよう。問題はこうである。

正義の文脈相対的分節化は、個々の法的決定のために非常に重要な役割を果たしている。というのも、既に述べたように、それは正義の抽象的解釈を問題となっているケースにおける個別的考慮に結びつけるからである。しかし、この文脈相対的な領域では、抽象的正義を具体化するために複雑な諸要素が働いていることに注意しなければならない。換言すれば、抽象的な正義に文脈相対的な分節化を与えるとき、我々は、人間や社会に関する多様で補足的な像を解明しかつ利用する必要があるのである。そうであるならば、法的正当化の主たる根拠は、正義の抽象的理論ではなく様々な社会学的あるいは政治学的理論であると考えられるかもしれない。そして、この論を進めると、我々は、正義の価値に注意をとどめるのではなく、むしろ法秩序のための社会‐政治学的可能性に注意しなければならないであろう。

この問題は、本章で展開した法的正当化の理解のための価値理論的視点の限界を表している。しかし、率直に言えば、今の私はこの問題に十分に答える術をもたない。私の見方と社会‐政治学的観点とが実質的にはあまり違わないとしても、それぞれの視角は非常に異なっている。私の見方は複雑かつ幅広い内容を有する価値の何がしかの存在を前提するものであるが、その一方で社会‐政治学的観点はこのような準形而上学的な色調を持つ理論を拒否し、代わりにより経験主義的な価値の分析を行う。どちらの見方がより良いか、すなわち、法的な評価実践の構造と内容をより明確にする見方はいずれであるかということを決めるのは、解釈的な問題であるだろう。(25)

価値は人間の思考と行為において重要な役割を果たしていると私は考える。我々の思考と行為は常に価値によって導かれる。勿論、価値の個別的解釈によって我々が先入観をもつことは頻繁にあり、これが人間のコンフリクトの根深い原因である。また、社会は人々の間の多様な相互作用によって成り立っており、このような社会のダイナミックスを把握することは非常にむずかしい。それ故、ある場合には、我々にとってより重要なことは、抽象的価値ではなくこの複雑性を理解することであると感じられるかもしれない。しかし、この複雑な状況の起点ないしは核心はそもそも価値にある。[26] 我々にとって価値の重要性は不変のものであり、またまさに同じ理由で、我々は価値を解釈し展開していく必要がある。この意味で、価値の構造および内容を考究することには大きな意義がある。

私のこの見方について十分な擁護をするには、社会における価値の働きに関する理論をいっそう明確にする必要がある。しかしながら、これは困難な問題であり、その検討にはなお時間を要するであろう。

（1）以下の部分については、拙著、解釈と法思考（日本評論社、一九九六）第一章一六頁以下から一部引照した。
（2）規整理念としての法の観念と高次の価値解釈との関係については、本章一二頁以下を参照。
（3）e. g., Cass Sunstein, *Legal Reasoning and Political Conflict*（Oxford U. P., 1990）ch. 2
（4）民法における利益考量論の優れた概観として、瀬川信久「民法の解釈」（民法講座別巻一、有斐閣、一九九〇）五三頁以下を参照。
（5）ロベルト・アレクシーは、価値考量の構造の分析に取り組む際、Case 1 の仮説ヴァージョンだけを考究していると思われる。しかし、重要な考量は彼の考究対象だけに限定されない。また、アレクシーの検討は Case 1 レヴェルだけしか扱わないので、高次のレヴェルの解釈には不十分である。Robert Alexy, *Recht, Vernunft, Diskurs*（Suhrkamp, 1995）Kap. 2, S. 41 ff. 尚、アレクシーの見方の概要については、亀本洋「法におけるルールと原理㈠・㈡完」（法学論叢一二二巻二号、一二三巻三号、一九九四）を参照。
（6）価値アスペクトの概念については、Nicholas Rescher, *Introduction to Value Theory*（Univ. Press of America, 1982）chs. II, IV から示唆を得た。
（7）この仮説は標準偏差の一解釈に基づく。cf. Peter Sprent, *Taking Risks*（Penguin Books, 1988）p. 104 ff.
（8）本章一四頁を参照。

（9）前掲拙著、第五章一二七頁以下を一部引照。

（10）前掲拙著、第五章一三三頁以下を参照。

（11）社会における法の役割については、前掲拙著、第七章一八五頁以下を参照。

（12）道徳的認識論に関するここでの見方は道徳的な主観主義とは異なる。ここでの見方は、私の言う道徳的応答が解釈的であるがゆえに単純な道徳的実在論とは両立しないが、ロバート・アウディによって展開された道徳的な直観主義とは両立すると考えられる。cf. Robert Audi, "Intuitionism, Pluralism, and the Foundations of Ethics" (in : W. Sinnott-Armstrong & M. Timmons, eds., *Moral Knowledge?*（Oxford U. P., 1990）esp. p. 118 ff.

（13）アウリス・アールニオは、ウィトゲンシュタイン的な生活様式概念の或る解釈に法的正当化の根拠を求めようとしているように思われる。すなわち、重要な価値に関する人々の間の共通了解にである。彼の考え方の方向は基本的に正しいと思われるが、しかし、価値の共通了解に関して実質的な内容をさらに明確にする必要があるだろう。そして、それは正義の解釈理論によって規定されるのである。cf. Aulis Aarnio, *The Rational as Reasonable*（D. Reidel, 1987）ch. IV, p. 213 ff. また同様の問題を示すものとして、cf. Aleksander Peczenik, *Law and Reason*（Kluwer, 1989）ch. 4, p. 177 ff.

（14）正義に関する筆者の見方の概要については、「リベラルな平等についての覚え書」（北大法学論集四三巻五号、一九九三）を参照。尚、本書第Ⅱ部第三章にそのいっそうの展開が示されている。

（15）正義の分節化における文脈相対性についての例として、平等と自由の双方の主張の調整が挙げられる。平等は、個々人の自由を実現するための基本財を保護するので、最も抽象的なレベルでは平等も自由も調和的であると言うことができる。憲法の領域では、この調整は、例えば社会権と経済的自由との間の一定のバランスを図るものとして実現される。さらに民法の領域では、両性の本質的平等と私的自治との間の一定のバランスを図るものとして実現され、また独占禁止法の領域では、中小企業の保護と自由競争との間のバランスを図るものとして実現される。このように、正義の最も抽象的なレヴェルの理解は当該の問題文脈における関連事情に応じて具体化される。

（16）Aleksander Peczenik, *The Basis of Legal Justification*（Univ. Press, 1983）p. 112.

(17)　横川敏雄、裁判と裁判官（有斐閣、一九七三）一八九頁以下。他に、cf. Richard Posner, *The Problems of Jurisprudence*（Harvard U. P., 1995）chs. 2 & 3, Michael Stocker, *Plural and Conflicting Values*（Oxford U. P., 1990）ch. 8, Anthony Kronman, *The Lost Lawyer*（Harvard U. P., 1995）ch. 2

(18)　基本原理としての正義の重要性については、本書第Ⅰ部第二章を参照。

(19)　以下の見解については、瀬川信久氏から多くの重要な示唆を受けた。

(20)　瀬川・前掲論文、七四頁以下。

(21)　前掲拙著、第六章一五八頁以下。

(22)　前掲拙著、同右。

(23)　この点については、瀬川信久氏から示唆を受けた。

(24)　本章一四頁参照。

(25)　このことは、法的正当化の全体像を理解するためには多元的な視点が必要であること、なかんずく法的正当化における社会－政治学的な立場およびそれと価値理論構造との関係が無視できない重要なアスペクトとなりうることを意味する。この点については、吉田克己氏から貴重な指摘を受けた。尚、関連して、吉田克己、現代市民社会と民法学（日本評論社、一九九九）第二章。

(26)　盛山和夫、制度論の構図（創文社、一九九五）一三五頁以下を参照。

第二章　ポストモダニズムと正義論

一　はじめに

〈正義論の黄昏〉――あるポストモダニストが述べた言葉である[1]。正義論を探究する者にとって、この言葉は無視できない響きを持つ。今なぜ正義論が重要なのか、そして正義はいかにして可能であるのか――正義への問いはまずその論証から始められなければならないのである。

J・ロールズの「正義の理論」が現れてから三〇年ほどが過ぎ、欧米そして日本でも、関心は正義の背景をなす政治思想それ自体に向っている。特に日本では、今や正義の重要性そのものを声高に唱えることの魅力は薄れつつあるように見える。それは、正義という抽象的価値よりも具体的な法と政治のあり方が問題であると感じられつつあるからであろう。このような文脈では、〈正義論の黄昏〉は、ポストモダニストならずとも自然に受けとめられることであるかもしれない。しかし、それにもかかわらず、正義論の重要性はいっそう増していると私は考える。様々な法や政治のカレント・トピックの渦の中でも、何が正しいことであり、何が正しい社会なのかという理論的な問いは繰り返されるからである。実際、ロールズ以後現在に至るまでの正義論の実質的問題は、自由主義や平等主義などいかなる内容の正義が適切なのかということであった。だが、この点はこれ以上は触れないことにしよう。むしろ以下で考えてゆきたい問題は、現代において最もラディカルな思想であるポストモダニズムが提示する、〈正義論の黄昏〉という表現に込められた根本問題、すなわち正義論の可能性に関わるメタ理論的問題である。

この問題に関して、私自身は、適切な正義論が向かわなければならない理論的ライバルの一つがポストモダニズムだと考えている。特にポストモダニズムをここで取り上げるのは、他でもないポストモダニストが〈正義論の黄昏〉と述べたように、一般的理論としての正義論は原理的にもはや成立し得ないと説かれるからである。このことは、モダニズムに由来するすべての知的根拠や権威が原理的な懐疑に曝されている今、規範的に正義を語ることにはいかなる意義がありうるのか、という懐疑を示している。ポストモダニズムのこの懐疑は洗練されたロバストなものであり、その決定的な批判は容易ではない。しかも、私はその議論に共感する部分もあり、それゆえに批判は余計に難しいところもある。にもかかわらず、私は、端的に言うならば、ポストモダニズムは必然的に正義の探究を要請すると考える。本章ではその理由を示したい(2)。

そのための議論は以下のように進めよう。まず、私は現代正義論とはいかなる性格の議論であるのかということのレビューから始める。次に、私は法学の領域におけるポストモダニズムの最善の形態をシンパセティックに考え、その上で〈正義論の黄昏〉を再定式化し、現代正義論の反省を行う。しかし、私はポストモダニズムの批判を相当程度に認めたうえでなお、それに対する反批判をしていきたい。それにはいくつかの段階がある。まずポストモダニズム自体に対する消極的批判を行い、そして次に、正義の基礎を積極的に確定したうえで、現代正義論はいかに組み立て直されるかということについて論ずる。

まず最初に、ロールズを嚆矢とする現代正義論のパラダイムとはいかなるものであるのかということを振り返っておこう。そしてその際私は三つのファクターを挙げたいと思う。第一は〈構成的モデル〉、第二は

〈正義の四次元〉とでも言うべきものであり、そして第三は〈分配モデル〉である。

第一の〈構成的モデル〉は、周知のようにR・ドゥオーキンの用語であるが、これは特にロールズの正義論における基本的な理論構成のあり方を示している。(3)それは、ロールズの言う「反照的均衡」であり、ある種の道徳的直観と、それを適切に説明し正当化できるような理論との相互作用を試みながら正義の規範的理論を組み立てて行く方法である。それは、自然科学のように、何か正義の法則を発見するというモデル〈〈自然的モデル〉〉ではなく、むしろ我々の道徳的直観を場合によっては柔軟に修正しながら、より適切な規範的理論を構築してゆくものである。この〈構成的モデル〉は、典型的にはロールズに見られるのであるが、他の正義論者にも共通している。それぞれの論者に固有のパースペクティヴや主張内容に違いはあっても、基本的には種々の道徳的直観を一方におきつつ、他方ではそれを一定の理論的装置、例えば契約、オークション、あるいは対話といった形で根拠づけるという点では共通した発想が看取されるのである。(4)

第二の特徴は〈正義の四次元〉ということであるが、これは社会における正義の位置づけに際して次の四つの段階が陰に陽に区別されていることを指している。それらは、まずロールズが規定した〈正義の状況〉の次元、次に〈正義の境域〉とでも呼ぶべき正義空間の有り様の次元、そして例えばロールズが示したような〈正義の原理〉の次元、さらに具体的な法‐政治制度を含む〈正義の制度〉の次元という四つの次元である。〈正義の状況〉は、ロールズの場合には資源の稀少性によって人為的な社会構成が必要となる場面であり、一般的にはいわば正義の初期的条件である。(5)次に、〈正義の境域〉と私が呼ぶものは、例えばロールズにおいては原初状態、ドゥオーキンにおいては無人島でのオークション、そしてアッカーマンにおいては宇宙船における対話集会などに相当する。これは〈正義の状況〉からの圧力を受けて、社会の構成員が正義という規範にコミットしてゆくことを示す場面である。さらに、〈正義の原理〉自体は、ロールズの場合には周知の正義の二原理のセットであり、他の論者においてはまたそれとは異なった内容の自由主義的あるいは平等主義的な価値原理である。最後に、〈正義の制度〉は、正義が具体的な法－政治制度として規定される次元である。例えば、ロールズは四段階の系列という中の一部分としてこの制度化を位置づけており、正義原理が採択された後それに従って立憲議会が開かれて憲法が制定され、それを受けてさらに具体的な法律が制定されたうえで司法や行政、あるいは市民の活動がなされると述べているのが、この場合に当たる。そして、この点も詳論は避けるが、他の論者に共通している。(6) 尚、ここで付言しておくべきことは、正義の基底性ということである。〈正義の四次元〉の後二段階に示されているように、正義原理は社会の制度の要として存在しており、それなくしては制度が構築できない社会的価値として位置づけられていて、その意味で基底的な意義を持っている。ロールズの顰みに倣って言えば、正義は社会制度の基本的な徳なのである。

第三の特徴は〈分配モデル〉である。周知のようにアリストテレスにおいては、交換的正義、匡正的正義、そして分配的正義という区分があり、それぞれ全く独自の正義であると捉えられているのであるが、ロールズが基本的に分配的正義を正面に据えて論じたということもあり、現代正義論の場合には分配の正義、特に富や所得の再分配の問題が基軸に据えられてきている。しかし、このことは単にアリストテレスの言う特殊的正義の一つの様態としての分配的正義が取り上げられているということを意味しているのではない。むしろ、そこには先に触れた正義の基底性という問題があることを見逃してはならない。社会制度の要にある正義原理の基本的内容として分配の正義が組み込まれるとすれば、その場合の分配の意義は広いものとして捉える必要があるだろう。例えばロールズの場合で見てみるならば、正義の第一原理に現れるのは自由に関わる基本権の等しい分配の要請であり、第二原理に現れてくるのは機会や富の適切な分配の要請である。ここでは分配の正義は、広く社会制度の根本的要請を示していると言える。このような正義の基底性との関わりでは、〈分配〉の意義を単に経済的な財の再分配に関わることのみならず、基本的な権利や権限、あるいは機会その他の社会的資源をも含めた形で広く捉える必要がある。(7)

以上の意味で現代正義論において正義が基底的なものとして捉えられるということは、言い換えれば、正義が公共的な秩序原理であること、すなわち制度としての法や政治の正当化根拠となっているということでもある。つまり、憲法を含む一定の体系として捉えられる法に対しては、正義はより上位の規範原理として存在する。また、政治というものは、正義に裏打ちされた法の下で統御されるものとして位置づけられる。ここでは、正義、法、そして政治という一定の順位づけが予想されていることが特徴的であるだろう。そして、ある意味では、これはアングロ－サクソン的な法の支配（rule of law）の反映でもあると言えよう。現在、この種の正義論は法学的偏向をきたしていると言われることがあり、特に法的な思考法が正義の思考を規定して政治的思考にも影響を及ぼすようになっていることが一定の留保を持って捉えられている。(8)しかしながら、現代正義論は、法や政治を一定の形で道徳化するというところに最大の意味があったわけであり、そのことを見失ってはならないだろう。

二　ポストモダニズムからの正義論批判

ポストモダニズムとはいかなる思想なのか。この問題に関しては汗牛充棟の文献があり、ここでそれらすべてを一般的に整理することはできない。ここでは、あくまで私の議論に関わる限りで重要と思われる点を摘示するにとどめる。(9)

まずポストモダニズムのエッセンスであるが、それは一口に言えばモダンの知の理想一般への批判であり、その内容については、例えば、次に示すような対照が便利かもしれない[10]。――形式（form）に対して反形式（antiform）、目的的行動（purpose）に対して遊戯（play）、設計（design）に対して偶然（chance）、ハイアラーキー（hierarchy）に対してアナーキー（anarchy）、ロゴス（logos）に対して沈黙（silence）、完成作品（finished work）に対してパフォーマンス（performance）、距離（distance）に対して参加（participation）、創造（creation）に対して脱構築（deconstruction）、総合（synthesis）に対して分解（antithesis）、現存（presence）に対して不在（absence）、中心化（centering）に対して分散（dispersal）、意味論（semantics）に対してレトリック（rhetoric）、選択（selection）に対して結合（combination）、ルート（root）に対してリゾーム（rhizome）、読解（reading）に対して誤読（misreading）、大物語（narrative）に対して反物語（anti-narrative）、支配的コード（master code）に対して方言（dialect）、類型（type）に対して変異（mutant）、偏執（paranoia）に対して分裂（schizophrenia）、確定性（determinacy）に対して不確定性（indeterminacy）、あるいは超越（transcendence）に対して内在（immanence）などといった対照である。換言するならば、ポストモダニズムの側からモダニズムを見た場合には、先の対照の中の前者が批判的な形で捉えられ、それが原理的に不可能であると宣告され、すべて正反対の後者の見方が主張されることになる。

このような対照をさらに法学の領域において展開するならば、例えば次のような対照が現れる[11]。まずモダニズムにおいては主客二元論が採られ、主体は自律しており、理性的で合理的である一方で、客体は外的実在として、その機械論的な法則性が観察によって可能である。この場合、その認識は中立的で、客観的で普遍的な真理が理論によって確実に定式化できる。これを踏まえて法の領域では、法と社会とが区別される。法は社会を操作する一種の道具であり、社会は法によって操作される一つの対象である。理性的な主体は客体としての法を操作し、様々な法やその他のアクターの作用によって社会は秩序立てられてゆく。また同様にして、法の構造と機能が区別される。それは特に実定法が内在的に有している規範枠組みとその対社会的な働き方との区別である。これらの見方に対してポストモダニズムは、それが原理的に全く不可能であると批判する。すなわち、主体とは単に種々のディスコースの交差の一アスペクトにすぎず、それはカジュアルな存在ではあっても自律性や合理性を有する実質ある存在ではない。また、我々の思考やディスコースは、様々な価値へのコミットメントを必然的に伴っている解釈の営為であり、無限に繰り返される読解作業であって、決して中立的な認識ではない。従って、真理というものは一義的に存在するものではなく、むしろ多様な形で遍在するものである。それと同じように、社会における権力関係についても、そこでは決して中心的な権力だけが存在するわけではなく、多様な権力関係が遍在している。さらに法というものは極めて不確定的で予測不可能であり、また、いかに自由主義的あるいは平等主義的な形式を取っていたとしても、それが権力的強制を伴う限り抑圧的である。モダニズムの法や社会の像によって人々の意識は呪縛されているため、それを解凍する必要がある。社会は、本来、人々の不断のディスコースによって構成されてゆく極めて流動的なものである。そこではテクストは開放的であり、揺らぎがあって、多元性がある。しかもそのような社会的言説は基本的には多様なディスコースごとのミニ物語として、コンテクストに依存し、かつローカルなものである。それ故、法は社会において多様に展開されている人々の多様な声を汲み上げてゆくはずのものである。

以上のように、ポストモダニズムからのモダニズム批判は、モダニズムの見方がいかに原理的に不可能であるか、そしてさらに踏み込むならば、いかに欺瞞に満ちているかということを徹底して暴き立てるという意味で、基本的には懐疑主義の一形態であると言えよう。しかし、ポストモダニズムが懐疑的な目をすべてのモダンなものに対して向けてゆくとして、その懐疑主義自体がモダニズムに代わる何ものをも生み出さないのではないかという疑義は周知のところである。一般に懐疑主義は独断的な理論にとっては重要な試金石となるが、それは常に消極的な批判にとどまる。懐疑主義それ自体の徹底はいかにも不毛であり、それを超えることがポストモダニズムにも求められている。特に、ポストモダニズムがモダニズムの特徴、とりわけそのメタ物語の特徴を外的に記述し、それを否定したとしても、モダニズムの実質的内実についてそれをどう捉え、どのような代替像を提示するのかという問題が残るであろう。

では、より積極的な主張がポストモダニズムの中にあるのだろうか。そのような提示が随所に見られる、極めて啓発的な理論も存在する。(12)私なりにそれを約言すると、ラディカル・ローカリズムの主張ということにその最も本質的な特徴があるだろう。それは、先に触れた全く図式的な対置の底に含まれている、ポストモダニズムが提示する新たな物語である。そこでは、三つの特徴が看取される。第一は、偶発性である。特に、主体、つまり我々人間存在の偶発性である。我々が行う思考や行動、そしてそこから紡ぎだされる種々の社会関係はすべて偶然の積み重ねであり、必然的あるいは法則的なものは存在してはいない。もしそのような必然的で法則的なものが見出されるとすれば、それは根拠のない創作物でしかない。第二に、文脈性ということがある。これは人間の様々な思考や行動の全体が、ある特定の価値であれ利害であれ、常に問題となっている一定の文脈のうちに置かれてその中で初めて意味をなすということである。ここでは、そういった個々の文脈を超えた人間活動はあり得ないことになる。第三は、分散化ということである。これは、特に社会における権力関係のあり方について、モダニズムがしばしば想定するような中心権力とその周縁関係という形においてではなく、あらゆる文脈において偶発的な形でそれが遍在すると見ることである。権力関係は複数の人間が現れる時点で直ちに発生し、単に政治的な関係にとどまらず、我々の種々の活動場面に即して多様な形態をとることになる。

これら三つの特徴のそれぞれについては、そのノン‐コミットな解釈とコミットした解釈とが一応区別されるであろう。偶発性、文脈性、そして分散化をめぐるノン‐コミットな解釈に当たるのは、既に述べられたような主体の死、言説の多元性、あるいは中心権力の存在とその抑圧性といったことの摘示というポストモダニズムの一面である。その摘示だけであればそれは懐疑主義にとどまってしまうわけであるが、ここで注意すべきことは、より積極的なポストモダニズムの主張においては、そこから一定のコミットした解釈も引き出されることである。つまり、偶発性、文脈性、分散化という特徴を推奨するときには、次のようなより積極的な人間や社会の像が現れてくるのである。すなわち、主体とは〈軽やかな〉創発的主体であり、あらゆる生活場面に様々な形で現れ活動すべき存在であると捉えられる。また、人間や社会に関わる言説としての物語は、種々の生活場面に応じて文脈的に述べられることで、その範囲や内容が多様化すべきものであり、そこにこそ、社会におけるディスコースを決して一元的に硬化させないことが託される。さらに分化に関しては、社会的な権力関係が不断に〈微分化〉されなければならない。いかなる生活場面においても権力関係は存在しているのであるから、それが不断に明確にされ、日常的な抵抗が促されなければならないのである。このようなコミットした解釈こそが、ラディカル・ローカリズムの積極的な意味であると思われる。そして、この主張は当然に、モダニズムのものとは異質の多元的な法のあり方の追求へとつながっている。

このラディカル・ローカリズムの背後には一定のポリティックスが存在しており、それは〈密漁と抵抗の戦略〉と表現されることがある。モダニズムの視点で見られている世界では、主体や客体が存在し、それらが合理的に秩序づけられ、そして権力が中心化される。それに対抗するポストモダニズムのポリティックスの目的は、モダンな法‐政治体制を破壊することにあるのだが、ただ単に破壊するのではない。単に破壊することはしばしばモダニズムの裏返しに堕することになるが、ポストモダニズムはモダンな世界をいわば縦横無尽に寸断するのである。創発的主体はあらゆる形で自分自身を多元化するから、その意味で社会の複数の人間がすべて多元化するときには、相乗的な多元化が進行することになる。そして、多様な物語が語られることで、法や政治の言説も相対化されてゆく。さらに、権力が〈微分化〉されるときには、社会全体に存在している秩序や権威はことごとく破砕されて、これもまた相対化されてゆくことになる。ポストモダニズムのポリティックスとは、モダニズムというものの支配と抑圧を内側から切り崩し、そして超えていくための〈密漁〉であって、それはまた既存の秩序がもたらす慣性的な圧力への〈抵抗〉なのである。

以上のような主張の整理自体はまさにポリティカルな解釈であるので、賛否が分かれるかもしれない。しかし、私はこれが法学におけるポストモダニズムの最善の解釈であると考える。いずれにしても、もしここで整理されたようなポリティックスのあり方に対して異を唱えるとすれば、それは何故なのかという問題を逆に問いかけられることになるであろう。つまり、モダニズムの側にもし立つとしても、そこで想定される法や政治の理想像の中に安住していることは決してできないのである。

そこで、このような見方が正義論に対していかなるインパクトを与えるかを見ておこう。先に〈正義論の黄昏〉と言われたのは、まさにこのような批判的主張を背景とした、モダンな発想の正義論への批判である。すなわち、それはいわば大文字の正義（Justice）の拒否である。それは、ただ単に正義の形式性や一般性に対する倫理的批判だけではなく、正義がモダニズムと連動するものである限り、そもそも原理的に成立不可能であり、かつ権力的な問題性をも孕むという主張である。大文字の正義が、リベラリズムやリーガリズムといった、これもまたモダンな原理群と結びつけられている限り、それは意図するところとは全く逆に抑圧的に働く。[13] 例えば個人の自由や両性の平等などがリベラルな形で定式化され、モダンな法理念であるということで一般的に強制されるとき、そこに現れるのは、実は我々の理想に反したある種の不自由や差別である。

まさに自由と平等というそのカテゴライゼイションによって個人の関係を位置づけることで、結局は本来自由で多様な形で展開するはずの個人のあり方、自由の捉え方、あるいは人々の差異の尊重や、その他の多様な平等のあり方の可能性は、特定の制度的言説の鋳型にはめ込まれてしまうことになるのである。こうして、多様な形で展開されるべき自由や平等のディスコースの抑圧という効果がもたらされることを、モダニズムが自覚しないのは大きな問題であり、そうであるとすると、モダンな正義論もいっそう抑圧的になりうるが故に拒否されるべきである。ポストモダニズムの目から見た場合、特にここで捉えられているラディカル・ローカリズムの考え方によれば、結局正義というものを一般的あるいは普遍的な形で主張するということは、それ自体が極めて傲慢な営為である。

ポストモダニズムがそれに対して対置させるのは、いわば小文字の、しかも複数形の諸正義（justices）である。それは創発的主体とその編み出す物語によって文脈的に拡散され、権力的に〈微分化〉された、インフォーマルで個別的、かつ多様化された規範的ディスコースの集積にとどまるのであり、統合的な秩序の基本原理などではない[14]。この意味では、〈正義論の黄昏〉とはまだ婉曲な表現であって、求められていることは〈正義論の死〉であるとさえ言われるべきものかもしれない。

三　正義論の可能性㈠——消極的擁護——

このようなポストモダニズムの批判を受けて、それでは現代の正義論はどのような存在理由をもちうるのであろうか。本稿の中心問題はここにある。そして、この問題は正義論に限られるものではなく、正義論が法の問題とも関わるとすれば、とりもなおさず法はいかにして成立しうるかという問題でもあるだろう。

そこで、正義論の可能性を示すための第一の論点は、ポストモダニズムの主張に対する反批判にある。これは消極的な議論ではあるが、しかし重要なものである。

まずポストモダニズムはディスコースの多様性や権力の拡散といったことを主張するのであるが、これは秩序の問題との関わりで言うならば、結局はコミットメントからの退行であり、また社会的な関係全般の徹底した相対化を意味する。創発的主体による物語の拡散、そして不断の権力の〈微分化〉という形で社会や法を捉えてゆくならば、行き着くところは、法や政治に関わる極めて多元的な言説の跋扈という状態であるだろう。このとき、問題は、このようにして発生する社会秩序の一種のバルカン化をいかに受け容れることができるのかということになる。ポストモダニズムはその状態を受け容れるのだろうか、受け容れるとすればどのようにしてであるのだろうか。換言するならば、ポストモダニズムとりわけラディカル・ローカリズムの見方はどのような社会結合を求めるのだろうか。私の考えでは、ラディカル・ローカリズムはラディカルなアナーキズムを帰結する。しかも場合によっては、それは一個人単位のアナーキズムになりうるものである。このとき、このラディカル・ローカリズムによる共同の秩序の破砕に歯止めはありうるのだろうか。私は、原理的に歯止めはあり得ないと思う。ポストモダニズムはこの種のアナーキズムを徹底して受け容れるかもしれないが、そのときには徹底して相対化される社会関係をいかに維持してゆくのかということを説明しなければならなくなる。もしもポストモダニズムが適度なアナーキズムというものを考えるということであれば、その適正化はいかにしてなされるのだろうか。あるいはアナーキズムが行き着く先は結局一個人一個人の乱立状態なのであるが、その場合の個人間の紛争の相互調停という問題をどうするのだろうか。さらには〈微分化〉された権力ということが主張されるが、権力の力学として、権力関係がある集団の中で非常に硬化したものとなり、その集団の中で排他的な政治が行われるといった場合でも、それはそれで意味のあるものだと認められてしまってよいのだろうか。ポストモダニズムは、これらの問題の解決は自発的な秩序形成に委ねられるかもしれず、そこでは非人為的な社会関係が成立しうるというのかもしれない。しかし、社会秩序が自発的に形成されるという捉え方には注意を要する。そこでは個々人や集団による意図的な秩序構築への動きが排除されているわけではないからである。[15] そして、今しがた問われた問題は、一定の自覚的な秩序構築によってしか解決され得ないものであろう。

次に、なぜラディカル・ローカリズムは〈密漁と抵抗〉という政治的戦略を求めるのかという問題がある。つまり、そのような戦略が要請されると考えられるための規範的な前提の問題である。〈密漁と抵抗〉とは、言うまでもなく、モダンな法－政治制度が支配的で抑圧的であるとされることに対抗して出てくる考えなのであるが、そこで希求されているのは単なる破壊ではなく、むしろ、〈正しい社会〉(just society)の全き実現であると思われる。つまりモダニズムの一般的な秩序においては実現し得ない、より個別的で、全人的な豊かさが目指されるべき〈正しい社会〉が存在するはずであって、それがまさに〈密漁と抵抗〉というポリティックスによって求められると考えられているのではないだろうか。[16] しかし、そうだとすると、そこでは直ちに、どのような社会が〈正しい社会〉であるのかという問題が再び現れることになり、理論的にはそれに何らかの答えを与える必要がある。そして、それには正しさについての一定の物語が必要となるはずである。もっとも、ポストモダニズムはそのような物語の構築は無意味であるというかもしれないし、また、このような構築によってモダニズムの陥穽に再びはまり込むことを忌避するかもしれない。しかし、物語の構築ということが意味するのは、我々が秩序の問題に関わる限り、このような〈正しさ〉への応答は不可避であるということなのである。この意味では、ポストモダニズムもまたそれ自体が新たな秩序の物語の創出の試みだと言えよう。

さらに付け加えるならば、ポストモダニズムはテクストの脱構築ということを主張して、モダニズムの言説の背後に隠された様々な動機を批判的に剔抉するわけであるが、このことは、一般化して考えるならば、モダニズムの言説がポストモダニズムの言説を脱構築すること、いわば逆－脱構築をも含意するであろう。実際、私が今ここで、ポストモダニズムの言説の中に含まれているある種のポリティックスや社会の理想像を摘示していることがそれである。このような脱構築の応酬ということが可能になるのであれば、モダニズムとポストモダニズムの間には対等な理論構成の関係が出てくることになり、後者だけが脱構築を専権的に主張できるということはあり得ない。そこで交わされるのは、あくまで適切な正義の理解をめぐる批判となるはずである。

この点に関連して、ポストモダニズムは、事象に対する傲慢な一般化を行うものとして理論というものを否定することがあり、その場合には例えば正義論のような規範的理論も原理的に不可能な試みとして批判されることになる。実際の多様で個別的な規範的ディスコースの有り様は、普遍的で一般的な理論によっては捉えられないのであり、抽象的な形での理論化自体が、そもそもディスコースの多様性に反するものなのである。しかし、実のところ我々の思考というものはすべて抽象的な理論化の営為である。それ故、どのようにディスコースを展開し、そしてそれをどのように整理するかということ自体がそもそも理論的な構造化の試みであるのだから、その意味ではポストモダニズムの言説さえもまたそうした理論の構造化の一つの試みである。従って、モダンな価値理念を理論的に構造化しようとする正義論がポストモダニズムの側から脱構築され、批判されるとしても、ラディカル・ローカリズムもまた〈密猟と抵抗〉の実践を理論的に構造化しているのであって、重要なのは理論化という営為の否定ではあり得ず、むしろ二つの対抗する理論の優劣ということである。

かくして、ポストモダニズムは、まさに自己自身の帰結として一定の正義論を必要とすることになるだろう。

ここでさらに考えなければならない問題は、なぜラディカル・ローカリズムであってはならないのか、ということである。もっとも、これは難しい問題ではある。なぜなら、この問題は、ポストモダニズムの目から見ると、まさにそれ自体がモダンな問題設定であり、その裏側には安定した秩序、正しい一般的制度、その理性的な希求といった隠された目的が存在するはずだからである。ここには、ポリティカルなレヴェルでの価値観の深い対立が現れていることは否めない。それ故、ここで問われるべきことは、モダニズムのポリティックスとポストモダニズムのそれと、いずれが社会秩序のあり方として魅力的であるのかということであろう。この問題を十分に論ずるには機会を改めなければならないが、とりあえずは次のように述べておきたい。

モダンな秩序がすべからく理性的であるということは、確かに幻想である。しかし、このことはポストモダニズムの言説を正当化するわけではなく、むしろ、その逆である。理性主義的な言説がモダニズムの思想の前面に現れたとしても、それは宗教的あるいは民族的な対立を伴って現れたモダンな社会に対する思想的反応であったのであり、その社会変動が大規模化してきた分だけその思想もまた深化してきているということであるだろう。確かにそのこと自体は特定の歴史的時点での条件の下で局所的に起こったことではあるにしても、モダンな思想の論理の内に示されたものは、人間にとって重要な普遍的価値の一端を表現していたのではなかろうか。肝要なのは、人間社会における対立や抗争に対して一定の秩序原理を与えるという理論的作業はいつの時にも試みられてきたということである。現代社会では、既存の秩序の物語がそのままでは機能しなくなっているということに問題があり、そこで新たな物語が模索されようとしている。ここで重要な問題は、おそらく、自覚的な秩序構築と自発的な秩序形成とのベスト・ミックスが我々に必要である限りいかなるポリティックスがその可能性を多く含んでいるのか、ということである。ポストモダニズムもその探究の試みの一つであるのだが、モダニズムに対置させられた物語が許容するような社会は、自由と平等との調和を不断に求める秩序への期待に叶うとは思えない。その点ではむしろモダンなリベラル・ポリティックスを発展させることがより魅力的ではないであろうか(17)。

四　正義論の可能性(二)——積極的基礎——

では、ポストモダニズムにおけるラディカル・ローカリズムに対抗して正義論はどのようにして積極的に展開できるのだろうか。まず初めにその基礎を与えるに際しては、正義の必要性を論ずるために、我々の規範的ディスコースにおける幾つかの重要かつ不可避の特徴に訴えることが肝要である。

まず第一に、人間の秩序構築の実践においては公共的正当化が不可避だということが根源的な事実であることを確認する必要がある(18)。人間社会において紛争や対立が不可避である限り、それを解決するためには公共的な決定が必要である。それは大規模な社会においてのみならず、小規模の集団や個人間の関係においても、人間が複数存在する限り同様である。しかもその場合には、我々は言語を用いることしかできない。勿論言語以外の決定、例えば暴力的な支配などもありうるが、いかなる力であっても最終的な決定は言語に頼らなければならない。そして、決定が言語に依存する限り、それは必然的にすべての当事者に対して一定の論拠を示さなければならないのである。そうした公共的正当化が不可避であるということを認めることは、さらに言うならば、我々が、秩序構築に関して私的な観点とはまた別に公共的観点というものを採らなければならないということをも当然意味している。

ちなみに、ポストモダニズムは、この公共的正当化のディスコースもまた常に権力的な文脈の下で行われると指摘するであろう。確かに、ここで考えている正当化の言説それ自体も紛争や対立の解決のために当然一定の権力性を帯びることになる。しかし、そのこと自体は陳腐な事実にすぎない。いかなる種類のディスコースも、何らかの説得力をもって相手方から一定の優位を勝ち取ろうとするものである限り、ヘゲモニカルであることを免れるものではない。重要な問題は、そのような権力性をいかに馴致しうるかということである。さらに、ディスコースの中には権力的なディスコースとは異なる性質を持っている種類のものが存在しており、そのことがポストモダニズムによっては見逃されているということにも注意する必要がある。例えば、権力をめぐるディスコースといっても、ある権力を強行するディスコースと共に逆に権力を批判するディスコースも存在する。さらに外的な観察によって権力の動態を記述するディスコースもあるし、権力を仮定して語られるディスコースもある。前二者は明らかにそれ自体が権力的(あるいは反権力的)であるが、後二者は何らかの形で権力に関説しはするものの、前二者と同等に権力的であるわけではない。さらにそれらについて当の私が今ここで語っているこのディスコース自体は、後二者以上に権力に対してニュートラルなものであることは明白である。そうであるとすれば、ディスコースの中には、メタ-レヴェルにおいて必ず権力から中立的なものが存在することになるわけである。実際そのことを認めなければ、ポストモダニズムも自らのディスコースの非権力性というものを語ることは不可能なはずである。

公共的正当化が言語による決定である限り、第二には、内属的必然性と呼びたいものが不可避の特徴として浮かび上がることになる。[19] ここで言う内属的必然性とは、約言するならば、正当化の言説における論理の必然性であり、また判断の理由づけということの必然性であり、さらに正当化の整合性ということの必然性である。この種の必然性は、およそ規範的な言語使用には常に内在するものであり、ポストモダニズムの言説もそれが規範的な含みを有する限りそれから逃れることは到底できない種類のものである。勿論、ポストモダニズムが懐疑的な主張にとどまる場合には、このような内属的必然性に必ずしも服するものではないだろう。脈絡のない断片的な言説でも、既存の理論に対する批判の効果はありうるからである。しかし、ポストモダニズムが法や政治に関するラディカル・ローカリズムという形の要求を言語を用いてなそうとする以上は、その言説には内属的必然性の要求が付加されてくる。そのことによって、ポストモダニズムの言説は主張の根拠や整合的な議論の構築を求められるのである。尚、これらのことは、公共的な決定には常に唯一不変の根拠がなければならないという意味ではない。むしろそれは、正当化を何らかの形で行うとすれば、仮にそれがいかに不十分なものであっても一定の論理的要求を否定することはできないということである。

第三に、原理に則した秩序構築の不可避性ということがある。我々が一定の形で正当化を行うのであれば、論理の必然性や理由づけの必要性からの結果として、その正当化全体の整合性が求められるのであるが、そうであるとすると公共的正当化のディスコースによって形作られる秩序というものは、適切な原理に則した統一性が求められることも不可避であるだろう。公共的正当化を通じて構築される秩序が、もし場当たり的なものであったり、一貫性を欠いたりするものであるならば、秩序はそれ自体を維持することはできない。公共的正当化における基本的な要としてある原理が提示されるとき、その原理の論理的射程は抽象的にであれ定まってくるのであり、先に述べた内属的必然性と相俟って、その射程の範囲内で原理に矛盾するディスコースが行われるということは許されないのである。[20] そうであるとすると、秩序構築に関わる様々な言説は、基本原理をめぐる解釈的な言説として一定の意味空間内で意義を有することになり、多様な形での言説の拡散ということには実は内在的に一定の限界があるということになる。勿論、ここには解釈の多元性という周知の問題が伏在しており、それは内属的必然性そのものによっては規定し得ないような言説の作用に関わっている。しかし、いかなる解釈であってもそれがあるテクストのポイントをめぐって争われる限り、その解釈が生み出す言説の空間は一定の意味的実質を伴っているのであり、それが原理に則した秩序の不可避性を支えることになるであろう。

さらに補足するならば、正義概念の必要性は人間の秩序における事実上の収斂現象と、そこに発する正義への圧力にも求めることができるということにも、我々は注意すべきであろう。例えばH・L・A・ハートが捉えたように[21]、人間の社会的生存が図られるときには一定の基本的ルールが目的適合的に発生し、それが社会秩序の基盤として継続的に作用してゆくであろう。また、社会の中に様々なルールが現れてくるとき、そのルールについて裁定をしたりあるいは整序したりするメタ-ルールが必要になるという、ルールの複合化というプロセスも必然的に起こるであろうが、その際には、そのルールの生成を統御するような秩序の基本原理について考えざるを得ない方向へと圧力がかかるだろう。異なる角度からもう一つ例を挙げるならば、クレオールという現象も注目に値する[22]。これは文化人類学で言われる文化の相互浸透と融合の現象である。文化が遭遇や衝突に直面するときには、そこに相互浸透が起こり、各文化はそれぞれが相手方の様式を取り入れて変化をし、新たな混合文化を生み出すのである。言説のレヴェルでもこのようなクレオールは存在しているのであるが、その場合には、それぞれの言説に対して一定の整合性や明確化の要求などが言説の間で交換され、そこで共有されるものが選り分けられるという過程が起き、結局そこでは、何が言説の基本であるか、何が受け入れられるべきかといったことの決定という問題が必ず起きてくるとも考えられるであろう。これらのような事実上の収斂現象の予想は多様な形で起こる秩序形成の一断面でしかないのであるが、人間の多様な思考や活動の結果として常にこの種の収斂が起こるとすれば、多様な規範的ディスコースが展開されるようになるとき、それと同時にそれらを統合しうるような基本原理の明確化もまた事実上不可避の形で必要になり、その際には常に正義のあり方が問題として浮上すると言えるのではなかろうか。

五　正義論の可能性㈢——エレメントとしての正義の観念——

さて、正義は理論的に探究する意味があるとしたところで、それではその探究にとって先に触れた現代正義論のパラダイムは最も適切なものであるかという問題を再考しなくてはならない。ポストモダニズムは、この現代正義論のパラダイムをまさにモダニズムの一環として批判することになるからである。

先に示した現代正義論のパラダイムは三つの要素から成っていたわけであるが、その中心的な意義は正義の基底性ということであった。しかし、ここで、その正義の基底性に関して二つの意味を区別したいと思う。それは、ベースライン（baseline）という意味での基底性と、エレメント（element）という意味での基底性である。

ベースラインとしての基底性という場合に典型的に考えられているのは、ロールズの見方であり、それは、正義が、法や政治の制度に対して、それを包括的に統御するところの道徳的な前提枠組みを与えるという見方である。ロールズにおいては、正義の第一原理と第二原理のセットは基本的には一つの枠組みとなっており、その指針に則して憲法が作られ、その憲法に則してさらに法律が作られていくという構造を生み出している。ロールズは、それを時系列的な四段階に分けて考えるのだが、静態的にみた場合には、結局、法－政治制度は、正義の枠組みを頂点とする一種のハイアラーキーの下に位置づけられる状態になっている。[23] これは、譬えて言えば、ちょうどH・ケルゼンの説いた法体系の段階構造に比することができよう。このような意味での正義の基底性をベースラインと呼ぶのである。

ところがこのベースラインという捉え方での正義の基底性は種々の問題を含むものである。そして、既に述べたポストモダニズムの主張の中には、それらの点に関わる重要な指摘が多々含まれている。

まず、解釈ということの意義の問題がある。テクストは様々に解釈されることで初めて意味を持つわけであるが、この見方を貫いてゆくならば、ある原理や規則はそれ自体が自存しているのではなく、むしろ常に解釈の営為によって漸次的に明確にされるものだということになる。勿論、ここではそのようにして明確化されるテクストに関する理論的構造化そのものが否定されるわけではない。この解釈実践の有り様は当然理論的反省を行いうるものである。しかし問題は、その反省の中で、正義やそれに連なる法制度のあり方を階層的な静態として捉えることはできないであろうということなのである。つまり、何らかのベースラインがまず前提枠組みとして存在し、それを踏まえて秩序が構築されるという見方は、我々の解釈実践の産物ではあり得ても、その実践自体の動態に則したものとは言えないであろう。すべてのテクストが解釈されるものである限り、自存的な規範を考えることはできない[24]。勿論、この自存的な規範という捉え方それ自体が規範の有り様の一つの解釈であるということはありうる。しかし、この場合の問題は、それが法体系よりも高次の次元に存在する規範群であると考えられることに存する。つまり、それは実体的な自然法に比すべき規範群となるのであるが、そのような濃密な存在性格を有する正義原理があると考えることは、我々の直観に適っているようには思われない。正義に関する我々の直観は、確かに法体系の基礎や根拠を与えるものであるとしても、種々の法的な言説それ自体の内で示唆されてくるものではないだろうか。この意味では、正義は制度を枠づけるのではなく、むしろ制度に浸透するものである。

このことは、ベースラインとしての正義が憲法にしか関わらず、それ以外の法には直接には関わらないように見えることが適切であるかという問題にもつながる。ここでも我々の直観は、いかなる法においてであれ正義はその背景において重要であることを示すであろう。そうであるとすると、このことは何を意味しているのだろうか。確かに、憲法よりも下位の法においては、その法の基本原則を示す条項やその他の一般条項などを通じて憲法上で確認された原理が組み込まれるということはあるだろう。しかし、正義原理は憲法上確認される価値だけを含んでいるわけではない。むしろ、正義原理の内容は種々の生活文脈に則して解釈されるものであり、憲法上の把握はその一側面であると考えるのが適切ではなかろうか。下位の法においては、憲法上把握されかつそこに組み込まれた正義は、当の法にとってはその文脈においてさらに把握し直されたり補完されたりする余地のあるものであり、当の法において考慮されるべき正義を尽くしているわけではない。この下位の法の領域で独自に把握されるべき正義の意義があると考えられているとすれば、そのことはとりもなおさず、正義原理がここで示唆しているベースラインという意味で基底的であると捉えられているわけではないことを示すことにもなるだろう。[25]ただし、ここで注意すべきことは、この正義の諸側面という点は正義原理の解釈の不確定性（indeterminacy）という問題とは異なるということである。ベースラインとしての正義の見地に立つならば、今問題としている直観は当の法よりも上位に存在している正義原理の不確定性の問題として捉えられるかもしれない。しかし、ここで問題としているのは、正義原理の基本的内容が、憲法上考えられるような基本的権利や富の分配にのみ限られるものではなく、日常的な生活関係における利益や負担の公平、経済的秩序における公正や自由の維持などにも関わっているということであり、不確定性ではなく正義原理の射程そのものなのである。

さらに付け加えるならば、ベースラインとしての正義という見方は権力の集中化ということをどうしても前提していなくてはならないことにも問題があると思われる。ベースラインとしての正義が成立するためには、一定の範囲において社会的な結合が安定的に存在し、その構成員の間で基本的な合意が存在していると考えることが必要である[26]。しかし、現実には、正義についての基本的な合意はたとえあったとしても極めて抽象的なものにとどまり、その内容に関してはむしろ解釈が争われているのが常態である。また、現実に安定した社会的結合の基盤となっている近代以来の国民国家は、現代の国際秩序の変動の中で決して強固であるわけではないにもかかわらず、例えば人権問題や環境問題のように、むしろそのような変動状態の中でこそ正義が問題とされるという場合もある。このことをも勘案するならば、正義原理はベースラインという意味の基底性とは異なる基底性を有していると考えるべきであるように見える。

では、この正義の基底性というものを何か他の意味で考えることができるだろうか。そこで私が提示したいのがエレメントとしての基底性を有する正義という観念である。これは、約言するならば、およそ法的であれあるいは倫理的であれ、正義に適った規範的主張がなされるときには、一定の正義原理がその前提として当の主張にいわば内属しているという見方である。

ある事柄が不正であると主張されるとき、論理的にはその主張を生み出す一定の前提群が常に伴っている。そしてこれらの前提群の中で最も基本的な前提が存在しており、その内容は、一般的に一定の条件が成り立つときそれは正義に反している、というものである。最も簡略化された形でこのことを表現するならば、Wa（「aという事柄が不正Wである」）という主張がなされるときには、その前提群として、$(x)(Cx \Rightarrow Wx) \wedge a \in x \wedge Ca$ということが成り立っているはずであり、このとき$(x)(Cx \Rightarrow Wx)$が最も基本的な前提を示している。これが当の主張に内属している正義原理を示しているのである。そしてこの原理の内容は、正義に関する諸理論による分節化を通じて与えられるものである。

例えば、「人種差別は不正である」という正義に適った主張を考えてみよう。この主張で言われている内容は、個々の人間に対する人種的な差別の否定ではなく、一般的な人種差別の否定であるが、これは正義の具体的表現であり、正義原理それ自体はこの「人種差別が不正である」という主張の中に、先のような論理的関係の下で内属している一定の規範的な核である。最も簡略化された形で見るならば、それは「人種差別は不正である」という判断を前件肯定式の結論として生み出すような第一前提である。そしてこの種の前提は、正義に関する諸理論によって、例えば次のような形で与えられるだろう。(27) すなわち、功利主義は先の主張の規範的内実について〈人種差別は社会に大きな害悪をもたらすが故に不正である〉と述べ、権利論は〈人種差別は個人の等しく扱われる権利を侵害するが故に不正である〉と述べ、平等主義は〈人種差別は偶有的な個人の属性によって優劣を計るが故に不正である〉と述べるだろう。この場合、これらの分節化のそれぞれにおいて前提されている一般原理、つまり〈aはZであるが故に不正である〉のZの部分が一定の正義原理を示唆しているのである。換言すれば、Zでそれぞれ述べられている部分が先に触れた（x）（Cx⇒Wx）の前件を表現し、それによって一定の正義原理が示されていることになる。

ただし、ここでは次のことに注意しなければならない。しばしば指摘されるように、功利主義は社会に害悪をもたらさない人種差別は許容しうるし、権利論は自覚的な差別主義者の言動をも一定程度まで擁護しうるが、これらの場合には、そこで想定されている正義原理の射程について疑義が生ずることとなり、その結果として、功利主義、権利論それぞれが示す正義原理はこの場合には妥当しないことになる。これに対して、平等主義が示す正義原理は、関連のあるいかなる生活場面においても人種差別を許容するような含意がない。従って、先の主張の場合には、平等主義的に分節化された内実が正義の核を表現していると考えることができるだろう。(28)

このように、正義は、一定の規範的主張に関して、その前提を適切な形で明らかにする実質的な正義理論によって示される規範的核を成している。この意味で、正義は個々の規範的主張に内属して、その価値的な規準を与え、その主張の規範的な適切性を支える道徳的条件となっている。私は、このような正義を捉えてエレメントとしての正義と呼ぶが、そこには、次のような特徴が看取されるだろう。すなわち、それはまず様々な規範的主張に相関的な存在性格を持つものであり、そのうえで抽象的な規範原理として我々の実践的な思考や活動を規整するのである。これがベースラインとしての正義と異なる点は、その存在性格自体がそもそも非集団的であり、むしろ端的に価値的であること、多様な規範的言説に内属するものであること、そして原理による規整は言説の集積を通じてなされることにある。つまり、エレメントとしての正義は種々の問題に関する規範的言説に連動する形で、一種浮動的な秩序原理として制度に浸透して働くのである。すべての規範的ディスコースはこのようなエレメントとしての正義を不可避的に前提することで成り立つ。それ故、いかにこの種の言説が多様化され、また重層化されるとしても、正義は規範的主張に内属する価値原理として、先に述べた公共的正当化の一環であることと相俟って、ディスコースを通貫して普遍的に存在することになるであろう(29)。

こうしてエレメントとしての正義を捉えるときになお重要なことは、それが分配的な構造を有していると想定できることである。それは次のような理由からである。人間社会においては、様々な資源の帰属をめぐって権力のウェッブが現れ、種々の権力関係が縦横無尽に張り巡らされている。これは人間社会が存在する限り不可避のことであるが、重要なのは、権力のウェッブが良きにつけ悪しきにつけ一定の形を成してくると、人間は、言語を用いたディスコースを通じて、それを批判的に組み替えようとするということである(30)。ポストモダニズムの言うように、社会に権力的なディスコースが満ちあふれ、多様に展開していることは重要な事実であるが、ここで重要なのは、実はそのようなディスコースは、個人間であれ、あるいは集団の内部であれ、権力をいかに割り当て種々の資源を帰属させるかという問題の解決のためのものだということである。そのようなディスコースにおいて我々が不断に試みるのは、権力の再規定とそれを通じての再分配である。権力のウェッブとここで呼んでいるものは、一方では自然発生的に形成されてくるのであるが、それと同時に、人間はその権力のウェッブから生ずる様々な問題を感知して、それを解決するために社会的関係を再構築しようとする。この意味で、先に述べた公共的な決定に関わるディスコースは、最終的にはこのような権力の再分配ということに帰着する種類のものであり、公共的正当化は分配的な価値原理を含むものとなるであろう。そうであるとすると、様々な公共的決定に関する言説に内属するエレメントとしての正義においてもまた分配的な構造が求められることになる。この意味で、エレメントとしての正義においても、分配モデルの根源性ということが認められるのである。

このような構造は、ポストモダニズムによってモダンな問題性を孕むものとして批判される種類のものだろうか。そうではない。それは、まさにディスコース相関的であることにおいて、ベースラインの有するような体系的な抑圧性を含むものではない。むしろ、その構造によってこそ我々の規範的ディスコースは価値や利害の複雑な対立を適切に解決しうるのである。そして、このディスコース相関的であるという意味において、ポストモダニズムもまた不可避的に正義の一定の観念を必要とすることになる。たとえそれがインフォーマルで個別的な形で求められるとしても、まさに個々具体的な判断において正義はその判断に内属する原理として普遍的に機能している。そしてこのエレメントとしての正義の存在によってまた正義の過剰も防がれるのである。理論としての正義論は、その正義の構造がいかなるものであるかを問える。勿論、その内容如何はさらに具体的な解釈によって争われるとしても。

以上のように正義を考えると、法との関わりではどういうことが言えるだろうか。私の考えでは、我々は現存法（existing law）という法観念をそもそも修正する必要がある。[31] この観念は、法というものは既定のものとして、とりわけ制定法という形で存在し、それを我々は受け取り、操作して問題を解決するというものである。しかし、解釈的な見方をとる限り、我々は様々に可能な法的テクストを融合させることで、不断に法を作り変えている。制定法とは、ある意味で暫定的な法の係留点にとどまっており、決して排他的に参照されるべき種類のテクストではない。法は様々な規範的言説の集積体であり、その一つ一つにエレメントとしての正義が関わってきて、法を語ることはすなわち正義を具体的に語ることであるという直接的な連関が見い出されることになるはずである。

かくして、規範的ディスコースを行うことそのものにおいて、常に正義と法が語られることになる。ポストモダニズムの言説もその例外ではあり得ない。そして、そのディスコースが多様化するほど、正義についての理論はますます豊かになることを求められよう。[32]

（1）江口厚仁「法の正当化／法における正当化？」（北海道大学法学部法理論研究会報告、一九九七年三月）による。

（2）管見する限り、法学の領域において、ポストモダニズムの問題提起を正面から受けとめたうえで原理的に批判しようとする試みはまだないように思われる。議論の簡要な整理と重要な反応を示すものの一つとして、笹倉秀夫「ポストモダニズム考」（法の科学、二五号、一九九六）があるが、ポストモダニズムに対する理論的な検討という点では必ずしも十分ではない。

（3）Ronald Dworkin, *Taking Rights Seriously*（Harvard U. P., 1977）p. 160 ff. 邦訳「権利論」（木下・小林・野坂訳）（木鐸社、一九八六）二一一頁以下。

（4）cf. John Rawls, *A Theory of Justice*（Harvard U. P., 1971）p. 11 ff. R・ドゥオーキンのオークション論に関して

は、参照、拙稿「平等・人格・リベラリズム」（思想一九八九年一月号）。また、B・アッカーマンの対話論に関しては、cf. Bruce Ackerman, *Social Justice in the Liberal State* (Yale U. P., 1981) p. 3 ff. 尚、これらとは異なる解釈的手法を中心とする重要な理論として、M・ウォルツァーの正義論（Michael Walzer, *Spheres of Justice*, Basic Books, 1983）を逸することはできないが、ここでは除く。また、ロールズの正義論の近年における変容についてもここでは触れない。

（5）Rawls, *op. cit.*, p. 126 ff.

（6）Rawls, *op. cit.*, p. 195 ff. この点に関するドゥオーキンやアッカーマンの考えはロールズの場合とは少し異なり、正義はより直接的に制度実践に内在しているように見える。cf. Dworkin, *op. cit.*, p. 101 ff. 邦訳一二四頁以下、Ackerman, *Reconstructing American Law* (Harvard U. P., 1984) p. 96 ff.

（7）この点に関しては、参照、拙稿「リベラルな平等についての覚え書き」（北大法学論集、四三巻五号、一九九三）。また、〈分配モデル〉の意義と限界をめぐる重要な批判的考察として、Iris M. Young, *Justice and the Politics of Difference* (Princeton U. P., 1990) p. 15 ff.

（8）田中成明「ロールズと法学的偏向」（〈現代思想の冒険者たち23―ロールズ〉月報一二号、講談社、一九九七）。

（9）以下での整理に関しては、とりあえず Thomas Docherty (ed.), *Postmodernism―A Reader* (Harvester Wheatsheaf, 1993) および和田仁孝、法社会学の解体と再生（弘文堂、一九九六）による。また、ポストモダニズムの概観として、参照、D・ライアン、ポストモダニティ（相庭訳）（せりか書房、一九九六）。尚、正義論との関連では、その他に、笹倉・前掲論文、村上淳一「ポストモダンの法理論」（岩波講座社会科学の方法Ⅵ社会変動のなかの法、岩波書店、一九九三）、西田英一「新たな法主体の可能性㈠・㈡完」（法学論叢、一三七巻一号・一三九巻一号、一九九四―九六）江口厚仁「法システムの境界と変動」（宮沢・神長編、法社会学コロキウム、日本評論社、一九九六）、酒匂一郎「〈差異の政治〉とリベラリズム」（法の理論、一六号、一九九七）などが示唆に富む。

（10）cf. Ihab Hassan, "Toward a Concept of Postmodernism" (in: Docherty, *op. cit.*) p. 151 f.

（11）和田・前掲書、特に三二頁以下および六一頁以下。

（12）和田・前掲書、九三頁以下、一五一頁以下、および一九〇頁以下での試みは、注目に値する。そして、それはおそらく、ポストモダニズムに共感を寄せる人々に広く受容されうるメッセージを示すものでもあるだろう。尚、江口・前掲報告においても、法システムにおける異質性、多元性、差異性、動態性などの理解の必要が強調された。

（13）このような個別的正義への志向をより具体的に示すものとして、例えば、棚瀬孝雄編著、紛争処理と合意（ミネルヴァ書房、一九九六）。

（14）和田・前掲書、一四九頁以下、また一九三頁以下。

（15）cf. Friedlich A. Hayek, *Law, Legislation, and Liberty*, Vol. 1: Rules and Order（Univ. of Chicago Press, 1973）p. 43 ff.

（16）cf. Jean Hampton, *Political Philosophy*（Westview Press, 1997）p. 191 f. Will Kymlicka, *Contemporary Political Philosophy*（Oxford U. P., 1990）p. 3 ff.

（17）参照、本書第Ⅲ部第三章。

（18）cf. Rawls, *Political Liberalism*（Columbia U. P., 1993）p. 58 ff. 正義論との関連性については、cf. Rawls, *A Theory of Justice*, p. 133 ff. また、より具体的な性格規定については、cf. Stephen Macedo, *Liberal Virtues*（Oxford. U. P., 1990）p. 46 ff.

（19）cf. Thomas Nagel, *The Last Word*（Oxford U. P., 1997）p. 13 ff., p. 55 ff., p. 101 ff.

（20）cf. Dworkin, *Law's Empire*（Harvard U. P., 1986）p. 176 ff. 邦訳「法の帝国」（小林訳）（木鐸社、一九九五）二八一頁以下。

（21）H. L. A. Hart, *The Concept of Law*（Oxford U. P., 1961）p. 89 ff., p. 189 ff. 邦訳「法の概念」（矢崎監訳）（みすず書房、一九七六）一〇〇頁以下、二一一頁以下。

（22）P・シャモワゾー&R・コンフィアン「クレオールとは何か」（西谷修訳）（平凡社、一九九五）特に二四四頁以下。また、今福龍太、クレオール主義（青土社、一九九四）特にⅤ・Ⅹ章。

（23）Rawls, *op. cit.*, p. 195 ff. 尚、前掲注（6）でも触れたように、ドゥオーキンやアッカーマンもこの見方を踏襲していると断言できるかどうかについては留保が必要かもしれない。私の考えでは、むしろそこでは二つの基底性の意味が明確には区別されていないと思われる。この点に関連して、cf. Dworkin, "Foundations of Liberal Equality" (in : G. B. Peterson, ed., *The Tanner Lectures on Human Values*, 11, Univ. of Utah Press, 1990) p. 71 ff.

(24) この点で、Stanley Fish, *Doing What Comes Naturally* (Duke U. P., 1989) p. 121 ff., p. 144 ff. などの指摘は傾聴に値する。

(25) 法律家や法学者は憲法原理との結合を（多くの場合部分的に）考えると共にそれぞれの法領域の原則の独自性をも考えるという経験の意義は、ここに求められよう。また、この点に関連して、参照、拙著、解釈と法思考（日本評論社、一九九六）一八八頁以下。

(26) ロールズの社会契約論的な正義の正当化はその典型例である。そして、オークションや対話集会という理論装置もまた、同様の一致条件を求めている。cf. Nagel, *Equality and Partiality* (Oxford U. P., 1991) p. 33 ff.

(27) cf. Nagel, *Mortal Questions* (Princeton U. P., 1979) p. 110 ff. 邦訳「コウモリであるとはどのようなことか」（永井訳）（勁草書房、一九八九）一七三頁以下。

(28) このことは平等主義が正義の観念と等しいことを意味しているわけではない。私の考えでは、正義の観念は、自由や平等のバランスを取ろうとする、複合的なものである。この点については、とりあえず、参照、前掲拙稿、「リベラルな平等についての覚え書き」四一五頁以下。

(29) このことは、正義の概念（concept）が規範的ディスコースの総体の内に遍く含まれていることを意味しているが、そのことから特定の正義の観念（conception）がすべての規範的ディスコースに通貫していることが導かれる可能性もあるだろう。

(30) この問題に関連して、cf. David Beetham, *The Legitimation of Power* (MacMillan, 1991) p. 42 ff., p. 64 ff.

(31) 前掲拙著、一九〇頁以下。

(32) 正義論には、現在、対話的正義、プラグマティックな正義、領域複合的正義（Spherical Justice）、新アリストテレス主義的正義、あるいは近年のロールズにおける〈政治的〉正義といった議論動向がある。これらの中でどの方向がモダニズムやポストモダニズムの問題性を超え、またエレメントとしての正義の内容を適切に捉える理論となりうるのか、それはまた新たな議論を要することである。

【補遺】

(1)〈ポストモダニズムと正義論〉というテーマのもとでいかなる意味での正義論の問題を考察しようとするのかという点を明らかにするために、正義の実践／正義のリフレクション／正義の理論という区別を行うのが有益であろう。正義の実践とは、我々の日常的な実践的判断・思考・行為の全体であり、その主たる部分は直観的な正義判断の総体である。正義の実践はいわば正義の素材であり、我々はそれを手がかりとして正義のリフレクションを行う。ここで言う正義のリフレクションとは、日常的な正義実践において起こる後悔や細かな反省ではなく、正義の実践を一定の学的観点から分析することを指している。この正義のリフレクションによって正義の実践から一定の特徴や条件を抽出するとき、そこには正義の理論が現れる。ただし、正義の理論は必ずしも体系的である必要はない。断片的な分析や表現であっても、それが正義の実践の特徴や条件の理解に関わる限り、正義の理論であると言える。

言うまでもなく、正義論は正義の理論のレヴェルのものである。そしてそれは正義の実践の特徴や条件を正義のリフレクションを通じて明らかにする試みである。ここで、正義の理論に関してさらに、内的要件と外的要件の二つの次元を区別しよう。内的要件とは正義の理論という存在体の実質に関わる諸要件であり、差し当りは、理論の素材（直観）／理論構成の方法／理論の内容の三つが区別される。理論の素材は、先に触れたように正義の実践から与えられてくる。勿論、それは継時的あるいは共時的に変化しうるし、相互矛盾もありうる。理論構成の方法には、例えば契約論、対話論などがあるだろう。理論の内容は、言うまでもなく、自由主義的、平等主義的、その他可能な様々な規範的原理群である。その一方で、外的要件とは、正義の理論という存在体そのものの性格に関わる諸要件、すなわちメタ理論的な諸要件であり、とりあえずここで考えられるのは、存在的措定／言語的措定／価値的措定の三つである。存在的措定においては、方法論的個人主義や方法論的集団主義、その他人間や集団の社会的関係の同定（例えば権力関係の有り様など）や規範の位置づけ方の問題などが関係する。言語的措定においては、理論構成の際に用いられる言説やディスコースの意義や機能（例えば基礎づけ主義如何など）などが関係する。そして価値的措定においては、正義の実践やリフレクションにおいて暗黙の内にコミットされ、正義の理論に反映される価値観が関係する。

これら正義の理論の内的要件と外的要件とが相互に関連し合っていることは言うまでもない。外的要件に関する一定のメタ理論を支えとしながら、正義の理論は一定の内的要件を伴って構成される。ただし、その相互関連性は複雑であり、一方においてある見方をすることが他方に直ちに一対一で対応するとは限らない。それは、例えば、方法論的個人主義を採るからといって契約論を採るか対話論を採るかは一義的には決まらないといったことに看取される。

(2)　〈ポストモダニズムと正義論〉というテーマにおいて重要なのは、右の(1)で区別された正義の理論の外的要件に関わる問題であり、それに関連する限りでの内的要件の問題である。すなわち、私がラディカル・ローカリズムとして摘示するポストモダニズムの特徴は、基本的に正義の理論の外的要件に関わる批判として捉えられる。偶発性、文脈性、そして分散化という特徴は、それぞれの措定に関して固有の形で当てはまる。約言すれば、存在、言語、そして価値のいずれも、その可能な様相のすべてにおいて、原理的に偶発的、文脈的であり、また分散化を免れず、多様で不確定的なのである。従って、理論の外的要件がそのようである限りは、一定の内的要件を保持する正義の理論は決して確定的な形を持ち得ず、もしそれが何らかの形で確定的たりうると標榜するとすれば、原理的に不可能な事柄を可能と僭称する傲慢な営為であることになる。

このとき、ラディカル・ローカリズムをあくまでノン－コミットなものとして捉えるならば、その立場は常にモダニズムへの懐疑として否定的に働き続けるだろう。しかし、私はここで次のように考える。すなわち、もしラディカル・ローカリズムがノン－コミットな主張にとどまるのであれば、それはコミットした主張に直接に関係することはできない。コミットした主張はそのパースペクティヴから正義の理論の内的要件に必要な形で一定の外的要件を前提するのであり、その際に外的要件への依拠をノン－コミットな形で否定したとしても、コミットした主張は外的要件の把握を修正してゆけばよいからである。ここではラディカル・ローカリズムは正義の理論の構成そのものを否定することはできない。しかし、その一方で、ラディカル・ローカリズムはコミットした意味を与えられることによって、いっそう積極的にモダニズムを否定することができる。ポストモダニズムがコミットした主張となることで、正義の理論における外的要件への批判は内的要件への批判にも結合してくる。むしろポストモダニズムが一つの正義の理論と捉えられることで、それはモダニズムの正義の理論のまさにレレヴァントな対抗理論となり、そのことで外的要件への批判もいっそう積極的な意味を持ってくるわけである。もっとも、この点自体は既に、ポストモダニズムに対する一つの反批判となっている。

こうして、論点はさらに二つになる。一つは対抗理論としてのラディカル・ローカリズムは正義の理論構成の面において、特にその実質に関して十分魅力的であるのか、ということ。そして、もう一つは、既存の現代正義論のパラダイムは、ラディカル・ローカリズムからの外的要件に関する批判に対してヴァイアブルであるのか、ということである。本章においては、私は専ら後者の問題に関して考察し、現代正義論のパラダイムを修正するならばラディカル・ローカリズムの批判を超えうる正義の理論を構築できると主張するのであるが、その際、そこでは、公共的正当化の不可避性から導かれる言語的措定の一定の見方（内属的必然性）によって存在的措定を修正し（エレメントとしての正義。尚、価値的措定は当初から多様でありうる）、それを踏まえてまた理論構成の方法を修正する（私は解釈という方法に与する）という議論を行っていることになる。

しかしながら、ポストモダニズムは、公共的正当化の問題か否かを問わず、すべての可能な言説に関してコミットメントから逃避し、また言説の間の整合性を維持することを拒否するかもしれない。そうであるとすると、それに対して公共的正当化の不可避性を主張することがポストモダニズムとの間での真正の議論となりうるのか、という問題もあるだろう。ここで、ポストモダニズムを批判する者は、何らかの普遍的想定を議論の基軸として持ち出さなくてはならなくなる。私の考えでは、それが公共的正当化（の内属的原理）が果たそうとする機能である。このときの問題は、このような普遍的想定が果たして効果的であるかということであるだろう。その評価は様々な問題場面によって変わると思われるが、こと正義論の基礎という問題文脈では、ポストモダニズムの変幻自在の言説と相対化に抗しうるものはただ一つ、我々が常に用いなければならない言説やディスコースそのものに内在する規則性でしかないように思われる。

(3)　エレメントとしての正義とは正義の理論（従ってまたその理論によって分節化されるはずの正義）が有すべき一般的な存在性格であり、先に述べた内的要件と外的要件との一定の組み合わせによって形式的に規定される観念である。そこでは、特定の実質的内容を有する正義観念が問題となっているわけではない。むしろそれは正義の概念の形式に関わる解釈である。内的、外的という二つの要件においては、それぞれ、理論の素材（直観）／理論構成の方法／理論の内容、存在的措定／言語的措定／価値的措定が区別されていた。そこで、これらの要件に則してベースラインとしての正義との比較を行うならば、一応次図のようになる。

この図において直ちに明らかなのは、エレメントとしての正義が有する、外的要件における価値論的特徴である。それが言説の論理的分析と結合することで、内的要件においては解釈という構成方法、そして制度浸透的な正義原理の働き方として現れることになっている。ここで採られている価値論的な視座は、規範の抗事実的性格や自律性を最もよく反映する視座であると考えられている。換言すれば、それは、個々人の社会的選択や対話、あるいは市場的取引によっては達成され得ない価値や規範の超越性を反映する視座であると言ってもよいであろう。

	ベースライン	エレメント
理論の素材	直観	直観
理論構成の方法	集合的決定装置（契約・対話など）	解釈
理論の内容	（特定されない―但し、制度枠づけ的）	（特定されない―但し、制度浸透的）
存在的措定	方法論的個人主義 規範の社会性	価値の存在 規範の自律性
言語的措定	基礎づけ主義的 実践的推論	分析的 論理的構造
価値的措定	（特定されない）	（特定されない）

［追記］　本章での考察は、直接には江口厚仁氏との討論（一九九七年三月）に触発されたものである。江口

氏の極めて啓発的な議論に感謝をしたい。本章の草稿は一九九七年五月、北海道大学法学部法理論研究会において報告された。当日出席され有益なコメントをくださった多くのスタッフや院生の方々、とりわけ瀬川信久、林田清明、角田篤泰、橋本努の各氏にお礼を申し上げる。さらに、岩本一郎、高杉学志、島亜紀の各氏からも貴重なコメントをいただいたことを感謝したい。

第三章 〈公正な市場〉の法

一 はじめに

本章の狙いは、社会秩序における市場の意義と限界をリベラルな分配的正義の観念と結びつけて示すことにある。市場をめぐっては、まず最初に市場をどのような形で捉え、それに対してどのように構えるかという問題が現われるが、私は、市場を単に経済に関わるだけのものではなく政治や社会全体に通用しうる一般的交換メカニズムとして捉え、自由の展開に資するその意義を高く評価しながら、その一方でそれがまさに適切に働くために、公正を要とする一定の社会的正義によって枠づけられるべきだと考えるものである。そして以下での議論は、市場を全面的に肯定するリバタリアニズムを念頭におきながら、その境界づけの必要とその基礎となる我々の正義観を統一的に説明することに向けられる。その際私は、まず第一に公正な市場という観念によって市場の適正なあり方を示し、第二に公正の規範枠として市場が可能になる道徳的基礎を明確にし、そして第三に複合的保障という観念のもとに公正が社会に実現される方途の要略を示すという形で、いわば市場の馴致の議論を進める。このような問題設定そのものや以下で論じられること以外にも、市場の意義と限界に関しては様々な問題が存在するが、それらを論ずることは別の機会に委ねることにしたい。

二　公正な市場

市場は社会における財の交換についての一つのメカニズムであるが、そこでは自由な生産や取引のネットワークが形成され、共通の指標による財の自己調整的な分配が行われる。そして、このメカニズム全体においては個々人に自由な活動が保障され、あらゆる財が市場に載せられて交換されることで、人々の活動に独創性や革新が生まれるのである。我々の知る市場の典型は、経済の領域におけるそれであり、我々がそこでいかなる発展を享受できるかは多くの経験が教えるところであるが、このメカニズムは経済においてのみ機能するわけではなく、例えば政治における「思想の自由市場」や、学問や教育、芸術やスポーツにおける自由競争、あるいは私的生活における自己決定などの広い社会領域において、創造的な秩序形成力を有していることは明らかである。

しかし、このように市場が機能するためには、そのメカニズムの前提条件が十分に満たされることが必要である。その条件とは、⑴活動主体の独立性：市場に参加する活動主体は資格や能力を十分に有する個人や集団である、活動主体は正確で十分な情報を保持している、活動主体間には無差別で広範な交換関係が存在している、など。⑵私財化：市場で取引されるすべての財は何らかの形で私的に分配され消費される、社会的費用の大きい負の財は市場では交換されない、など。⑶権原の正義：市場における交換関係自体は獲得、移転、矯正に関わる正義の原理によって制約を受ける、などの条件である。

これらの前提条件は、市場の働きとの関係で捉え直せば、市場が働くための初期条件である構成条件、および市場における各活動主体の交換関係を規律する制約条件である過程条件として整理できる。そして、これらの条件は市場の存立に関する単なる理論的仮定ではなく、むしろ規範的なルールから成るものである。すなわち、市場は、その働きに際して、一定の資格や能力を有する独立した個人や集団によって担われなければならないし、彼らの活動は種々の規範的制約に適合的になされなければならないのである。このような意味での構成条件は右記の⑴と⑵であり、そこには、個人の権利や行為能力に関わるような基本的ルールや、また会社組織の構成に関わる種々の基本的ルールなどが含まれよう。また、過程条件は右記の⑶であり、そこにも種々の基本的ルール、例えば契約のあり方に関わるルール、不法行為に関わるルール、あるいは詐欺や脅迫などに関わるルール、さらには商取引や不正競争防止に関わるようなルールが含まれるであろう。

しかし、これらに加えて、公正という観点からはさらにもう一つの規範的な条件として、市場メカニズムの結果として現れてくる市場の不機能状態やそこから生ずる差別あるいは格差を是正するための条件、すなわち市場の結果条件とでも言うべきものを考える必要がある。結果条件はその実現によって市場における活動主体のあり方が本来その構成条件が規定しようとする状態に保たれるようにすることで、構成条件をいっそう実効的なものたらしめる。それには不法行為のルールや会社の監査に関わるようなルール、また独占禁止の主要なルールあるいは産業の保護育成などをめざすようなルール、そしてさらには所得の再分配に関わる社会保障的なルールなどが含まれよう。このような結果条件が市場に本当に必要か否かは議論の分かれるところで、リバタリアニズムは、この条件は市場には必要がなく、規制されるべき問題は市場の自生性によって解消されると言う。しかし、後に述べるように、私はこの結果条件なしには市場は公正に機能し得ないと考える。

いずれにしても、ここではまず市場の機能は常にこれらの条件を前提することで可能になることを確認しておきたい。市場の内では活動主体は自己の意図に従って自由に活動し、ともすれば何の制約もないように見えるが、現実にはその活動は暗黙の内に前述したような種々の基本的ルールに則して行われ、そこからの逸脱は本来の市場活動とはみなされず、制限される。そして、そのようなルール群自体は我々の社会における市場のコンヴェンションの内で形成され、そこからさらに個々の法制度に具現されているのである。

さてここで、これらの条件との関係では市場のあり方は二つの極に別れる。一つはこれらの条件が最小限の形でのみ市場を規制している場合である。すなわち、独立性の条件が広範に成り立つものとし、私財化の条件をほぼ無制限に想定し、そして権原の正義の条件を厳格に想定して、結果条件についてはその必要性をほとんど認めず、市場の自己調整機能に信頼するという市場のあり方である。このような場合、市場自体は最も純粋な形で働き、その固有の特徴が最大限に展開されて社会秩序全般に及んでゆくことになるであろう。これを奔放な市場と呼ぶならば、これに対して、先の諸条件が市場の特長を損なわない最大限度において規整を加えているという場合が考えられる。すなわち、独立性は限定的にしか認めず様々の主体の非独立性や不等性を配慮し、私財化も限定的に捉えて私的に処分され得ない財の領域を保全し、権原の正義に加え結果条件によって独占禁止や所得再分配その他の配慮を導入するという市場のあり方である。この場合には、市場は種々の道徳的制約によって抑制されながら一定の限界内で機能することになるであろう。私はこれを公正な市場と呼ぶ。そして、これら二つの市場の内いずれが全体としてその特質を最良の形で実現できるかと言えば、それは後者の公正な市場であると考える。

実際、市場が機能するための最小限の条件は現実にはしばしば局所的なものにとどまる。現実の個人や集団の関係は、資力や能力などの点で常に独立対等のものであるわけではないし、また市場それ自体が処理できる財の種類や分配には、扱われる財の性質やその財の分布がもたらす影響力などの点で一定の限度がある。この意味で、市場メカニズムに適合する主体や財のあり方は現実には限られており、市場の構成条件が想定するような独立性や適切な私財化は必ずしも当然に成り立つわけではない。奔放な市場はこのような限定を考慮に入れずに成立し、自己拡張するが、それは後に述べるような多くの道徳的問題を惹き起こしてしまうため、適正な市場のあり方ではない。むしろ我々は一定の道徳的境界の内で、市場によって処理されてよい事柄と処理されてはならない事柄とを区別し、市場固有の働きを馴致しつつ公正な市場を希求すべきである。

では、公正な市場の条件とはどういうものなのだろうか。換言すれば、市場において活動する主体や、そこで取引され分配される財のあり方には、公正の観点からいかなる道徳的限定が必要なのだろうか。

三　公正の規範枠

公正な市場の条件を明確にするためには、我々はまず、市場に関して現れる種々の道徳的問題に目を向ける必要がある。そのとき、市場の構成、過程、そして結果の各レヴェルに対して一定の道徳的制約を加えている原理を析出できるならば、それが公正な市場の条件の基礎となるであろう。

市場メカニズムをめぐって生ずる道徳的問題には、例えば次のようなものが挙げられる。⑴経済主体の力の不等性、すなわち地位や富の初期格差、ハンディキャップあるいは情報の偏りなどに基づく優劣の可能性、障害を有することから生ずる自立への負担など。⑵市場の過程での問題として、過度の商品化、非倫理的行動、人権無視など。⑶外部不経済の発生、公共的な財の不十分な供給などの市場の失敗、あるいは所得の格差、独占の発生、社会保障の必要などの分配の不公正。そしてさらに付け加えるならば、⑷いわば市場全体に関わる外部効果として、癒着や過剰消費といった政治や社会への負の影響などである。

これらの道徳的問題に関して、独立性の想定、私財化の仮定、市場の自己調整機能、権原の正義、そしてこれらに伴う個人倫理の浸透などから成る最小限の条件の遵守だけで、市場は自動的にこれらの問題を解決することができるというのがリバタリアニズムの見方である。しかし、最小限の条件がもたらす奔放な市場は、上記の道徳的問題を適切には解決できない。この点を、私は力の不等性の問題、集合的な負財の処理の問題、独占の問題、そして交換禁止財の問題などを例にとって論じよう。

まず、活動主体の力における不等性、すなわち、社会的地位や富の初期格差、権利の剥奪、ハンディキャップなどは、いずれも活動主体の自己責任においては左右され得ないところの負の資源である。これらが降りかかっている場合それを解消することは極めて困難であるが、さらに重要なことに、そのような負の資源をそれに責任のない人々が自己の力で処理することは、彼らの自由な活動の可能性に対して二重の負担を負わせることになる。まず、彼らは市場での活動の前提条件たる独立性との関係では、多くの障害を自己の責任に関わりなくかかえ、活動の以前にそれを処理してしまわなければならない状態に置かれている。そして、さらにその処理があくまで彼ら自身の問題となるならば、彼らは自己に責任のない障害のために本来の活動以前に多大な労力を費さなければならない。このような二重の負担を引き受け、それを解消するための多くの労力は、苛酷な目標を自らに課してそのために徹底的に訓練を積み挑戦する人が費やす労力と同じ種類のものとして捉えることは決してできない。後者の人は、一定水準の能力や活動状態を前提としたうえで自ら困難な課題を設定し、それに自ら挑戦しようとしているのであり、そこで生ずる負担はすべて自己の選択によるからである。このような労力の不均衡は人々の等しい自由ないしは選択の可能性を大きく狭めるという点で不当であり、一定の配慮に基づいて是正されなければならない。しかも、このような意味での等しさは、リバタリアニズムが法の下の平等を重視する限り否定され得ないはずである。法の下の平等の対象となる独立人の存立が阻害される場合には、その平等が独立の前提条件となる基本的な事柄に関しても拡張されなければならない。

では、外部不経済の処理についてはどうであろうか。例えば、煤煙を出す工場と周辺住民との関係を考えるとき、市場の観点からは、工場と住民とは互いに取引の主体であり、住民が煤煙防止装置をつけた方が安価であればそのような解決が望ましいことがある。しかし、ここで考慮すべき問題は、住民の清浄な住環境への要求と工場側の経済的な活動の保護という異質の価値の衝突であり、その際、当該環境に対する工場の影響力と住民の影響力との大きな相異には問題がないのか、さらにもし住民が工場進出以前からそこで生活をしていたとすれば先住者に対して工場が一方的に影響を与えているものであることに問題はないのか、といったことである。これらの点について、まず環境影響力という点では、他方に比して極めて小さい力しか有せず、その分影響の回避が困難な者を大きな力を有する者と対等に取り扱うことはできない。それ故、このとき、活動から生ずる負の財の多寡に関して、住民の生み出す負の財に比して工場が生み出す負の財が大きな不利益を及ぼす限りでは、工場の側により強い制約が必要となる。また、先住性という点では、後住者が先住者の活動条件を一方的に大きく変化させることはできない。ここでは、これらの競争者が共に等しい活動条件を確保することが先決であり、そうでなければ、利害対立を等しい尺度で調整することはできないはずである。

次に、独占の問題を考えてみよう。企業の活動においては、規模の利益によってコスト・ダウンが可能になるために合併への傾向が存在する。また、いわゆる協調の利益やネットワーク化の利益もあるため、企業間の種々の協力や系列化行動は自由に追求されるべきであるように見える。リバタリアニズムからすれば、企業の離合集散が結局は市場における自由な企業活動に資する限りではいかなる結合も許されるし、そこから弊害が生じたとしても、各企業の利益追求が自由になされる限りは自然にその弊害が除去される方向に変化してゆくので、全く問題はない。そうだとすると、なぜ独占その他の企業連携が一定のルールによって除去されなければならないのか疑問視されるし、仮にその種の行動から市場において非効率性の問題が生ずるとしても、それは最小限度の規制によって事後的に除去すればよく、市場のあり方そのものをも含めた、構造・行動・成果全般に及ぶ包括的な事前規制を行なう必要はないことになる。しかしながら、市場が公正に働き、人々の経済的利益になる生産や分配をもたらすためには、企業間の完全独占状態、資本力の差がもたらす不参入状態あるいは取引強制などが排されて、いかなる企業も自由な参入と活動ができる状態を取引の当初から維持することが根本条件となるはずである。しかも、企業の力が大きくなるにつれ、企業が経済活動の領域を越えて、公共的あるいは個人的な決定や選択に関わる領域にも大きな影響力を及ぼすことは明らかであるが、これも、癒着や選択強制を生み出す限り決して放置されてはならないことである。全くの自由競争はかえって広範な自由の圧殺と、その構造化をもたらす可能性がある。この不自由の構造化の自生的な改善は極めて困難であり、むしろ構造化の可能性そのものを一定の強制によって排除しなければならない。

最後に、私財化の限界に関わる、いわゆる交換禁止財、例えば、生命、身体、あるいはそれらに関わる権利、さらに参政権や従属的労働などの取引の問題がある。リバタリアニズムにおいては、これらの財であっても、全く自発的な意志決定があれば自由に私財として取引されてもかまわないのであり、なぜ自らそれを望むことが禁止されなければならないのかと問われる。確かに、私財化の限界の根拠という問題は解答の困難なものであるが、交換禁止財が自由な取引の対象とはなり得ないのは、おそらく、生命や身体などを相互に棄損することへの心理的恐怖が各人をしてこれらを自由な取引の対象から除外させることに加えて、これらの財は市場とは異なった秩序次元に属するものであるという道徳的な確信が介在しているからである。すなわち、これらの財はそもそも市場的な取引を継続してゆくための主体としての存立可能性そのものに関わっており、それを私財として交換してしまうならば、それを基盤として可能になっている人格的な生のチャンスが失われてしまうのである。しかも、生命、身体などの固有性は、リバタリアニズムが最も重視するはずの個人の人格的生が開始されるための不可欠の基礎であり、また参政権や自由な労働などは人格的生の展開のための必須の手段であるはずである。その保護は、まさに市場における活動主体の地位そのものを確保することになる。

さて、以上のような例から、我々はそれらに通底する或る道徳的な判断枠組を看取することができる。それは、いかなる財の領域においてであれ、次のような一定の道徳的状況が整うところで初めて市場メカニズムは適切に働くという判断枠組である。すなわち、市場を通じた自由な財の取引関係が可能になるためには、取引される財は当の取引の主体としての存立可能性を左右するような基本財であってはならず、主体にとって手段的な私財とその結果として得られる私益だけが対象となり、取引を行なう人々は対等の資格や能力をもった上で自発的に取引を行える状態になければならないのであって、もしこれらの状態が市場の当初からあるいは市場の機能の内で成り立たなくなるならば、そのとき市場は働き得ないということである。このような判断枠組の核心に存在するのは、あらゆる社会生活の場面において維持されるべき活動主体のインテグリティの保護という道徳的要請である。換言すれば、それは、偶然や他人に一方的に従属していて選択の可能性を狭められている人々を、その事情に応じて援助し自立化させることなしには社会秩序は成り立ち得ないということである。この要請を中心として、主体とその活動の要件を規定する財や当事者の資格、能力などのあり方に関して一定の制約が与えられ、それらが充足されるときにのみ市場による交換が許される。既に述べた道徳的問題が生ずるのは、これらの状況が成り立っていない場合に市場に分配を委ねようとする場合である。その具体的内容はさらに考察を必要とするが、これらの状況が完全に成り立っているとき、人は何ら問題なく市場を通じての自由な交換に入ることができるし、またそう望んで、その結果として生ずる財の分配を適切なものとして受容できるのである。

このような道徳的な判断枠組を、私は公正の規範枠と呼ぶ。それは一方で自由を基軸とする市場メカニズムの意義を認めつつ、他方でその働きを倫理と平等の側面から境界づけるという二段構えの複合性をもった、社会的正義のある一般的原則を示している。この原則は、市場を含むあらゆる現実に対する我々の批判的な態度にその根源をもっている。そして、公正な市場の法はこの規範枠から派生するルールの体系であり、歴史的に形成されてきた市場をめぐる法の多くは、この観点からその意義や役割を再確認できよう。

リバタリアニズムは、勿論、このような強い意味での正義が働くことの正当性について疑問視する。すなわち、公正の規範枠を成り立たせている一定の平等主義的理念に対して、なぜそのようなものが社会秩序に必要なのかと問うのである。しかし、既に述べたように、この種の価値観や平等は、リバタリアニズムも受容する基本的確信それ自体の前提条件を成すものである。また、上記のような問題場面における市場の効果は、単なる自発的活動の帰結の問題ではなく、人間生活の根底という不可避の状況に関わっており、社会的な配慮に値するものである。この点で、公正という社会的正義による市場の規制が自由な活動から相対的に独立した位置づけをもつことには意味があると言える。しかし、ここで重要になるのは、人々に生ずる障害や不均衡の是正のために人為的な介入が行なわれ、画一的な統制がもたらされることそれ自体に対するリバタリアニズムの批判、すなわち、なぜこのような道徳的条件の維持のために人為的な介入、特に政府の介入が必要なのか、という問題である。

四　複合的保障

これまでに見てきたように、市場メカニズムを適切に機能させるためにはその道徳的条件を与える公正の規範枠とそれに基づく法の体系を現実の人間や社会関係において実現し、公正な市場を維持することが重要である。そこで問題となるのは、このような秩序維持のための方途、とりわけ市場に対する政府の権力的介入のあり方である。

市場への権力的介入自体は、リバタリアニズムにおいても必ずしも否定されるわけではない。活動主体の権利侵害や、権原の正義に関わる個別的害悪に関して、それを一般的かつ安定的に解決するには最小限度であれ一定の権力的組織が存在しなければならない。従って、ここで重要な問題はむしろ、公正の規範枠によって要請されるような市場の厚い条件の維持に関しても政府の権力的介入が必要であるのかということである。

リバタリアニズムからすれば、市場における不正な活動を禁止し、活動の自由度を増すような一般的な公共財の整備を行い、不法行為や犯罪に関して一定の処理方法を定めさえすれば、それだけで政府の守備範囲は尽くされる。政府による介入は本来それ自体が個々人の自由の制限という点において悪であり、介入が厚くなればなるほど自由の制限が増大して個々人の活動の可能性も閉ざされると共に、保護を受ける人々の自発的な活動意欲も阻害され、さらには政府自体の資源浪費や腐敗の可能性も高まって、結局は社会秩序全体の機能不全が起こってしまうので、介入は必要最小限度に抑制されなければならない。社会的正義を政府を通じて権力的に実現しようとするならばこのような逆説が生じてしまうので、社会的正義の実現はあくまで人々の自発的な倫理的行動に委ねられるべきなのである。このようなリバタリアニズムの主張は、しばしば正義や福祉あるいは政府の責務を無視する保守的イデオロギーだと論難されるが、そのような単純な反発は適切ではない。近代国家はまさにリバタリアニズムも依拠する個人の自由の保護と権力の抑制から出発しており、それは現代の国家においてもなお重要であって、社会的正義の実現にまつわる権力の拡張という問題を見過ごしてはならないからである。それにもかかわらず、公正の規範枠から要請されるような活動主体間の格差の是正、外部不経済の強制的処理、独占の排除、あるいは交換禁止などのためには政府の適正な介入が必要であるとすれば、その態様や理由を我々はいかに考えるべきなのだろうか。

現実には、市場に関する道徳的問題に対しては、多様な対応が必要である。リバタリアニズムの言うように確かに個人倫理による慈善も勿論なされるに越したことはないし、ヴォランティア活動なども重要であり、さらにそれを企業化することも必ずしも不可能ではない。政府はそれらの活動を自由に委ねると共にまた促進すべきでもある。しかし、その一方で、慈善を成す人の数もその持続性も決して大きくはなく、必要な人に十分な援助が与えられないことがしばしば起こる。また、営利目的の企業による格差への配慮は多く保険によって行なわれるが、そこには逆選択の問題がおきてしまい、これを解消するにはすべての人々を強制的に保険に加入させざるを得ないにもかかわらず、一企業にそのような広範な強制力はない。その他に、企業による種々の援助活動も、損益計算上引き合わなければ縮小されてしまうし、さらに食料や家などの生活の基本財の供給は保険では十分に賄いきれない。このような場合には、政府による定型的で安定的な援助が必要となる。さらに、経済活動は基本的には自由に任せられるべきであるが、独占や不正競争の頻発には市場それ自体を崩壊させる危険があるため強力な権力的規制をなす必要がある。独占や不正競争は各企業の利益にならなければ自然に解消されてゆくときもあるが、そこから一旦利益を得た企業がそれを固守しようとすることもある。このような状態の構造化には、各企業の個別的行動の他に第三者による強制的解消も重要である。また、市場における外部不経済の処理は、社会的評判が企業の利益に勘案されて自発的に不経済が内部化されることもあるが、それが損益計算に服する限りは不安定であるため、ここにも一定の権力的規制は必要である。そして、交換禁止財への強い規制の必要については、もはや多言を要すまい。リバタリアニズムのもとでも殺人や暴力、あるいは詐欺などは強い規制を受ける。生命の取引は勿論のこと、身体の取引、従属的労働の取引などを禁止することは、まさに独立した主体として市場で活動する可能性それ自体を保全することに他ならない。このように、これらの問題に関わる財の分配は、市場を通じてなされうる場合とそうでない場合とがあるため、問題場面に応じて、市場の外側から多様で適切な規制が行なわれる必要がある。公共的な規制や補助の最終目的は常に、市場によっては適切に実現されない人々の利益の保護にある。この意味で政府は公正の規範枠の実現のために大きな責務を有している。しかし、その一方で、どのような組織も、集団的作業に固有の非効率性に侵される可能性を常に有しており、特に政府のような非営利的な巨大組織にはその傾向が顕著に現われる。そこでは、リバタリアニズムも論難するような政府の失敗、すなわち無用の財政赤字や安易な増税、官僚主義、利益誘導、さらにはそれらに伴う癒着あるいは汚職などもまた大きな問題である。政府の活動は、それ自体が様々な弊害をもたらすことのないような透明性を必要とする。それ故、政府の活動に限界がある場合には、政府に代わって正義の実現に寄与することのできる個人や集団が大きな役割を果たすことが求められる。このことは人間の様々な活動の条件の中で、政府と、個人、家族、社会集団、ヴォランティア組織、企業といった政府以外の諸単位とが実現すべき事柄を改めて確定し、それに対応しながら政府の活動のあり方が再確定されるべきであることを意味している。

私はここで複合的保障という考えを提示したい。その前にまず、市場に対する政府の介入形態を区別すると、排除的規制、促進的規制、救済的規制の三つが考えられる。排除的規制は、不正競争防止のように市場における不当な活動を禁止する場合、促進的規制は産業育成のための援助を行うような場合、そして救済的規制は賠償や処罰、さらには社会福祉サーヴィスなどを行うような場合である。そこで、私が複合的保障と呼ぶものは、公正の規範枠から要請される政府の保障はもっぱら救済的規制による必要はなく、場合に応じて排除的、促進的な規制も行ったり、あるいは全く規制をしないこともありうるのであって、その場合の最終的な保障は社会における諸個人や様々な組織あるいは集団の自由な活動に委ねられてよい、という分散化された保障のあり方を言う。複合的保障は、政府の規制を強化するものではなく、逆に政府の規模や規制について問題の性質に応じて適正な範囲と態様が探られ、権力的規制を最小限必要かつ適正なものとするための方途である。

さらに、この点に関して、公正の規範枠はリベラルでしかも複合的な要請を含んでいることによって複合的保障を正当化する。この規範枠は、まず市場における種々の活動の前提として一定の平等の実現を要求するが、それに加えて平等の条件が整った場合には、個人の自由や自己決定あるいは自己責任をも重視する。それ故、平等と自由とはここでは両立するのであり、問題はそれらの排他的関係よりも、それらが共に寄与すべき個人のインテグリティという理想にとって当該の問題場面でいずれがより重要であるかということ、そしてその際いかなる財を公共的な規制や補助に委ねるのがよいのかということなのである。このことは、さらに進んで、公正の具体的実現のための保障は人々の期待に則してなされるべきであり、その実現は実効性がより高いものであるほど適切であるという要請を含むことができる。そして、政府のような組織は常に最終目的の実現のための手段であるから、政府の活動それ自体にはまさに分配的正義の実現との関係において一定の効率性が要求されることになる。

こうして、複合的保障は、個人や集団の自己調整と政府の適正な活動をとを通じて人々の生活の質のより高い社会を実現してゆくための保障のあり方を意味するが、このような方向は、おそらく自由の観点からも平等への配慮という観点からも必要な、しかも、それらが両立できる一つの方向であろう。

しかしながら、ここまでの議論は、公正の規範枠に例示されるような平等と自由とが両立する社会的正義の理念と整合しうる保障のあり方の一つの素描にすぎない。ある意味では、これらのことは現代の常識でさえあり、問題はむしろその先にあるとも言える。大きく変化しつつある現今の社会・経済的文脈に即応しながら、そこに必要な社会的正義の規範枠をいかに洗練し、具体的にどのように複合的保障の細部を構想し、それをいかにして制度化してゆけばよいのかということが、市場の法哲学の大きな課題であろう。

［参考文献］

D・アスキュー、「現代における自由主義とは」（創文、三五一、一九九四）
A. Buchanan, *Ethics, Efficiency, and the Market* (Clarendon Press, 1985)
R. Dworkin, *Law's Empire* (Harvard U. P., 1986) esp. ch. 8
R. Goodin, *Reasons for Welfare* (Princeton U. P., 1988) esp. Part 2
J・ハーバーマス、晩期資本主義における正統化の諸問題（岩波書店、一九七九）
F・A・ハイエク、法・立法・自由（ハイエク全集九、春秋社、一九八七）
長谷川晃、「リベラルな平等についての覚え書き」（北大法学論集、四三－五、一九九三）
林田清明、「法と経済、法の経済分析、批判とパラダイム（一・二完）」（北大法学論集、四二－三、四、一九九二）
R・ハイルブローナー他、現代経済学㈦（TBSブリタニカ、一九九〇）特に二七、三二章
猪木武徳、経済思想（岩波書店、一九八七）特に第一、二章

N・ジョンソン、福祉国家のゆくえ（法律文化社、一九九三）
桂木隆夫、自由社会の法哲学（弘文堂、一九九〇）特に第八章
丸尾直美、入門経済政策（中央経済社、一九九八）特に第四、五章
正村公宏、福祉社会論（創文社、一九八九）特に一、二章
宮沢健一、現代経済の制度的機構（岩波書店、一九七八）特に第四、七章
J. Narveson, *The Libertarian Idea*（Temple U. P., 1988）
NOMOS XXI *Markets and Justice*（New York Univ. Press, 1989）
R・ノージック、アナーキー・国家・ユートピア（木鐸社、一九八五―八九）特に三、七章
A・M・オーカン、平等か効率か（日本経済新聞社、一九七六）
大野忠男、自由・公正・市場（創文社、一九九四）特に第一部、七、八、九章
E. F. Paul et. al.（eds.）*Liberalism and Economic Order*（Cambridge U. P., 1993）
K・ポランニー、大転換（東洋経済新報社、一九七五）
M. J. Radin, "Market-Inalienability"（*Harvard Law Review*, Vol. 100, 1987）
J. Rawls, "The Basic Structure as Subject"（in : A. Goldman et. al. eds., *Values and Morals*, D. Reidel, 1978）
佐伯啓思、「欲望」と資本主義（講談社、一九九三）
丹宗・厚谷編、現代経済法入門（第三版）（法律文化社、一九九四）特に第一章
M. Walzer, *Spheres of Justice*（Basic Books, 1983）esp. ch. 4

第Ⅱ部　正義としての公正の理念

第一章　公共的価値とその解釈

一　価値の相剋と連接原理

人間社会における価値の多元性は、特に現代社会において顕著である。勿論、一定の集団や社会の価値観には多くの共通部分が存在していることもあり、その分だけ人々の生活パタンもまた一様化することも少なくはない。しかし、人間一人一人が基本的に創造的な存在である限り、多元化へのポテンシャルは社会の内に常に存在している。そして、一定の社会経済的条件が整ったとき、そのポテンシャルは開放されるであろう。もっとも、このような多元化は必ずしも順調に展開するわけではない。社会における個々人の心理的距離や集団の地理的疎隔などの条件が整うならば、多元化は一種の棲み分けを通じて、それぞれの場において価値観を発展させるであろうが、それらが近接しかつ互いに相容れなくなるときには衝突をし始め、コンフリクトを招来する。実力、偏見などとは別に、価値観は固有の論理と内容を有しており、それが社会に一般的に妥当することを要求する傾向を強く持っている。そして、それが権力関係における優位を争う政治の力学に組み込まれるときには、互いを否定し排除しようとする傾向をさらに強く持つこととなる。

価値それ自体の次元においては、コンフリクトは当の個人における種々の欲求や様々な当事者による規範的主張の論理的な相剋の状況として捉えられる。それらの主張は特定の価値を強調することによって構成される実践的要求であり、それらが衝突しているときには、究極的にはそれぞれの規範的主張の核を成している価値が衝突しているのであり、諸々の価値ファクターの間の相剋という状態が現出する。(1)

個人と社会、いずれの場合においても問題となる価値ファクターは多く共通している。例えばそれは、自己利益、結果の望ましさ、卓越性、実行可能性、自由、平等、手続的公正、功績、ニーズ、一般的義務、特別の義務、慣行、権利、自己決定、効率性、進化的見地などである。(2) 倫理や道徳・法の領域において問題を生み出す状況はこれらの価値ファクターの対立や相剋である。これらすべての価値が常に衝突しているというわけではないにしても、問題となっているコンフリクトにおいては、これらの価値の幾つかが衝突する。最も簡単な例では、自己利益と一般的義務との対立、一般的義務と特殊的義務との対立、権利どうしの対立などが挙げられるが、少し複雑になると、自由と平等と実行可能性、そして効率性などが対立するといった場合もある。この場合、個人の内部での価値の相剋を倫理的な価値のコンフリクト、社会関係における価値の相剋を道徳的な価値のコンフリクトと呼んで一応区別しておこう。いずれのレヴェルの価値のコンフリクトにも先に挙げた諸々の価値ファクターは現れる。しかし、それが個人の内部に生ずる場合は価値ファクターは自己を中心軸として意義を有し、コンフリクトはあくまで自己自身の行為の針路に関する問題となるのに対して、それが社会関係において生ずる場合には、コンフリクトは個々人の間の対立として現れてくるため、それは多関係的な要求の調整ないしは整序の問題となる。この場合、問題の性質としては後者の方がより困難な性質を持つことになるであろう。

ちなみに、このように価値のコンフリクトが現れる場合に別に問題となるのは、そもそもそこには真正の対立が存在しているのかということである。(3) これはいわゆるモラル・ディレンマの問題であるが、これには三つの見方がある。すなわち、真正のディレンマは存在せず、すべての価値は一定の統一性の内にあるという見方、逆にすべての価値は独自の意義を有しており、それぞれが全く固有のものとして常に衝突やディレンマが存在し、その間の優劣は価値以外の力の偶然あるいは文脈的な産物にすぎないという見方、そして、真正のディレンマが存在するが、その一方では全体的統一とは言えないものの何らかの優劣関係が存在するという見方である。先に述べたように価値のコンフリクトが存在するのであれば、ここで重要なのは後二者の見方であるだろう。

さて、諸価値が衝突するときにはそれらの価値の関係において何らかの裁定が必要となる。この裁定は、暗黙の内にあるいは慣行的になされたり、さらにはアド・ホックであることも勿論ありうる。特に、個人のコンフリクトに関してはそのような場合も多いであろう。しかしながら、こと問題が道徳的な価値のコンフリクトに関わるときには、合理的で首尾一貫した形の説明・正当化による解決が求められることになる。一般に、倫理や道徳・法においては、個人的な生活のあり方において発生する価値的ファクターの衝突や社会的な形で発生する価値ファクターの衝突は一定の高次価値規準によって裁定もしくは整序される。すなわち、先のファクターのいずれが当事者の事情において大きな比重を持っており、個人的な生活においても、社会的な対立においても、それらの間の優劣をいかに定めて個人の生活や社会秩序を統合するか、それが、倫理や道徳・法にとっての問題である。尚、ここで倫理の問題とは個人生活における価値ファクターの裁定、道徳・法の問題とは社会次元における価値ファクターの裁定の問題である。

この場合、シェリー・ケイガンが正当にも主張するように、価値ファクターの間にはケースに応じながらそれらを統合する連接原理（interaction principles）が存在しているはずである[4]。連接原理とは、対立する諸価値ファクターを一定の仕方で整序し、その間の対立を解消するためのメタ原理である。その連接原理の規定によって倫理や道徳・法による価値統合、すなわち諸価値間に一定の優劣関係を与えることが可能になる。このような裁定は当該の問題において一定の価値ファクターを支持しそれに従った判断や行動に対して正当性を与える。その意味では、当該の問題状況において妥当すべき価値を選定し、それ以外の価値を後景に退かせて、それらの機能の範囲を画定するわけであるから、連接原理は価値の射程と機能に関する一種の分配を行うものでもある。この連接原理は、一定の高次価値規準を核とする規範的理論に従って与えられる。規範的理論は、合理的で首尾一貫した裁定を行おうと試みるとき必要となるものであり、抽象的な形であれ、種々の価値の相剋に対して一定の整序の指針を与えているものである。ちなみに、倫理的な価値の相剋を裁定するのは倫理的な規範的理論であり、道徳的な規範的理論とは区別されるが、それぞれに含まれる連接原理は、同じく価値の相剋を整序するにしても、倫理の場合はそれが同一人においてのみ問題である限りで統合度が低くてもすむであろう。しかし、道徳の場合にはそれが多人数の主張に関わることによって、より首尾一貫した統合度を要求されるであろう。

この種の連接原理を規定するような規範的理論の存在を不可能なものとする見方もある。価値に関する高次の説明や正当化を行うことの可能性自体を否定する見方である。この見方に従えば価値的ファクターの相剋は個別的なケースに応じて固有の形で解決されるものであり、そこに統一的な規範的理論は何ら存在し得ないとされ、理論による諸価値の整序という志向は放棄される。確かに、この個別主義的な見方が端的に誤りであるとは言い難いところもあり、さらなる検討が必要である。[5] しかし、先に触れたように、すべての価値がそれぞれ固有のものであり優劣はつけられないという見方に関しては、説得力ある批判もある。すなわち、特に道徳的なコンフリクトの解決においては合理的な首尾一貫性の追求に大きな意義があり、そこでは種々の個別的な判断をより豊かに統合することが求められている。様々な価値判断の集積を個別主義的に捉えるのも一つの理論的な整序であり、重要な問題はそれらをより整合的に捉えるのが生産的であるかそれとも断片的に捉えるのが生産的であるかということのはずである。価値の優劣関係がいかにつけられるかの解明はなお困難であり、規範的理論も複雑にならざるを得ないとしても、人々が一定の合理的な理由によって判断を行いうる以上は、何らかの優劣関係が成り立つと考えなければならないであろう。

付け加えて、正当化可能性の前提の上に立った規範的理論には、さらに一元的なものと多層的（multi-layered）なものとが分かれる。[6] 一元的な規範的理論は、ある特定の高次価値規準によってすべての価値的ファクターの連接原理を説明し正当化するものであり、多層的な規範的理論は複数の高次価値規準のセットによって連接原理を説明・正当化するものである。その詳細は措くとして、ここで一応言及しておくべきことは、ここで定式化される原理は何を捉えるものであるのかということである。ここで定式化される原理が全くの価値的直観にとどまるというのは直観主義の立場であったが、ジョン・ロールズはいわゆるカント的構成主義を標榜して、人々の熟慮された道徳的判断を基盤としながら、原理と具体的判断とを往復する反照的均衡によって一定の原理を規定できると考えた。この場合に重要なのは、種々の説明もしくは正当化原理間の整合性であって、それが高いことが原理の正当性の重要な条件であった。[7] 確かに、この種の整合性条件は重要である。しかし、規範的理論は価値的な何ごとかを捉え、それについて語っているのであって、整合性条件だけで十分であるとは思われない。ロールズ自身の最近の議論においても、その議論が一定の内容を有する政治文化の適切な解釈であることが強調されることがあるが、[8] これは最終的にはメタ倫理学上の認知主義に与することになるだろう。そうであれば、我々は何らかの形のモラル・リアリズムを認めなければならないであろう。

もう一点付け加えるべきことは、価値の通約不可能性と統合可能性の問題である。すべての価値がそれ自体に固有の論理を持つとすれば、その価値が一定の内容変更を受け他の価値と融合するということもあり得ず、従って統合の可能性も存在しないことになる。しかし、私はここで強い不可能性と弱い不可能性とを区別し、価値の通約不可能性とは後者の意味において成り立つと考える。つまり、価値はその核となる内容は相互に排他的であり得ても、特に適用の補助条件の変更によって両立可能なのである。問題はそのような補助条件の変更はいかにして行われうるかということである。もっとも、この点は後に第三章において、一定の行為次元に則してその適用領域を区分するという境界条件の可変性を考える際に検討されることであるので、そこでの議論に譲りたい。

二　公共的観点と価値解釈

対立し相剋する諸々の価値ファクターを一定の規範的理論に応じた原理によって連接させるということは、その連接が一定の独自の価値観点によって可能であることを前提している。私はそのような観点としてここで公共的観点という概念を導入する。[9] そして、この公共的観点については、トーマス・ネーゲルが展開している観点の理論が有意義である。

ネーゲルは、幾つかの著作を通じて、不偏的観点もしくは客観的観点と個別的観点もしくは主観的観点との対照に注意を促してきた。不偏的観点は、各人を他の個人と同等に位置づけ見渡すような広い観点であり、個別的観点は、各人を中心として各人の抱く価値や利益がその内で貫かれる観点である。このような観点の対照は様々な哲学的問題において出現するものであるが、最も典型的には、人間を宇宙の一塵芥としてのみ捉えあらゆる人間を鳥瞰する観点と個人の意識を中心として世界の有り様を捉える観点との対照が考えられる。前者においては人間は、ちょうど天の彼方から捉えられた名もなき個体の群れとして現れることになるが、後者においては、人間は各人固有の視野と感覚とに満たされた存在として現れることになる。

しかし、ネーゲルはさらに進んで、これら二つの観点が何らかの形で統合される形式を分析する。[11]不偏的観点と個別的観点とが簡単には融和しがたいことは、先に触れた宇宙見地からの人間像と個人意識の視野からの人間像とを比較してみれば一目瞭然である。宇宙からの人間像においては、この私自身の他ならぬ意識や身体は小さな塵でしかないのに対して、個人意識からの人間像においては他人や世界の存在そのものが常に他ならぬこの私の内にあることとなる。これらの事態はまったく相反するものであり、個人の位置づけは一八〇度異なったものとなるのである。このような観点の対照は人々の思考にある分裂をもたらすが、その一方ではまさにそのことによって何らかの形の統合を思考に要求することともなる。この統合には、ネーゲルによれば四つの可能性がある。すなわち、還元、排除、併合、そしていわば共存である。還元とは二つの観点のうち一方こそが本質的に重要なものであるとして、他方の観点からの議論をすべてそこに解消してしまうものである。人間理解の例で言えば、意識世界をすべて自然界における物理化学的なプロセスによって記述説明ができるとする見方は一つの還元である。排除とは一方の観点が他方の観点を幻想として退けてしまうものである。右記の例との関連で言えば、独我論はすべての客観的な科学的説明も意識の産物であり、それが何か客観的な世界叙述となることは幻想だとすることになる。併合とは、一方の観点が他方の観点を組み込むことである。人間の意識を物理化学的なものとして捉えながらも意識それ自体は一種の随伴現象として位置づけることは、科学的な観点の一部に意識的な観点を組み込むことを示している。しかし、ネーゲルによれば、これら三つの方途は各観点の固有性を十分に反映したものにはならない。というのも、不偏的観点と個別的観点とは相互に解消不可能な独自の存在性格を有しているからである。人々は人々のすべてを宇宙の塵として眺めることができると同時に、各人自身を他ならぬかけがえのない自己として意識することができるが、そのときある種の分裂を経験するのであって、この二元的な事態は生の還元不可能な事実である。それ故、ネーゲルの考えでは、これら二つの観点は何らかの形で共存しなければならないものである。[12]

ネーゲルがこのような共存について一般的に示唆するのは、観点の多元性は世界のあり方の多元性をも示しており、究極的な統一ではなく、いずれもが他方の観点を含み込み得ないことを認めつつこの対照を漸進的に受け入れてゆくことの重要性である。[13]それ故、種々の問題領域においてここで示唆されているような観点の共存がいかに可能になるのかは、それぞれの文脈に応じて考えなければならないであろう。ここで、ネーゲル自身が政治哲学の領域で示唆しているのは、不偏的観点と個別的観点とをカント的観点によって調停する可能性である。ネーゲルの言うカント的観点は不偏的観点と個別的観点を前者の相対的優位のもとで統合するのであるが、その際には誰もが合理的に拒否することのできない理由の存在が規準となる。すなわち、社会的な制度を構築する際にはそこでの正統性は誰もが合理的に拒否することのできないか否かによって測られるのであり、そのことによって一定の公平性（impartiality）が定立され、そこから、一定の自由や寛容を含みつつも最底辺の人々の生活保障を基本とするリベラルな平等の要求が派生するのである。[14]

誰もが合理的に拒否することのできない理由を規準とする正当化可能性という見方は、ネーゲルによればカントの定言命法の一つの解釈である。このようなカント的観点の深奥は、ネーゲルの議論においては或る種の目的の王国の表現をとる倫理となっている。ネーゲルの言を借りるならば、「倫理の不偏的な関心は個人としての自分自身と他のすべての個人としての人々に対する不偏的な関心である。それは自分自身の人生と利害への不偏的な関心の必然的な一般化から得られるのであり、その一般化はまた原型のもつ個人的な形式を失わない。……この理由によって、結果として現れる不偏的な関心は分断されている。すなわち、それは各人に対する個別的な関心を含んでいるのであって、単一の包括的な観点から世界を見るというよりも、各人の観点から個々別々に世界を見ることによって実現されるのである。想像によって、人は世界のすべての人々の集合体の中に向かってゆくのではなく、世界のすべての人々それぞれの中に分け入ってゆくのである。[15]」つまりカント的観点とは、個別的な関心を一定の不偏的な形で結びつけることで不偏的な関心が個別化されているような相補的な観点なのである。そして、ネーゲルの言う公平性はこのような相補的な観点の中核として、合理的理由の規準によって裏づけられる最も基本的な倫理的価値である。付け加えるならば、ここで重要なのは、このようなネーゲルの議論はいわば道徳認識論的な必要条件によって個人と社会の秩序づけのあり方に一定の限界づけを与えるものだということである。私はネーゲルの観点の多元性の指摘は基本的に正しいものだと考えるが、ここで求められる観点の調停を行うのは一般的に言って公共的観点であり、それが外化されたものが制度であるということになるであろう。

以上のようにして要請されることになる公共的観点に関して、ネーゲルの議論には必ずしも明示されてはいない幾つかの点について補足をしておきたい。

第一に、不偏的観点と個別的観点との間の均衡が公共的観点においていかなる形で与えられるかは、それを調停する規範的理論に依存するということである。規範的理論は不偏的観点をより重視する例えば功利主義のような理論から、個別的観点を重視する例えば強い権利論のようなものまで、公共的観点における不偏的観点の占有率ないしは優先性、あるいは逆に個別的観点のそれをどのように図るかによって規定されている。しかしながら、これらの観点が基本的には高度に非通約的なものである以上、ここでは共存が何らかの形で理論的に図られなければならない。それ故、適切な形で公共的観点に立つ規範的理論は、不偏的要請と個別的要請との双方を、それぞれの固有性を保ちながら均衡させるものでなければならないが、規範的理論が基本的には不偏性を有するものである以上、問題の焦点はその理論の中に個別性の要求をいかに的確に取り込むことができるかということにかかってくるであろう。規範的理論は、適切な文脈に応じて、社会と個人とのバランスの取れた関係を構築する必要がある。

尚、ここで公共性の概念との関係について付言すると、前述の見方からすれば、公共性が問題となるレヴェルを三つに区分する必要がある。社会構成単位、制度射程、実質的意味の三つの問題である。社会構成単位は社会の中に存在するいかなる活動単位がイニシアティヴを取るのかという問題、制度射程はそれらの内のいかなる単位のいかなる関係を公共性の範囲として扱うかという問題、実質的意味はどのように公共性の内質、価値原理を定めるかという問題にそれぞれ関わっている。後二者は連動するであろうが、第一のものはそれとは独立に定められよう。それ故、特に注意すべきは、政府の存在や要求がそれだけでただちに公共性をなすのでなく、あくまで調整されるべき複数の存在や要求の一つとなることであり、さらにこのことは一旦確認された公共性の実行に際しても政府が専権的ではないことを意味しているということである。それ故、ここでは、公共性は最終的にはその実質を定める価値原理を含むところの規範的理論によって規定されると考えられることになる。(16)

第二に、不偏的観点と個別的観点との相異は相対的なものである。(17) 実際、個別的観点には種々のヴァリエーションがある。社会には様々な活動主体が存在し、それぞれに内在する観点が考えられる。社会に対しては例えば個人の要求や、集団の要求などはいずれも個別的なものである。そして特に後者に関しては、特定の人種や民族からの要求や、特定の性、あるいは社会的身分からの要請もまた個別的なものとなるであろう。しかしながら、その一方では、一人の個人からすれば、人種や性、あるいは社会的身分などに基づく主張そのものは不偏的なものとして現れる。そして、これらの主張が社会全体に通用すべきものとなるならば、これらはまた功利主義と同様の不偏性を有する規範的理論となりうるであろう。この意味では、最も典型的に個別的観点を代表するものは一個人の観点である。その際には、人種や性、あるいは社会的身分などはあくまで個人に担われる固有の自然的あるいは社会的属性として捉えられるべきものとなる。

もっとも、人種や性、社会的身分をあくまで個人の一属性として捉えることには問題があるかもしれない。言うまでもなく、ここには個人主義的な見方が伏在しており、フェミニズムや人種理論などはこの点を大いに批判するであろう。この問題の本格的な議論にここで立ち入ることはできないが、約言するならば、これらの具体的な属性は一方で確かに一定の不偏的観点を構成するものの、いかなる属性についてもそれが個人毎に分割されて組み合わせられることができ、それらのまとまりは常に個人がその担い手となって個別化要求が可能である限り、やはり公共的観点によって調停されなければならないものである。逆の角度から言えば、最も不偏的な観点とは、種々の個人の属性からは最も遠い観点であり、種々の属性の担い手となる個人が単に抽象的な個体の集合体としてのみ勘案される観点である。これに比べれば、特定の人種や性、あるいは社会的身分に基づいて集合的に考慮がなされる場合は、個体が有する種々の属性によって様々にカテゴリー化される場合の一例にとどまる。もちろんそれらは自然や社会の構造上ある抜きがたい必然性を負わされることにもなるとはいえ、それ自体はあくまで一面的なカテゴリー化にとどまっており、その限りではまた公共的観点からの調停を必要とするであろう。そうであるとすれば、重要なことは、不偏的観点と個別的観点を調停する役割を有する公共的観点とそれを構成する規範的理論に関して、人種や性、あるいは社会的身分をどのように組み込むことができるかということである。いかなる文脈でも相対的に不偏的な観点と相対的に個別的な観点との相剋とその調停が問題となる限り、問題の構造は不変である。そして、そうである以上は、もっぱら特定の人種や性、あるいは社会的身分の見地だけから構築される規範的理論は公共性を十分に確保することはできないということになるであろう。

第三に、ここで考えている観点の相剋そのものは道徳的なコンフリクトの一様相であるが、それは具体的に様々に対立する諸価値とは別の、しかしそれらを通貫しているより基本的な様相である。ネーゲルは、諸価値は基本的に通約不可能な形で分立しており、それらの間での一定の均衡はアリストテレス的な実践的賢慮によってしか得られないであろうことを示唆してもいるが、このことは、一定の抽象的原理によってこの種の判断が産出されかついっそう具体的な判断の文脈においては実践的な判断も必要となることと両立しないわけではない(18)。そのような均衡を求める場合にはさらにここで述べている観点の相剋も問題となるのであり、それは公共的観点とそれを構成する規範的理論によって、一定程度まで整序されるものでもある。その場合には、これらの観点を統合しようとする規範的理論の適切度はまた諸価値の整序の度合いともなるであろう。

以上のように考えてくるならば、公共的観点の問題とはまず第一に最も不偏的な観点と最も個別的観点との相剋をいかに調停するかであり、その問題の枠のなかで、他に可能な種々の属性的観点をどのように位置づけてゆくかということである。倫理的な価値のコンフリクトを個々人がそれぞれに解決する際には個々人は何らかの形で高次の観点の見地に立つことができるのであるが、公共的観点はそのような個々人の統合経験を社会化したものとなる。人々がいかにしてこのような公共的観点へ至ることができるかということについて、以前私は道徳的超越の重要性を主張したことがあるが、自己の価値観への固執を排しその枠を脱して、それを外側から理性的に眺めることにおいて、いかなる価値観も他のものとの相互関係の中で一定の整序に服さなければならないという道徳的制約も可能になるのである。そして第二に課題となるのは、それらの観点の対立や相剋を的確に処理する価値的規準を与えることのできる、複合的な規範的理論を構想することである。この規範的理論が一定の形で諸々の価値ファクターの衝突を解決する連接原理をその核として規定するものであり、各価値観の独自の要求を一定の形で整序することは既に述べた。公共的観点はいかなる価値にもコミットしないような観点ではなく、それ自体が一定の規範的理論によって示される高次の価値規準に支えられる観点である。そしてここでは、結局、どのレヴェルでも不偏的な要求に対して個別的な要求をいかに位置づけてゆくかが問われる以上、複合的な規範的理論を構想することには大きな意義があることになる。かくして、公共的観点を構成する規範的理論の成否は、相剋する不偏的観点と個別的観点とを実質的にいかに的確に統合できるかにかかっているのである。

さて、マイケル・ウォルツァーの区別を借りて言うならば、価値の把握には発見と構築と解釈という三つの方途が考えられる[19]。発見とは、人々が行う価値判断をその大前提たる基本原理から論理的に帰結するものとして捉え、そのような基本原理を探し出すことによって価値を明らかにする試みである。それはちょうど様々な事実を統一的に説明できる自然科学的法則を発見することに似ている。その一方、構築とは、人々の行動を規制するような価値原理を理念的な設計によって作り出すことである。それは、何らかの第一原理を明証的なものとして確立し、そこから可能な価値判断の体系を導出し構成する。これは、いわば価値のユートピアの構築である。この二つの方法は歴史的に大きな意味をもってきたし、そして現在でもそれなりに意義を有している。しかしながら、後に触れるように、この二つの方法には特有の認識論的困難がつきまとっており、それ故、ウォルツァーと同様、価値の把握には解釈という方途が適切であると考えられる。

社会の内で人々は価値的な判断実践を不断に蓄積しつつ生きている。慣行、倫理、政治、法律など様々な領域で、その判断実践は広がりと厚みを加えている。このように堆積しつつある判断実践を反省的に考察するとき、その時点において一定の概括的内容を可能的に有する意味の塊として価値は切り取られ、言語的な分節化に委ねられる。ちょうど一定の運動を行いながらその運動を行っている自分を意識し、それを言葉にもたらすことができるのと全く同じように、価値の考察も、人々はそれを行いつつその作業を反省的に思考することができる。このような価値の考察は、日常の判断実践において行われることは勿論、学問的な営為においても同様である。その意味では、価値の考察は人々の思考と行動そのものであると言ってもよい。しかし、それと同時に価値の考察は、メタ－レヴェルにおいてもまた行われる。このようなレヴェルの価値の考察は、実践的な価値考察の高次考察である。

価値の考察は人々の日々の判断実践に埋め込まれていると同時に、反省的に明確化されまた修正される。それは隠れた自然法則の発見と似たものではない。なぜなら、価値は判断実践の蓄積の中で変容するからである。またそれは決して白紙状態からの構築でもあり得ない。なぜなら、価値は判断実践の蓄積の中で既に一定の意味を有するに至っているからである。それ故、ここで言う価値の考察とは価値の解釈である。価値の解釈は、法や政治など様々な領域での判断実践を支える社会の価値がいかなる内容のものであるかを不断に明確化し、再構成して、またそのことによって当の社会の価値をさらに豊かに形成してゆくという動態的な営為である。社会において発展してきた様々な価値は、価値の対立や相剋によって問題化され、より深い理解が要求されることになるが、価値の解釈はこれらの錯綜した関係を解きほぐし、価値の適正な有り様をさらに模索することで、対立や相剋を整序する道を拓くものである。[20] 価値解釈とはより適切な価値の観念

（conception）を不断に構想してゆく試みである。

ただし、このような価値の解釈において考えられる価値はしばしば抽象的であり、その内容が直ちに特定されるわけではない。その内容の理解には原理的に複数の仕方があるのであり、しかもそのいずれが最良の理解であるのかを決定的に定めるだけの方法的規準は存在していない。そこでは、価値の解釈は、客観性を規整理念としながら、まさに様々の捉え方において争われるのである。この点で、価値の解釈はまた協同的なコンテストともなってゆくが、客観的に正しい解釈への道は常に開かれており、複雑な価値判断をより豊かに正当化できるものこそが人々が求めている価値の最良の解釈となる。その際、解釈の争いが解決されるのは、各々の価値どうしが共有しうる一定の実質的条件を創出するような解釈の具体的構想によってである。何がその最良であることの規準となるかは一義的には定まっていないが、このような解釈の争いにおいて、一定の客観的な価値原理を成立させその論結を可能にするような基本的条件を、私は以前、包括性、前進性、および多元的妥当性という三つの解釈学的条件の複合として考えたが、これが価値の解釈においても重要な条件となるであろう(21)。

こうして、公共的観点における個々の価値的要求の共存が一定の規範的理論によってなされることは、公共的観点の内実について一定の協同的なコンテストにおいて可能な価値を解釈的に構想する試みを通じて規定することに他ならない。このような試みでは、ネーゲルの言う共存における部分性や複数性の条件は当然に満たされるであろう。ここでの議論は様々な解釈仮説の提示によって進められてゆくからである。また、このような解釈は、ネーゲルが否定する意味でのテクストの実在性を想定するわけでは必ずしもない。前述の議論から言えば、ここで規範的理論を通じて構成的に明らかにされるはずのものは価値の対立や相剋を解決するための規準なのであるが、その存在を直ちに実体的な真実在として措定する必要は必ずしもないからである。

もっとも、そのような価値規準が何らかの形で存在していると考えないことにはこのような考察は進み得ないことは明らかである。私がここで価値として求めているのは、人々が日々の価値判断、特に妥当な法－政治的判断に際して用いているはずの根拠であり、その限りで重要な一定の価値の存在や内容を考えることである。妥当な法的判断やそれに関連する政治的判断は、それが原則的なものであれ政策的なものであれ、常に一定の価値判断を根本的な前提に据えることでなされる。それらの判断の全体が論理的にいかなる形で構成されるとしても、それを究極的に支えるのは一定の価値規準である。その価値規準がどのような論理的性質のものであるかについては、現代形而上学の一つの見方から言えば、価値は規範的な様相を持った命題として存在しており、思考者から独立した一定の事態を表していて、概念とも言い換えることができるものである。例えば、「等しきものは等しく取り扱わなければならない」ということは当為という様相を有する命題であり、それに対して思考者が嫌悪のような感情を抱こうとも一定の拘束力をもって現れるものであって、またそれは抽象的な平等の概念を示している。しかし、ここで考えようとする価値を何かイデア的な論理的実体として捉えることは必ずしも適切ではないであろう。むしろ、ここで考えようとする価値とは、あくまで一定の価値判断の根拠あるいは理由を与えるために論理的に機能している、単一の命題あるいは関連する命題群の複合のあり方であり、しかもそれは規範的な判断実践の中で織りなされている意味の総体として、分節化されるものなのである[22]。いわば、価値は解釈の営為をきっかけとして形を現し、解釈を通じて分節化されるものであり、さらに次の解釈によってまた別個の角度から切り取られて形を現し、そしてその解釈を通じてさらに分節化される、そのような可能的な意味の織物である。それは、人間の規範的思考を支えている意味の織物であり、あらゆる具体的判断に形を変えてくるところの人々の規範的思考の基本要素である価値的概念群の適切な形での布置態である。ロナルド・ドゥオーキンが用いた卓抜な連作小説（chain novel）の比喩を借りるならば、(23)価値そのものはいわば連鎖的な命題群の収斂によって明らかにされるところの、抽象的な思考支点である。そのような布置態ないしは支点としての価値は、人々の思考や行動を規整しているという意味で実在していると言えるものである。

ともあれ、以上のように考えてくるとき、公共的観点における規範的理論にはさらに一つの条件が加わると考えられる。それは、ここで適切な規範的理論は一元的なものではあり得ず、むしろ多層的なものであり、それ故そこから派生する諸価値の布置関係は、価値のヘテラーキー（heterarchy）とでも呼ぶべきものとならなければならないということである。(24)人間社会にはコンフリクトが不可避であり、その意味次元においては常に価値の対立や相剋が存在するならば、その解決に単一の価値だけが規準となることは不可能である。諸価値の対立や相剋の中でもし唯一の価値だけに意義があるとすれば、それは当該の問題文脈においてその価値が最も適切であるということであり、すべての可能な問題文脈において絶対的にその価値が適切であるということはあり得ない。逆の角度から言えば、ある問題文脈において最も適切な価値以外の価値がそのことで全く意義を失うわけではない。それらの残余の価値はそれぞれにとって重要な問題の局面においては相変わらず意義を持ち続けているのであり、ただ当該の問題文脈においては不適切であるとされるにとどまるのである。さらに、最も適切であるとされる価値も、その内容は一義的に定まるわけではない。価値はそれ自体としては抽象的なレヴェルのものであり、それは問題文脈に応じて様々な意味を持ちうるし、いっそう具体的な判断においてさらにその内容が特定されるときにも様々な捉え方が可能である。そうであるならば、最も適切な価値の内容はそれぞれの判断における抽象度の相異に応じてさらに異なることになるので、単一の価値規準がすべての問題文脈と判断に貫通すると考えることはここでもできないであろう。関連して、もう一点注意しなければならないことは、価値の機能にも一定の差異が存在しており、一定の機能を有する単一の価値によっては他の機能を有する価値を自らの内に取り込んだりあるいはその意義を完全に否定したりすることはできないということである。その端的な例が制約条件となる価値と目的となる価値との相異であり、典型的には義務論的な価値と目的論的な価値（特に善）との相異として認識されていることである[(25)]。前者はいかなる行為を人間がするにしてもその指定する範囲を逸脱することのできない制約を与える価値であるが、後者は人間が一定の行為を行う場合の目標を与え種々の制約を脱してその目標が最大化されることを求める価値である。例えば一般的義務と自己利益との相異を考えてみればよい。このように機能の異なる価値の一方だけをすべての可能な問題文脈におけるコンフリクトの解決の規準とすることは、他方の価値を否定することとなり、決して適切とは言えない。すべての価値が一つの価値に従属し、そのことで諸価値の間に絶対的なハイアラーキーが成り立つことは原理的にあり得ないのである。

かくして、一元的な規範的理論は原理的に決して適切な理論となることはできない。むしろ、規範的理論は多層的でなければならない。そして、そうであるならば、そこから生み出される諸価値の布置関係は、その多層性に応じた柔軟なものとなり、問題文脈に応じて価値の優先度が相対化されるもの、すなわち価値のヘテラーキーを形づくるものとなるはずである。

ちなみに、この見方がいわゆる価値の多元論（pluralism）とは異なることには注意を促しておきたい。価値の多元論では、種々の対立や相剋する諸価値の間には論理的な連結関係は存在せず、従ってまたそれらの価値が互いに両立することも不可能である。価値の多元論は諸々の価値が分立していると捉えるので、諸価値の間には一定の整序関係が成り立つという公共的観点の見方とは異なることになる[(26)]。さらに注意すべきであるのは、これらの価値的要求の実質的な検討をある意味で回避し、もっぱら検討手続の設定のみによって規範的理論を構想しようとする手続主義の試みがありうることである。しかし、その試みはそれ自体としては実質的価値を生み出すわけではない。もし価値的な探求の可能性が一定の手続的条件にのみ拘束されるものであるとすれば、それは価値の間主観性だけを帰結することになり、特定の価値が正しいと言われる根拠は可変的であることになるが、果たしてそうであろうか。また、これらの手続的価値自体がいかにして普遍的な拘束力をもつのかという問題も残っており、そのこと自体を説明するためには、手続的価値を含む種々の価値の多層的な関係についてやはり説明をしなければならなくなるはずである(27)。

最後に、公共的観点とそこにおける価値の解釈の意義をめぐって、解釈の批判性ということに言及しておきたい。ここで重要なのは、解釈が既存の価値実践を批判的に吟味してゆく可能性を考えることである。特に、ある社会の実践が価値のうえで均質ではなく、場合によっては大きな断裂を含むという可能性に注意を払わなければならない(28)。この場合の解釈は、価値実践の蓄積をそのまま受容するよりも、むしろその実践において見逃されてきた価値の意義や射程を批判的に明確化するものとなりうる。原理的には、価値は実践の中で、ある場合には緊張を抱えつつも多様な形で堆積していっているのであって、それを読み解く試みはそのような実践の不断の再構成となるのである。もっとも、解釈において既存の社会に対する批判的距離はいかにして確保されるのか、言い換えれば、解釈という見方に含まれている内部の視点はいかにして批判の視点となりうるのかという問題がここにはある。この問題については、ウォルツァーの〈ヘコネクティッド・クリティック〉に関する極めて示唆に富んだ議論が参考になる(29)。ここで重要なのは、ある社会の中にあってしかしその周縁で浮動する人の視座であり、社会の内部にありながらもその社会の様々な価値や実践を批判的に問い直すという不即不離の関係を保って解釈を行う存在がありうるということである。既存の価値実践との間の中間的な距離において、既存の実践の内在的批判が可能になる。それは、社会に対して特定の外在的理想を押しつける試みではなく、社会の中に存在しながら十分かつ適切に実現されてはいない価値を救い出し、それを再生しようとする試みとなるであろう。

また、この関連で改めて確認しておきたいのは、既存の価値実践を新たな価値の理解につなげる解釈の通路の論理的構造である。たとえある価値の源泉が所与の実践や伝統に求められたとしても、その源泉は所与との対抗関係における人々自身の道徳的感受性にあり、この源泉と価値の背景となる実践や伝統との間には或る跳躍が存在している。既に別章で触れたように、価値の解釈は自然的不均衡とコンフリクトの事実に反照的に連動する。(30) ある価値的根拠と一定の事実との間の関係は、事実が価値の直接的な証拠となるということではなく、むしろ事実が当の価値根拠にとって関連性ある前提条件の重要な一部分となりうるということにとどまる。ここに存在する前提条件の関係が当の価値的根拠にとって何らかの内的に必然的な関係であるのかといえば、そのような必然性は存在しないと言える。なぜなら、例えば人種差別の事実を見ても、ある人はそれが当然であると判断する一方で、ある人は逆にそれがあってはならないと判断することがあり、しかも、この二つの判断は、それが個人の判断に止まる限りでは可能な二つの価値判断として許容されるからである。人々は後者の判断こそ正しい価値判断だと考え、そこには普遍的に内的必然性が成り立っていると考えるかもしれないが、それは多様な価値観の全体として見れば一つの判断に止まる。勿論、この判断が一定の規準に従って正しいものとして受容され得ないわけではない。しかし、それは、ここで考えている内的必然性に従ってではなく、あくまで或る事実が当の価値判断の前提条件として有している関連性における価値的反照への力によっているのである。それ故、むしろ重要となるのは、このような反照を可能にしている人々の解釈的レディネスの問題である。

三　公共的価値

公共的観点のもとで一定の連接原理を核とする規範的理論によって解釈的に明らかにされるべきものは、相互に対立しうる諸々の価値ファクターを整序する価値である。それは、価値ファクターの間の道徳的な布置関係を規定するものとして、特に公共的価値と呼ぶことができよう。そして、様々にありうる価値の中で、このような規整機能を果たす公共的価値は一定の条件を満たすものでなければならない。

まず第一に、公共的価値は諸々の価値ファクターの相互関係に関わる高次価値でなければならない。それは個々の価値ファクターの規範的要求をフォローすることだけに機能が特定されるような価値ではなく、価値ファクターそのものとは無関連に機能し価値ファクターを枠づけることができなければならないのである。しかし、第二に、公共的価値はそれ自体形式的なものではあり得ず、あくまで実質的な意味内容を有していなければならない。それは、価値ファクターそのものに無関連ではあっても、それが規整しようとする諸価値の関係のあり方自体に関しては一定の指針を有していなければならないからである。そして第三に、公共的価値は連接的でかつ多層的なものでなければならない。すなわち、それは、相剋する価値ファクターの間に一定の比較優位の序列づけをすることができなくてはならず、しかもその場合、諸価値についてそれぞれの固有の意義を失わないような仕方で布置しなくてはならないのである。[31]

特にこの最後の点に関しては、価値の通約不可能性との関連が重要である。価値の通約不可能性は、異なる価値の間でいずれかの優劣を定める共通の尺度は存在せず、様々の価値はただ併立することを意味する。実際、様々な認識や評価に直面するときそれらを通貫する共通の尺度を見い出すのは困難なことがある。しかしながら、以前にも論じたことがあるように[32]、価値の優劣をテストする共通の尺度がないということは必ずしも価値の優劣が仮説的にであれ定められないということにはならないし、価値の通約不可能性を認めない見方が誤っているという議論は、少なくとも真理という或るレヴェルの価値については通約可能だと考えており、自己矛盾を犯すことになる。さらに、価値の通約不可能性は対立する価値の間の直接的な突き合わせができないことを意味しているが、或る価値が人々が受容している諸価値との一貫性においてより適合的であるか否かという比較優位の判断ができることは排除されてはいない。そして価値の調整は一種の居中調停としてそれぞれの価値の社会的な境界を定め、価値の内容自体の善し悪しや正しさの問題についての評価とは独立した、当該価値の対他的関係における相対的な序列化である。ただし、このような序列化が解釈的な規範的理論のあり方に依存して規定されることは言うまでもない。

また、付け加えるならば、公共的価値は公共空間の基底的な特徴を与えるものである。社会において存在する公共空間には、まず、一定の社会構成単位の間での複雑な権力的関係、それらを支えている諸々の規範群、そしてその背景的基礎を成すところの公共的価値が含まれる一方で、その領域的範囲には国家のレヴェル、地域のレヴェル、集団のレヴェルが一応区分され、それぞれの内で活動する諸個人を含めて一定の制度射程の区分が含まれてもいる。それ故、公共空間は、形式的には、関係・規範・価値の軸と国家・地域・集団の軸との複合によって、いわば複層的な性格を持つことになるのである。このような複層的性格においてそれらの最も基底的な条件となるものは、国家・地域・集団の各レヴェルにおける価値である。そして、そこで重要となる価値は、国家においてはより公共性が強くなり逆に集団においてはより公共性が低くなるというスペクトラムの上に存することになるであろう[33]。そこでは一定の価値が通用する領域的な射程の広狭に相異があるため、それに応じて価値の汎用性にも相異が生ずるからである。既に注意したように、このことは直ちに国家こそが公共性の担い手であるということを意味するわけではない。むしろここで重要なのは、少なくとも国家規模の範囲で通用する公共的価値はそのことによって地域や集団においても基礎的なものとして通用するはずであるということであり、その意味で、最も基本的な公共的価値を考える場合にはとりあえずは国家レヴェルでのそれを考えることに意義があるだろうということである。

さて、以上のような条件を満たすとき、諸価値は公共性を有するものとそうではないものとに区分されるであろう。一般的に言って、価値はそれが実現しようとする一定の理想的事態を指示しており、そこでは物事や人々の行為などがその理想的事態に相応した一定の特質を保持している。卓越性を例に取るならば、その価値は個々人が有徳さを発揮して、いかなる生活場面においても非の打ち所のない判断や行為を行うことを求めており、また卓越した人とはそれを完全に実行できる人である。このような理想的事態をここでは価値のポイントと呼んでおきたい。種々の価値において、それぞれにこのようなポイントが含まれていることは言うまでもない。もっとも、価値の内容は一般に解釈によって与えられるのであるから、価値のめざす理想的事態はその解釈に応じて多少とも異なってくるであろう。ともあれ、価値のポイントの存在は公共的価値においても、それが価値として一定の理想的事態を希求している以上は、全く同様に当てはまることである。ただし、ここで注意すべきであるのは、公共的価値が公共空間において要となることであり、それ故に、公共空間における個々人に対しては無関連的であり、諸々の価値ファクターに対しては連接的なものであることである。(34)そうであるならば、そのポイントもまた基本的にはそれらに応じた性質を持たなければならないであろう。そして、一定の主体関連的な事態、例えば一定の人格のあり方などがそこで希求されているとしても、公共的価値にとってそのような事態は価値のポイントそのものではなく、あくまでそのポイントの間接的な帰結としてのみ生ずるはずのものであり、直接のポイントはそのような主体関連的な事態を結果する前提条件としての主体無関連的な事態であるということになるはずである。別の角度から言うならば、既に述べたように、道徳的な連接原理は倫理的な連接原理と異なって、個人における価値のコンフリクトではなくむしろ諸個人間の価値のコンフリクトに関わっており、公共的価値はまさに後者の次元での解決を図ろうとする価値であるから、そこでポイントとなることは決して個々人自体の内でのコンフリクトに対する解決そのものではない。それ故、公共的価値によるコンフリクトの解決は個々人にとっては直接の問題解決ではなく、その前提条件となる問題の解決なのである。

このことは或る意味では公共的価値の不十分さを示すように見えるかもしれない。そして、真の公共的価値とは個々人の価値のコンフリクトをも解決できる力を有するはずだと考えられるかもしれない。しかしながら、この二つの次元の問題は原理的には別個のものである。それは公共的価値の要請と個々人の価値解決とが、矛盾はしないとしても別問題であることによって示されている。勿論、この二つの次元が決して一致し得ないわけではない。公共的価値たりうる一つの価値が或る個人においては倫理的なコンフリクトの解決の原理になっている場合もあり得、その場合には公共的価値は個人に直接帰結を有することもある。しかし、それは必然的な結合ではなく、当の個人に限っての僥倖的な結合にとどまる。ただし、このことは公共的価値の限界として捉えられるべきではない。むしろその逆である。公共的価値とは非個人的に働くことで、個人自身の固有の活動の余地を残し、それと調和してゆくものなのである。

このようにして考えると、互いに対立し相剋する諸々の価値ファクターの中には——それは、既に述べたところでは、自己利益、結果の望ましさ、卓越性、実行可能性、自由、平等、手続的公正、功績、ニーズ、一般的義務、特別の義務、慣行、権利、自己決定、効率性、進化的見地などであった——、ここで言う公共的価値たりうるものとそうでないものとが分かれることになる。

試みに卓越性という価値を取り上げてみよう。卓越性は特に個人の性格に関して、様々な日常生活の場面でそれが完成度の高い有徳性をもつことを要求する価値である。(35) この価値自体は倫理的な意味では勿論重要な意義を持つものである。しかしながら、例えば、他人との約束が遵守されることのような一般的義務と友人の緊急事態への対処のような特殊的義務とが衝突するという場合、この卓越性はそれを解決できる高次の価値となることができるであろうか。おそらくそうではないであろう。卓越性は思考し行為する主体の人格的特質のあり方に関して働いている価値であり、一般的義務に従うことと特殊的義務に従うこととの間に生ずる社会的な義務の衝突をそれ自体で解決することはできない。この場合はいずれの義務に従うこともその人の卓越性たりうるからである。そして、ここで明らかなのは、卓越性という価値は一般的義務や特殊的義務に対して連接的であるよりもむしろそれぞれに親和的な主体関連的な単一の価値であって、しかもそれらの義務に一定の布置関係を与えるような多層的なものでもないことである。もしも卓越性がこれらの義務の相剋を解決することができるとすれば、それは卓越性の内にいずれか一方の義務の優先性の認識を組み込まなければならない。しかし、そのときには卓越性そのものに加えて優先されるべき義務の重要性を根拠づける別種の価値が前提されることとなり、この価値こそがここでの義務の衝突を解決する高次の価値として中心的な機能を果たすこととなるはずである。

先のリストとの関連で考えるならば、さらに自己利益、特別の義務、自己決定などは、卓越性と同様の主体関連的な単一性を有する価値として、それ自体としては公共的価値にはなり得ないであろう。(36) これらの価値は、それぞれがポイントとして有する個々人の思考や行為の倫理的な指針となっており、一定の公共的価値によってその意義が補強されたりあるいは許容されたりするものではあっても、諸価値の対立や相剋を連接的に解決する公共的価値そのものではない。公共的観点からすればいかなる思考や行為もそれぞれに自己利益に適ったものであったり、特殊的義務を遂行しようとするものであったり、あるいは自己決定に出たものであったりするからである。

功績とニーズに関しても、ここでは公共的価値とは考えられない[37]。功績は個々人の努力の結果を計る価値であるが、人々の間の功績の相異を比較することになった場合には、収入、点数など、それらの功績を一つの尺度によって序列化することが必要になる。そしてこの単一の尺度が適用される限りにおいては、功績は人々の要求の間の価値的な対立を処理することができる。しかしながら、これらの要求の間に質的な相異が生じ、功績の尺度が多元化するような場合には、功績という価値はそれを処理できなくなるであろう。例えば入学試験のような場合、特定のテストの点数だけをもって比較ができるのであれば格別、多様な能力を試すために内申や面接をも加味するという場合には、これらの尺度に現れてくる得点能力、日常生活における活動能力、あるいは大志や気概など、そしてそれらを評価する種々の価値——問題処理の円滑さ、正確さ、あるいは卓越性など——を功績という価値で裁定することはできないであろう。また、ニーズについて言えば、個々人のニーズはそれぞれに多様でありうる。この中で比較をしそして最も重要なニーズに対して優先を与える場合には、ニーズの重要度を定める一定の価値規準がさらに必要となるはずである。多くニーズに関しては、健康、食料、住居などの基本的なニーズから、所得、機会、余暇などの派生的なニーズに至るまで種々の段階が暗黙のうちに区別されており、そのことによってニーズという価値が多様な要求を調整できると考えられると思われるが、しかし、このことは明らかに、様々なニーズの重要度について緊急性という別種の価値による区別が組み込まれることで初めてそのような機能が果たされていることを示しているであろう。そしてその緊急性そのものはさらに保護されるべき重要な価値を前提しているはずである。それ故、ニーズという価値そのものはそれ自体では公共的なものとはなり得ないと考えられる。

こうして先のリストで残るものは、結果の望ましさ、実行可能性、自由、平等、手続的公正、一般的義務、慣行、権利、効率性、進化的見地であるが、さらに、これらの中で、手続的公正と進化的見地とは、その実質性の曖昧さの点で、ここで言う公共的価値からははずされる。[38] 進化的見地は、時間の流れの中でより多く支持されるようになる価値が相剋の内で優位する価値であると考えるものであるが、これは長期的な視点から価値の動態を記述することはできても、眼前のケースに関して生じているコンフリクトを解決する規準にはなり得ない。当該の時点で多くの支持を受けていることが確認されても、進化的見地からは長いタイム・スパンで支持を受けるとは限らないはずだからである。その一方で手続的公正については、これが公共的価値ではないとされることには異論があるかもしれない。特に問題が紛糾した場合の民主的手続に基づく暫定的な決定の重要性に鑑みれば、それはコンフリクトを解決する公共的価値であると考えられるであろう。しかし、この手続的公正の特長はまさに実質的な解決を回避するところにあり、それがまた別の問題性を引き起こすのである。手続的公正が意義を有するのは、問題を解決するための一定の価値的パースペクティヴに関して基本的な合意が存在していて、その解決の仕方の技術に関して争いがある場合である。しかも、手続においては、通常、当事者間で自発的な合意形成がなされない場合には第三者の判断に従うということが予定されているが、このとき、この第三者があくまで便宜的な手段によって問題を解決するということについては、当事者間の合意がまた必要であるだろう。結局、これらの背景的な合意は、当の問題に実質的な解決が与えにくいという認識のもとで初めて可能なのである。このような意味で、手続的公正は派生的な原則であり、その前提としては常により実質的な公共的価値の内容の問題が存在している。

先のリストでさらに残る、結果の望ましさ、実行可能性、自由、平等、一般的義務、慣行、権利、効率性の中では、次に慣行をはずすことができるであろう。慣行の内容自体は解釈に依存しており、その記述だけでは慣行上の規準は一義的には定まらない。[39] 何が慣行であるかが明確にされるときには、人々は何らかの公共的価値を用いて説明しなければならないのであり、その場合には慣行そのものはその価値の関数として規定されるのである。さらにここで考慮の外に置かれるのは、実行可能性であるだろう。実行可能性そのものは、一定の公共的価値に基づく判断がなされた場合になおその判断が現実にどの程度まで強制的に実行可能であるか、あるいはどの程度の望ましい結果をもたらしうるか、ということに関わる原則である。現実のコンフリクトの解決では、多くの場合前者の問題は既にビルト－インされることが多いし、後者の問題はむしろ結果の望ましさという問題となる。

こうして、先のリストの中では、結果の望ましさ、自由、平等、一般的義務、効率性が残るが、ここでさらに権利を除外することができる。権利は卓越性などの倫理的価値のように個々人の性格的特質や活動状態に触れる価値ではない。悪しき人間にも権利はあるのである。権利は個々人に与えられる社会的な優先資格であり、その点では公共的な性質を有している。しかしながら、既に詳しく論じたことがあるように、権利の認定はさらに一定の規準によってなされ、またその間に生ずる権利の衝突の解決もその優先性を与える規準によってなされるので、権利の意義はより根底的な価値と相関的に規定される。[40] さらに次に除外するべきは結果の望ましさであるだろう。結果の望ましさは様々な条件によって勘案することができ、そこでは何を規準として結果を計るかということが大きな問題となる。そして、そうであるならば、ここでは結果の望ましさそのものとは異なる別種の価値が必要となるであろう。しかし、この望ましさを計る価値の規定には些か注意が必要である。というのは、結果の望ましさを計るための指標は多岐にわたる可能性があるので、その分だけ望ましさの規準は複雑になる可能性があるからである。もっとも、ここでその議論にいっそう立ち入ることはできない。ここでは、一つの仮説として、結果の望ましさの一つの核心はコスト－ベネフィットのバランスにあると考える。すなわち、一定の活動の結果において最小のコストもしくは最大の利益を達成することが重要なのである。コストや利益をどう計るかという問題はなお残るとしても、少なくともこれらの概念を用いることはより明確な規準を与えることにもなるであろう。しかし、この問題は同時に効率性の問題でもある。それ故、この限りでは、結果の望ましさの規準は、概念的にもより洗練された効率性の問題に吸収して考えることができよう。

かくして先のリストの中で公共的価値の候補として残るのは、自由、平等、効率性、そして一般的義務である。私はここで一般的義務に関しては、その重要性を認識しながらも考察の対象から除くこととしたい。というのは、ここで考えられる一般的義務は倫理的な義務と重なっており、価値のコンフリクトの解決において果たす役割は基本的に単純なケースにおいてだけであると考えられるからである(41)。ここで言う一般的義務とは例えば暴力回避義務、約束遵守義務、真実告知義務などであり、これらはまた一定の条件が存在する場合――正当防衛、事情変更など――には適用を除外されるという複合性を有している価値であって、特に匡正的正義に関わる問題において重要な役割を果たすものではある。しかし、そのことは倫理的価値としての意義が公共的にも再認されていることによってであり、他の価値による解決も不可能ではないと思われる。私の考えでは、一般的義務のポイントは自由の保護の一環として公共的な再解釈が可能である。例えば、約束を遵守すべしという倫理的義務は、それを信頼して行為した人間への危害を避けるべきであるという自由の保護として公共的に再認されるであろうし、人を殺すなかれという義務もまた、生命や身体の不当な侵害への保護として意味づけられるであろう。その一方で、自由、平等、効率性という三つの価値はそれらがそもそも社会における個々人の関係そのもののあり方にまず定位し、かつその関係に一定の境界づけを加えている点で、ここで言う価値の公共的性格をいっそう強く有していると考えられる。自由は個々人の間で不当な干渉が存在しないことであり、平等は人々の各自の資源や能力の間に一定の均等な状態が成り立つことであり、そして効率性は人々の間での財の配分において誰もがそれぞれに利益を得ていることであって、いずれも個々人の多様なあり方を保持しながら同時にその関係の一定の枠づけをしていると考えられる。そして、この意味で、公共的価値に求められる連接性は、これら三つの価値が個々人固有の要求に対する外在的な制約となっている点において満たされていると言えるであろう。現実にも、近代以降の法－政治体制の内で特に自由と平等とは最も基本的な公共的価値としてあらゆる社会に通貫しつつあり、公共的価値の核心を成していると言ってよいと思われるし、また効率性も、特に近年では決して無視し得ない社会的な価値となっていると言えよう。

ちなみに、近代の基本的価値の一つとして注意しておくべきものは、友愛である[42]。友愛はしばしば連帯と結びついて人々の間の熱い共同的関係を示唆する公共的価値であるようにも思われる。しかし、友愛は特に平等に比して総じてあまり深く言及されることもなく経過し、その独自の意義が奈辺にあるかに関しても必ずしも定かではない。実際、現在の解釈では、友愛は平等と自由が実現される政治的共同体そのものの有り様に置き換えられることも多い。もし友愛にそれ以上の独自の意義があるとすれば、それはおそらく社会における平等や自由の配分の境界条件を設定するという意義を有しているのではなかろうか。すなわち、それはまさに〈われわれ〉という社会的共同性の範囲を決定するための条件、換言すれば、社会の構成員のメンバーシップの分配のための或る一定の境界の存在を表現する観念なのである。確かにこの点で、〈われわれ〉の社会の範囲がどのようなものであり、多様な人々がいかにしてそのメンバーシップを獲得できるのかは、極めて重要な問題である。しかし、このような社会の境界条件の問題は、少なくともその一部は基本的には平等による資源配分の文脈的条件の問題として、すなわち資源の受益者の範囲決定の問題として論じることが可能である。それ以外に、政治的共同体の拡張それ自体の可能性や条件の問題は、ここで論じようとする正義の内容そのものからは離れ、むしろ正義の受容条件の問題となるであろう。

このようにして、既に述べた価値ファクターのリストのなかで、公共的価値として第一次的に意義を持ちうるのは、自由、平等、そして効率性であると考えられる。それでは、それらの連接性あるいは多層性はより具体的にどのような形で捉えられるのであろうか。それは節を改めて論じることにしよう。

四　自由・平等・効率性

(一)　自由

公共的価値としての自由は、人々がその内で自己のあるべき生を追求できる行為境域を他者による侵害から保全することを目的とする。

自由そのものに関しては、いわゆる消極的自由と積極的自由とが区別され、そのいずれが重要であるかということがしばしば議論されて来たが、公共的観点からの行為境域の保全という見方をとれば、この区別は相対的なものにすぎない。ジェラルド・マッカラムが明らかにしたように、自由そのものには、それを軸として消極的と積極的の二つの自由が相対的に位置づけられるような或る統一的な構造が看取される。そこでは、自由とは行為主体とその行為目標、そして行為に対する障害の三項関係において目標指向性を持つものとして理解されるのであり、現実の行為主体と他者による行為侵害の排除が問題となるのが消極的自由であり、理想的な行為主体と内的な障害が問題となるのが積極的自由なのである(43)。この見方は、しばしば対置される二つの自由を整合的な形で位置づけるためには極めて示唆的な議論であるが、ここでは、この二つの自由の区別そのものは特に問題ではない。重要なのは、マッカラムによって示唆された現実的な自由の目標指向的構造である。すなわち、個々人の自由な行為は主体による目標追求の際に外側からの障害が存在していないことを条件としてなされるのである。この場合、個々人がその自由な行為の目標をどのように定めるかはあくまで各自に委ねられている。そして、個々人の自由そのものは個別的な目標追求の完遂可能性に存している。

しかし、既に述べたように、このような個々人の自由な選択と行為の可能性そのものと、個々人の選択と行為の可能性を等しく保全するという公共的価値の観点からする自由の要請とは区別しなければならない。(44) 公共的価値の観点からは、一般に個々人に対して他者からの妨害がないように等しく関係を規律することが重要であり、個々人の選択や行為のあり方それ自体が問題であるわけではない。人々の選択や行為がどの程度まで個々人の自身のものであるかは状況によって異なるであろう。追求されるべき目標の形成は純粋に自発的であることもあるかもしれないが、その一方では或る種の依存効果によって目標が形成されてしまうこともあるであろう。このこと自体は、倫理的に見れば個人は真に自由であるのかという問題に連なる。私は個々人に取捨選択の可能性のある限り、依存効果に発する目標形成もまた自由であると考えるが、いずれにしてもそれらは個人の活動状態そのものに関する問題である。公共的観点から問題であるのは、むしろ、そのような目標形成とその追求が他者から不当な妨害を受けないことにある。この点で、個々人の選択や行為をオープンにしそれに対する外的な妨害のみを問題とするところの消極的自由の観念が、公共的価値としての自由に基本的に関連するであろう。

ちなみに、このような見方に関して、個々人の自由な選択可能性を前提することは選択が常に社会的環境によって制約されているが故に成り立たないため、自由の問題を公共的観点からの妨害排除に限定する見方は狭きに失するという批判がある。ここでは、社会的環境の是正そのものが自由の保障の問題であるということになるが、しかし、この種の環境の保全自体が自由の背景的条件として独自の問題となることは認められるとしても、それが自由の保障であるということは自由の概念を必要以上に拡張することになると思われる。自由の基盤はあくまで個々人の目標追求的な選択と行為にあり、公共的価値としての自由の要請はその境域を保護することにあるのであって、その背景となる社会的環境の問題は全体としてはあくまで共同善の保障の問題として区別されるべきであろう(45)。

かくして、公共的価値としての自由の問題とは、再度言うならば、人々がその内で自己のあるべき生を追求できる行為境域を他者による侵害から保全し、そのことを通じて個々人の選択と行為の可能性を保障することである。

自由という価値の意義をこのように捉えた場合に、公共的な観点からの自由の問題は次のような側面に区分されよう(46)。まず第一に、等しい自由の享受という問題がある。これは特に個人対政府の関係において、特定の事柄についての選択と行為の可能性に関して他者からの不当な侵害がないことを誰しも同じように保障されるか否かという問題である。例えば信教の自由の保障は、いかなる宗教を信じようとも、誰しも同じ程度に政府から干渉されてはならないものである。このことは、妨害者が社会における他人である場合にも発生しうる問題である。個人的な信仰に関して他人が暴力や脅迫を用いて不当に侵害することは、個人にとっては政府の場合の権力的干渉とは様相が大きく異なることはなく、自由の侵害になりうることである。第二は、個々人の間でのそれぞれの自由の可能性の等しい享受という問題である。これは、例えば個々人の間で或る人の表現の自由と他の人のプライヴァシーの自由とが衝突したりするような場合に、それぞれに相等しい度合いの自由がどこまで許容されるかという問題である。社会においては様々な価値を追求する人々が生活しているが、それらの生活は最大限に両立可能な形でそれぞれに保障されなければならない。第三は、ある個人の十分な自由の享受という問題である。これは、特定の自由に関して、当該の自由を享受すべき個人がどの程度までその享受を保障されるかという問題である。例えば、自由な表現活動の範囲自体はどのようなものであるかといった問題である。この問題は、個人対政府、あるいは個人対社会の双方の関係で生ずるが、いずれであっても公共の福祉に代表される社会的利益との関係で個々人にどの程度の自由の境域が保障されるかが問題となる。

これらの問題の中で、第一のものは、保護されるべき自由のリストの設定の問題に関わるが、第二と第三のものは自由の分配の問題に関わっている。それは、他人の自由との関係であるいは社会的利益との関係で、自由が認められる程度をいかに規定するかという問題である。そして、この場合に重要なのは、J・S・ミルが定式化したいわゆる危害原理であるだろう。すなわち、他人に害悪を及ぼさない限り、当該の行為は自由なのである(47)。

ミルの考えを基にするならば、個々人の選択と行為においては、自己関連的な思考、他者関連的な思考、自己関連的な行為、他者関連的な行為の四つの態様が一応区別される。この内で、自己関連的および他者関連的な思考は、それがあくまで個人の思考にとどまる限り、他人に無関係であるかあるいは他人を直接に害するものではないから、絶対的に自由の保障があると言える。例えば、自己の信仰や他人に対する内心の評価が制限される必要も可能性もないことは明らかである。また他人に対して批判的な思想信条であっても、それが思考の中で止まっている限りはこれも制限される必要も可能性もないであろう。次に自己関連的な行為は、それが他人に無関係である限りにおいてはやはり絶対的に自由である。自ら望んで自らのために行う行為、例えばエクサーサイズなどが全く自由であることは明らかである。問題となるのは、基本的に自己関連的でありながらその一方で他人に対して不快や害悪を惹起する可能性のある行為、例えば自殺、ドラッグ、喫煙、その他の自傷行為などであるが、これらはむしろ他者関連的な行為の問題である。

最も問題をはらむのは他者関連的な行為の条件である。勿論、まず、他人に関わる行為であっても他人によき影響を与えるもの、あるいは少なくとも他人を害することのない行為は全く自由であることは論を待たない。特に不快な行為であっても、それが一過的であったりまたそれを見聞きすることを拒否できる自由が存在している限りは大きな問題とはならないであろう。重要なのは、他人を何らかの形で害する行為である。ここで、この種の加害行為は二つの態様に分けられる。すなわち、他人を直接に害する行為、つまり他人の行為あるいは他人を取り巻く環境を害する行為と、他人を間接に害する行為、つまり自己の行為の結果として他人を巻き込んでしまうあるいは他人の環境に変容を与えてしまう行為である。これらの内、前者は明らかに禁止されるものである。しかし、後者の行為に関しては若干の区別が必要である。

私はここで行為の間接的結果に関して連鎖効果と浸透効果とを区別したい。この区別は例えば次のような例から知られる。ホモセクシュアリティの社会的効果は各自の性行動の連鎖によって生ずるが、ポルノグラフィーの社会的効果はそれが不特定多数の人に公開されうることによって生ずる。いずれも言動の内的な質には倫理的に問題があるとしても、前者は多く規制の必要がないと考えられるのに対して、後者が何らかの規制が必要であると考えられるのは、後者の方が社会的効果の波及態様が広範であると考えられるからであろう。このことから、連鎖効果の発生する場合は基本的にその行為はなお自由であると考えられるのに対して、浸透効果の発生する場合は一定の規制が必要であると考えられるのである。この場合、さらに二つの区別が必要になるだろう。すなわち、浸透効果が発生しても個別化的な方法によって制限可能な場合と、それが不可能であり結局は他人を間接に害する場合とである。例えばポルノグラフィーの場合は販売方法の規制によって一定の社会的効果の減殺を図ることができる。このような場合には当の事柄の全面的な禁止でなくとも、その行為の態様制限で十分であろう。しかし、例えば麻薬売買の場合のように、それが単純な個々人の取引だけでなくアンダーグラウンド・マーケットを形づくるような場合には、浸透効果を取引方法の態様制限によって規制することには意味がなくなり、行為全体の禁止をしなければならなくなるだろう。

以上のようにして、公共的価値としての自由は個々人の間の社会的な関係において個々人の行為境域を確保するのであるが、その意味するところは何であろうか。従来の議論では、自由の保障の条件が明確にされれば問題は終わるのであった。つまり、自由という価値の重要性とその機能あるいは射程が把握されれば一応は十分なのである。しかしながら、ここには一つの重要な前提条件の問題が伏在している。それは、以上のような自由な行為境域の確定は何によって可能になっているのかという問題である。以上のような形での自由の保障は、よく見れば個々人の行為の境域を適正に分配する試みであると言える。それは直接に個々人の活動を促進することではなく、個々人がそのもとで自己の目的とする活動を展開できる一定の場としての行為境域を、他の個々人や集団の活動との関係で保全することである。それ故、このような自由の保障そのものは自由という価値によって正当化されているのではなく、むしろ自由を一定の形で保全することをめざす別の価値によって正当化されているのである。換言すれば、自由の境域の確定それ自体は、論理的には自由という価値そのものによってではなく、一定の害悪との関係で自由の適正な境域を個々人に対して割り当てるための価値規準によって行われているということである。(48)

そして、さらにこの場合に重要なのは、そのような自由の割り当てを個々人に対してなす場合に、その対象となる個々人に関して一定の背景的条件が存在しているということである。端的に言えば、自由の境域の公共的な配分は、その対象となる個々人が等存在であることが既に達成されていることが条件となっている。

既に触れたように、自由な活動そのものは目標を形成し追求するのであるが、自由の配分の問題は各人がそれぞれに必要な目標追求活動を行いうるという前提のもとではじめて生ずる問題である。逆に言えば、もし誰かが自己に必要な目標追求活動を行い得ていないとすれば、既にアイザィア・バーリンが示唆していたように、そこに生じてくるコンフリクトは自由の配分の問題以前に解決されるべき活動者としての地位の保全の問題となる。(49) ハンディキャップを有する人と健常者との競争が行われているとき、そこではそもそも両者の自由は問題にならない。なぜならそこにはそれ以前に是正されるべき不均衡がまず存在しており、公共的価値はそれを優先的に解決しなければならない。自由の問題はいわば活動する人々の間の状態保全に関する形式的な関係の問題であり、そのことはそれ以前に実質的関係の問題が解決されていることを前提しているのである。

この点は、自由の保障が重要な側面で分配的正義の問題の一端であることを示している。分配的正義は最も狭義においては経済的な富の再分配の問題として考えられてきた。しかし、正義の射程はそれに止まらないことは既にジョン・ロールズが示したところである。(50) 彼の説く正義の原理の第一順位のものは、市民的自由権が全体として調和する限り最大限に等しく人々に与えられることを示している。この最大限の自由の分配のための条件として最も基本的なものが既に述べたようなミル的な自由の具体的条件を含意していると考えられるであろう。このようにして、自由はその背景的条件を介しながら正義へと連なっている。いやむしろ自由の保障は正義の保障の一環なのであり、そのことによってこそ、なぜ自由が重要であり、またその射程が重要となるのかが説明されるであろう。

性である。

(二) 平　等

平等が公共的価値であるという場合、そこで問題となるのは、関係する当事者間における財の配分の均等性である。

一般に、財の均等な分配の問題については財の稀少度を勘案しておく必要があり、極めて稀少な財の分配の場合には多数当事者間の均等な分配が不可能なこともあるが、ここではそのような場合は一応考慮の外におき、ある財の均等な分配が可能な場合を念頭におく。しかし、均等な分配と言っても、全く均一の分配が求められているのか、それともある程度差異のある分配が求められているのかということは、いかなる種類の財を等しく分配しようとするのかに依存して変化する。そして、その財の同定に応じて財の均等な分配がどこまで妥当なものであるかということも規定されてくる。それ故、平等に関して最も重要な問題は、何の平等かということである(51)。

その一方で重要なのは、この点では、機会の平等や結果の平等といった既存の平等観念よりもいっそう精緻なリベラルな平等の観念が検討されるべきであるということである(52)。機会の平等は、個々人の地位や能力にいかなる差異が存在しようと、労働や教育あるいは政治参加において自由に活動するチャンスが等しく保障されることが平等の意義であると考えてきた。また、結果の平等は、これとは対照的に、いかなる生活場面においても個々人の地位や能力の差異は最大限に均等化されなければならないと考えてきた。そして、一般的には前者は自由主義の平等観、後者は社会主義の平等観としてしばしば対比されている。しかし、現代社会においては、いずれもそれだけでは不十分な平等の観念である。機会の平等は、確かに多様な人々を等しく取り扱うために確保されなければならないが、それだけでは理に適わない社会的差別や経済的格差の問題を解消できるものではない。また、結果の平等は、確かに差別や富の不平等の問題を解消する可能性を持つが、それによってかえって個々人の自由を抑圧し、自立や自己責任を削いでしまうことがある。それ故、より重要なのは、これらのいずれをも一定の仕方で両立させることのできるリベラルな平等の観念である。ただし、このリベラルな平等の観念の成否は均等化されるべき財とそうではない財との区分あるいは組み合わせの仕方にかかっている。人々は、ある場合には各自の自由な行為の保障を重んじる一方で、別の場合には均等な財の保障を求める。それがどのように整合的に区分けされるかを明らかにするためには、先に触れた何の平等かという問題をいかに解決するかが鍵となるのである。

何の平等が重要なのかを見定めるためには、公共的観点から、いかに平等が要請されるかをまず見ておくのが肝要であろう。人々の社会的な活動のあり方を考えてみた場合、そこでは活動の構成、活動の過程、そして活動の結果が一応区別される。そして、それぞれの次元で平等が問題になる。(53)

まず、活動の構成の次元では、例えば社会的地位や富の初期格差、権利の本来的剥奪、疾病や身体の障害などのハンディキャップなどの是正が問題となる。これらは、いずれも個人の意志によっては左右できない負の与件であり、個人の責任の問題ではない。このような初期格差そのものを解消することはそれ自体が困難であると共に、その初期格差をそれに責任のない人々が自己の力で処理するということは彼らの自由の可能性に多重的な負担を負わせることになる。この多重的な負担を解消するための努力は、自己自身の選択の結果として一定の目標を実現しようとする個人の努力と同じではない。個々人は対等の資格や手段を保障されていないならば、自由に行為し自らの生を追求してゆく状態に至ることはあり得ないのである。この不均衡は人々の間での等しい自由ないしは選択の可能性を大きく限定する点で不平等であり、是正されなければならない。このような問題場面は、単なる自発的活動の帰結の問題ではなく、人間生活の共通の根底に関わっており、それ自体として社会的な配慮に値するものである。

次に、活動の過程の次元では活動機会の広狭や一定範囲の能力差などの是正が問題となる。活動の過程における機会の狭さや能力差は、一定の資格を持って自由に選択し行為して自己の生活を発展させてゆこうとする個人にとって障碍になる。例えば、性差別や社会的地位による差別などによって或る人々には広く機会が保障される反面で他の人々には閉ざされているような場合は、これもまた当の個人の責任には帰することのできない不均衡を課することになる。いわば、同じ所を通るのに性や社会的地位の相異だけに基づいて一方の人は自動ドアを使えるのに対して他方の人は重い回転ドアを使うべく強いられているとすれば、ドアの通過という過程が性や社会的地位という当の活動とは全く関連のない条件によって制限を受けていることは、活動における条件の均等性に反するのである。その一方で、活動における能力差の問題は些か複雑である。種々の能力は本来個人特有のものであり、そこに一定の差異が生じてくることは必定である。そのことはまた各人の個性でもあり、そこに創造性も胚胎することになる。この点では、活動における能力差はそれが障害や疾病などの重大なハンディキャップに由来するのでない限り、個々人の力の発揮に委ねられるべきところも多いであろう。そしてそこでは功績による評価もまた意味を持つことになろう。しかしながら、この種の能力差は時に一定程度の均等化をも求めることがある。例えば、義務教育や職業訓練などの場合を考えてみればよい。これらは個々人が社会において活動を行って自己の生を実現してゆくための基礎的な知識や技術を身につける場である。これらは基本的に誰もが最小限有すべき能力であり、個人の選択や責任に任せられるべきものではない。勿論このような知識や技術の習得においても個々人の力の差異が発生することは自然であるが、ここで重要なのは、社会生活において必要な最小限の能力は少なくとも均等に誰にでも提供されるべきであり、その行使が個人の自由に委ねられるということである。特に現代社会は複雑で流動性の高い生活の場になっていることもあり、教育や技術における格差は生来のハンディキャップに等しいほどの社会的な障害となる。自らの必要や都合のために教育や技術の提供を拒みそのリスクを引き受けることは個人の自由ではあるが、逆に最小限の教育や技術の提供も受けられないような状態に個人をただ放置しておくことは平等の要請からは許されないであろう。

活動の結果の次元では所得格差の是正などが典型的な問題である。この場合には二つの可能性がある。一つは自由な選択に基づいた活動の結果として所得格差が生じている場合であり、他の一つは生来つきまとっている障害あるいは強いられた失業や疾病などの社会的障碍のゆえに格差が生じている場合である。前者の場合にはその公共的な補正は必要がなく、基本的にはその選択をなす個人によるリスクの引き受けの問題になる。それは個人が選択した特定の生のコストの問題であり、そのコストの処理は基本的には個人による保険の問題となるのである。(54) もっとも、そのような個人の活動のすべてが個人の責任であるとは必ずしも言えない。活動の結果破産するといった場合のように、単に活動の結果の枠内で欠損が発生したというのではなく活動の場そのものを失うといった状態については、強いられた失業や突然の疾病と同種類のハンディキャップを生じさせることとなり、個人的な処理を越えた補償の問題となると考えられる。後者のようないわば生の初期的コストから発生する所得格差の問題は、個人的な処理には委ねられないであろう。そこではキャップを生じさせることとなり、個人的な処理を越えた補償の問題となると考えられる。

遺伝的障害や疾病のような個人的ハンディキャップと、ジェンダー、年齢、人種などのような社会的ハンディキャップとが含まれるが、それらのハンディキャップが種々の活動においても大きな影響を及ぼし続けることで、当人の自由な活動をその内側から妨害し所期の結果を達成できなくするからである。(55) このような永続的なハンディキャップから発生する格差は、裏側から見るならば人々の間の機会費用の不均衡である。同等の活動の選択肢がある二人の個人において、一方は先述のようなハンディキャップを抱えていないが他方は抱えているとすると、前者は活動の選択肢のすべてを選べるが後者はハンディキャップの故に特定の選択肢しか選べない。ここで前者が機会費用が最も少なくなるような選択をしているとき、後者はハンディキャップによってそのような選択ができないとすれば、そこに生ずる機会費用の多寡は後者にとって自己の責任には帰しがたい費用の不均衡となるはずである。また、前者が機会費用がより大きくなるような選択をしているとしてもそれは自由な選択の結果としてその個人が費用を引き受けるべきものであるのに対して、後者の人が機会費用の大きくなるような選択をしていることは決して個人の自由な選択の結果ではない。それ故、この場合に仮に活動の選択肢に関する機会費用が等しいとしてもなお選択行為そのものに関する費用は後者の人の場合に高く、かつこの費用は個人の責任には帰しがたいものであり、全体としてはやはり機会費用の不均衡が生じているのである。

このようにして、活動の構成、過程、そして結果において生じてくる一定の不均衡が、直ちに個々人の責任には帰しがたいものであり、かつそれがいかなる人であれ起こりうる限りでは、これらの格差は社会の人々の間での何らかの共同の負担によって補償され是正されるべきこととなるであろう。生来のハンディキャップを負うか負わないかは偶然の運の問題なのである。かくして、平等のポイントとなるのは、人々の活動の構成、過程、結果などにおける基本的条件の保全である。(56) この意味では、それは広い意味でのハンディキャップの是正であると言ってもよいであろう。この場合、ハンディキャップという概念は、自己に責任のない種々の機能不全や能力障害あるいは環境阻害から生じてくる社会的な不利益を指しており、これがあることで人々の関係において不均衡がある場合に平等はその格差を埋めようとするのである。

ここで、何の平等かということに関してさらなる問題は、広くハンディキャップとして平等保護の対象となるものが具体的にはどのような種類の財であるのかということ、すなわち平等の指標はいかなるものかということである。

平等の指標に関しては、リベラルな平等のあり方をめぐる議論のなかで幾つかの見方が提示されてきている。なかでも重要なものの一つは、ジョン・ロールズなどが説く資源の平等である。[57] ロールズにおける正義の基本的要請は、すべての社会的価値——自由と機会、所得と富、自尊の社会的基盤など——は、それらの不均等な分配がすべての人の利益になるのでない限り等しく分配されなければならないということにあり、この意味で平等と密接に関わっている。そして正義の原理の辞書的順序は、トレード・オフを許さない基本原則として自由と公正な機会とが等しく保障され、その後に所得や富の等しさの保障がなされることを示す。ここでは平等は二段構えになっており、第一原理ではより基本的な、道徳的人格の尊重における平等が、そして第二原理では、平等の観点からの狭義の財の分配において富の不平等に一定の条件が課され、社会の全員が利益を得ることが要請されている。これらのことは、より一般的に言えば、当事者の間に生ずる社会的利益の不均衡は、それを少なくしか享受できないことに一定の正当な理由がないかぎり、その人がよりよい状態になるように是正されなければならないということを示している。ここで、ロールズの正義原理が分配するものは社会的優先財である。社会的優先財とは、多様な生活プランを有する個人の間で、合理的な人間であれば誰でもが欲するところの資源である。それは、各人独自の善き生活の観念を形成し、それを合理的に追求するという二つの能力のために必要な社会的背景条件と全目的的な手段である。個人の生活はそれぞれ異なるためその厚生を客観的に計ることは原理的に不可能であり、またその厚生の享受は時に他人を差別することをも許すことがあるので、道徳的に不適切な場合もある。しかし、社会的優先財はいかなる人間にも共通に必要な資源であるので、その欠損を計り、誰にでも等しく分配することが可能である。また、社会的優先財はあくまで個人の活動の基本的条件に関わる客観的で公共的に承認された尺度であり、個々人の責任において追求されるべき個別目標に必要な財までも含むものではない。それゆえ、個々人はこの優先財以外の財については、自己の必要や満足のために平等の名による要求はできない。ロールズによれば、このような社会的優先財には、基本的諸自由（思想・信条の自由、集会の自由、人格的自由、法の支配の下での自由、政治的自由――等しい自由の原理に関わる）、移動と開かれた機会を背景とする職業選択の自由（公正な機会均等の原理に関わる）、職務の権限や責任ある地位、所得と富（食料、土地、建物、機械など交換可能な財――格差原理に関わる）、そして自尊の社会的基盤（正義の原理全体に関わる）などがある。これらの財の序列は正義の原理のそれに対応するので、分配上の衝突は起きない。また、正義の原理を通じての優先財の分配は、各人にそれが等しく分割されシェアされるように行われる。

尚、以上のような分配の考え方の背景には、人間であれば誰しもが有する道徳的人格とその能力、特に善の構想を形成し遂行するという二つの能力の重要性の認識もある。社会的優先財はこの人格と能力を制度的に確保するための条件である[58]。ただし、各人は多様な形で生活プランを遂行するため、これら各人に共通の条件は特定の善によっては与えられない。そこで重要なのは、いかなる個人の善にも共通する薄い善であり、社会的優先財はそこから導かれる。

ロールズに代表されるこのような資源基底的な平等の指標に対しては批判もある。とりわけ重要なのは、アマルティア・センの議論である[59]。端的に言えば、資源の平等はなお人々の間の不当な差異を均等化するのに十分とは言えない面がある。

まず、人々の多様性はそのニーズの多様性に結びつく。ロールズの考えでは人々の多様性は厚生の不均衡を生み出すから、社会的優先財だけを両者に等しく保障することで、厚生における不均衡の問題が回避される。しかし、センによれば、優先財は確かに個々人の生活の基礎としては必要であるが、その重要性が誰にも等しいわけではない。ロールズは個人の多様性を重視するため分配の対象を誰にも共通する社会的優先財だけに絞るのだが、実の所は、むしろ多様性の故にこそ各人はより異なった処遇を必要とする。各人は健康状態、体格、年齢、気質、労働条件、風土の地域差などの相異に応じてそれぞれ異なるニーズを有しており、これを無視することはできない。それ故、人々の利益は個人の種々の条件と財との関数として規定されるのであり、社会的優先財と同一のものではない。加えて、センの考えでは、この優先財は個人の生活のための単なる手段にすぎない。ロールズの社会的優先財が自己の人生計画を的確に実現できるためには、ちょうど一定の所得によって適切な財の購買を行うのと同じように、資源を転換する能力が重要である。同じ資源が与えられても、能力に差異があれば、転換に差が生じて同等の達成が獲得されなくなる。財の特性、例えばある食物の栄養が同一であっても、それが個人にもたらす栄養摂取という活動機能は、個人の代謝率、身体サイズ、年齢、性別、栄養学的知識、気候などに依存して変化する。また飢餓や貧困のような場合には、食料がいくら与えられても個々人の代謝能力そのものが改善されなければいっこうに餓死が絶えないし、先進社会において貧困者に一定の所得が補助されたとしても年齢やハンディキャップによる生活力の相異のために改善がままならないこともある。この意味で、一定の資源を個々人の目的の達成へと役立ててゆくことのできる転換能力そのものの保障こそが平等の観点からは重要である。そして、このような能力には、身体的な栄養代謝率、年齢、性別、妊娠、精神的な心理的安定や知力、環境的な気候条件、そして、社会的な所得、権利、資産などが考えられる。

センはこれらの能力を活動能力（capability）と呼ぶ。人間の存在と行為の態様は、種々の活動機能のベクトル集合によって示され、その全き状態はこれらのベクトルの総和によって示される。そして、種々の活動機能のなかで、問題の場面に応じて保護されるべき活動機能が特定され、それらの結合体が活動能力とされて、平等の保護の焦点をなすこととなる。この意味で、活動能力は一定の活動機能の評価空間上の組み合わせである。また活動能力は、その人間の自由の状態を示している。自由とは、センによれば、選択と決定ができる能力が確保されていてその人間がそれによって一定の達成を目指すことのできる状態を指している。それはまた、個人がなしうる活動機能の中で現実にどの機能を選択でき、個人の生活をどの程度まで実現するかという意味での、何かができる自由を確保するという問題でもある。これはまた生活の質を決める要素でもあり、ニーズの一つの解釈でもある。こうして、ロールズのような正義の原理が社会的優先財の等しい分配を行うとき、それだけでは人々の間で現実に生じうる不平等を改善することはできない。そこではなお、資源に加えて活動能力の不平等という問題が存在しているからである。それゆえ、正義の基本的な焦点が等しい自由の保障にあるのであれば、それは資源と共に、それを超えて、活動能力の適切な保障にまで進む必要がある。かくして、センによれば、平等の考慮の焦点は資源から能力へ移す必要があるのである。その活動能力の具体的指標のリストをつくることは、文化的要因にも依存するので容易くはないが、しかし、ある形で客観的な内容を定めることは不可能ではないとセンは考える。

ともあれ、ここで確認しておきたいのは、ロールズとセンのいずれが正しいかということではない。それはむしろ、ロールズとセンいずれの議論も平等の指標を特定することで適切な平等保障の範囲を定めようとしていることであり、その際にそれぞれの指標には相対的な深浅の相異がありうるということである。ロールズの指標は個人のあり方の把握に関して相対的に浅くないしは薄く、センのそれは個人のあり方の把握に関して相対的に深くないしは厚いので、その分だけ前者は財の一律の分配に傾斜し、後者は個人の多様性に応じた財の分配に傾斜することになる。そして、この相異は、結局、それぞれが捉える本来的な個人のあり方に依存している。ロールズにおいては誰もがその人生計画の追求において共通の形式的合理性を維持していることが重要である一方で、センにおいては各人がその固有の活動状態においてそれぞれの発展方向へ向かっていることが重要なのである。

資源にせよ、能力にせよ、リベフルな平等の観念の特徴としては、保障を要する不均衡が個人の選択によって生じたものかそれとも個人の責任には帰しがたい環境的な要因によるものかという条件にかかっていることが、まず重要である。[60]さらにより具体的には、どのような角度から選択的要因と環境的要因とを区分してゆくかということが問題となる。資源か能力かという平等の指標の問題はその一環であるが、リベラルな平等の見方に少なくとも共通しているのは、現代社会において不可避である価値観の多様性という事実に直面するならば、平等な分配において保障されるのは個々人の特定の必要とは別個の誰にも共通する活動の基礎的条件であるということである。それは価値観の多様性を通貫して客観的に同定可能な条件によるものでなければならない。そうであるとすると、考慮されるべき保障の内容は単なる主観的選好の充足ではなく、公共的観点から重要だと考えられるはずの平等な利益享受になるだろう。これは半面で言えば、個々人の一定の行為の可能性に焦点が置かれ、個々人の選択や行為における自立に内発する要求への呼応として公共的な平等保障が行われるということであり、平等はあくまで誰しもが必要と認める行為の前提条件としての資源や能力の欠損が一般に考えられる程度において保障されることを要請する観念として位置づけられることになるであろう。そしてそこでは、資源のように一定の手段を確保するかあるいは活動能力のように一定の潜勢力を確保するのかという相異は相補的に考えられるであろう。

そうであるならば、平等と自由とは、選択と行為の条件の保障という枠組そのものを介して、両立しうるものとなる。[61]しばしば、自由の本性が他人からの妨害や強制がないという消極的性質にあることから、それだけが唯一重要な自由であると言われ、そして、この観点からいわゆる積極的自由は自己決定の自由という名のもとに、よりよき自我や社会の実現のためにかえって個人を拘束するというパラドックスを孕むものと批判される。しかし、積極的自由は個人の独立を阻害する環境的要素を排除し、その活動の目的を実現するための条件を整備して、消極的自由の成立と遂行の基盤を広げようとする観念である。それは、言い換えれば、個人の活動に対する人為的妨害を排除すること以前に、個人の活動の可能性それ自体に対する広範な妨害を排除しようとするものであり、消極的自由の保障の範囲を拡張するものである。ここで考えられてきた平等は、既に見たように、個人の活動の構成、過程、そして結果において一定の保障を行うのであるが、それはそのことによって個人の独立した地位をまず確保し、その自由な活動を可能にし、また促進するためである。この意味で、この枠組のもとでの平等は消極的自由の前提条件となり、またセンが示唆しているように積極的自由の保障につながっていると言える。(62) この関係において、平等と自由との関係という問題の核心は、いずれが排他的に成り立つかではなく、それらが共に寄与しようとする或る高次の価値規準にとって問題場面に応じていずれが重要なのかということであり、そのとき何が公共的な規制や補助の対象となるのかということに存するはずである。

(三) 効率性

人間はその一面において自己利益を追求して行為する存在である。その場合、人間は一定の尺度によって計られる効用を最大化しようとする。この限りにおいては、そのような個人どうしが互いの利益をめぐって衝突するときには、問題となっている利益や財がどのように分配されれば各人にとっての効用の最大化をもたらすのかということが当然考えられるべきことになる。この意味では、一般に効率性という価値のポイントは、当該の問題文脈内での資源の分配においてそれがもたらす効用の計測において把握される社会的コストが最も少ない状態であるとも言える。(63) このような効率性が特に公共的価値であると言われる場合、それは、社会の中の市場における自発的な取引によって財の配分が達成されるときに内生的に働いているか、あるいは市場では解決され得ない利益の対立や相剋が生ずる際にはコストのより少ない形での社会的な配分の実現のために働くと考えられる価値であることを意味している。そして、特に後者の場合には、当事者の利益が最大限に実現されるような一定の配分状態を規定するためにいかなるルールを設定すればよいのかという角度から、当の利害対立を解決するのに必要な規範的判断が行なわれることになる(64)。

もっとも、効率性という価値が公共的に働く次元は多様であるので、一応幾つかの区別をしておく必要があるだろう。まず、マクロ効率性とミクロ効率性の区別が考えられる。マクロ効率性は、多く所得分配の問題や一定のルールの社会的結果の問題などにおける社会全体の損益のあり方を指し、それが効率的である状態である。その一方で、種々の財の局所的で個別的な分配における損益のあり方が効率的であるか否かということは、ミクロ効率性と呼ぶことができる。これは、例えば契約違反の場合のように、限定された紛争当事者の間に発生するコストの多寡が問題となるような場合である。これらは共に資源の分配に関する問題であるが、一定の条件下でミクロ効率的であればその集積もまたマクロ効率的であろう。もう一つの区別は、手続的効率性と実体的効率性との区別である。前者は種々の原理やルールの制度的な実現の際のコストの問題である。それは、ある理想状態の実現のための監視や決定手続の実施コストに関わっており、その実施コストが少ない形で原理やルールが適切に実現されることが望ましいことになる。例えば、権限を集中することで組織的活動におけるコミュニケーションのコストを減らし、組織全体の活動を円滑にするというような場合である。実体的効率性は特に資源の分配やそれに関する紛争解決の際に誰に負担や責任を負わせるかという角度で問題となる。とりわけ紛争解決の場面では、後にも述べるように、例えば当事者間の利害対立を市場的決定の模倣による解決に委ねて、当事者の中で最も少なくコストを負担できる者に責任を負わせるのが社会的にもコストが減殺され、効率的であることになる。ともあれ、これらの区別をもとにして、以下ではミクロで実体的な効率性の問題場面に議論を絞ることにするが、このことは他の種類の効率性が重要ではないということを意味するわけではない。特にマクロで実体的な効率性はそれ自体として重要な問題である。しかし、ここでは自由や平等が個々人の関係のあり方を規整する公共的価値であることを念頭におきながら、これらと関連する局面で社会的な分配の規準として働く効率性に注目することにしたい(65)。

さて、このような意味での効率性という価値の内容をどのように規定するかについては、幾つかの解釈が分かれる。まず最も抽象的な規準はパレートの意味での効率性である(66)。パレート的な効率性は、他の個人の効用を劣化させることなしには、どの個人の効用を良化させることも不可能であるような財の配分状態をさして言われる。しかし、抽象的な規準としてはともかく、実際問題としては特定の資源配分の状態がパレートの意味で効率的であるか否かを端的に判断することは難しい。そこで通常は、最初の配分状態を別の状態に変化させた場合に、誰か一人がその効用を良化させられると同時に残りの誰もが前者の状態よりも劣化していないのであればその変化は望ましいという、パレート改善の考え方が適用されている。もっとも、ある場合にはこのような改善は成り立たない。例えば、Aの行為がBに損害を生じさせるという場合、Aの行為前から行為後への状態の移行はパレートの意味での改善にはならない。しかし、AがBに対して発生しうる損害を次のような方法で補償できるならば、この移行はパレートの意味での改善となりうる。すなわち、行為前の状態から行為後の状態に移行したときに、利益を得た者が利益を失った者に補償をすることによって誰の効用も劣化せず、かつ少なくとも一人の効用が良化するならば、補償を伴った行為後の状態は、行為前の状態に比してパレート改善されたことになる。いわゆるカルドア－ヒックスの補償原理とは、このような補償が実際になされなくとも、所得の再分配などによって理論的に補償が可能であると判断される限り、後者の状態が前者の状態よりも改善されたと判断する規準に他ならない。そこでは、パレートの意味での効率性の規準の適用範囲を拡充することが意図されている。

その一方で、このカルドア－ヒックスの補償原理に従った効率性は、別の角度から見れば、当事者間で行われる補償によって行為後の新たな状態では一定の利益が存在していることをも意味している。そして、このような社会的な利益の状態を注視するならば、当事者が最も少ないコストを負担することで彼らの間に最大限の合算利益をもたらすときには、これ以上誰もが劣化せず少なくとも一人は良化するという状態が事実上は実現されていることにもなる。この点で、当事者間での合算利益が最大となる状態の実現を価値的なポイントとする富の最大化という規準もまた効率性の一つの解釈として、より正確には純然たる効率性を実現するための最も近似的で実際的な規準として考えられることになる。(67) このことは次のように言い換えることもできるであろう。理想的な財の配分状態での合算利益としての富はコストがゼロの状態で想定されるものであるとするならば、それを実現するには実際に存在する種々のコストを減少させなければならない。問題となっている現在の状況のなかでの或る合算利益は、理想状態の合算利益から現実に存在するコストを差し引いたものである。すると、現実の合算利益に関して可能な最大限を追求するならばコストは最小化されることにもなるわけである。

これらの効率性の解釈はそれぞれに重なりうるものの相互にずれも存在する。カルドア－ヒックスの補償原理も富の最大化の規準も、その意義としては、或る資源配分の変化によって現実には以前より劣化する人々が現れるためにパレートの意味で改善とは言い難いような場合でも、何らかの補償によって効率性を維持しかつ社会的な利益を増加させることができるということを示している。(68) その一方で、カルドア－ヒックスの補償原理はあくまでパレートの意味での効率性の条件を分析的に明らかにするものであるが、富の最大化の規準はこの補償の問題を当事者間に生ずる合算利益としての富の増加可能性に規範的に転換することによって、パレートの意味での効率性を実現することを促進するものである。最小限のコストを当事者の誰かが負担することで合算利益が最大となるときには当事者間に補償がなされたと等しいことになるから、一定の効率的な事態に至るわけである。このような富の最大化の規準は、こと最大化という条件に関する限りは功利主義と類似している。ただし、富の最大化の規準は功利主義と異なって個々人の選好ではなく選好を実現する客観的な利益のあり方にその基礎を置いているものであり、かつその判断は功利主義のような社会的厚生関数の形を取りうるものではない。[69] しかし、これらの規準の間に存在する論理的な問題点についてはここでは立ち入らない。[70] 以下では、特に市場における外部性の発生に対し一定のルール設定によって問題を処理しようとする法と経済学の発想に留意し、効率性という公共的価値の役割を、社会的コストの最小化もしくは利益の最大化という形をとる価値のコンクリフトの解決の一つの重要な規準として把握しながら、[71] 法と経済学において定着している富の最大化の規準に則しつつ考えてゆくことにしたい。

富の最大化の規準を用いた典型的な紛争解決は、例えば次のようになる。[72] 利害対立が起こっている二当事者間でもし取引コストが存在しないとすればいかなるルールを設定しようと当事者どうしは互いにとって最も利益の大きい状態を実現しようとする（コースの定理）が、しかし、現実には取引費用が大きいので、当事者の協力は望めない。そこで富の最大化の観点からは当事者の主張が対立するとき、もし当事者どうしが市場で自由な取引をすると仮定した場合にどちらもが合意するであろう状態を考え（市場の模倣）、それを適切に導くような規範的判断を下すことが必要となる。今、当事者の一方であるXが不法行為の原因を取り除くことなく放置しまた他方の当事者Yも何ら防御策を講じないでいるときの双方の利益をそれぞれ一〇〇〇、一〇〇とし、またXが原因を取り除く装置を設置しYは防御策を特に講じなかったときの双方の利益を五〇〇、三〇〇、逆にXが放置しYが防御策を講じたときの双方の利益を一〇〇〇、二〇〇とし、さらにXと共にYも防御策を講じたときの双方の利益を五〇〇、二〇〇としよう。このとき、この想定によれば、Xの無負担の際の純益は一〇〇〇、Yは二〇〇であり、またXの除去装置設置コストは五〇〇で、Yの防御策のコストは一〇〇である。このような状況において、富の最大化の規準からすれば、訴訟に勝つ方が負ける方の利益を十分に補って余りあるならばその解決が望ましいのであり、それは本来負担すべきコストが小さい方が大きい方に譲歩することによって実現される。つまり、当該の不法行為に関する回避コストの小さい当事者がそのコストを負担するならば全体の利益の量がより大きくなるのであり、それはそれぞれの損益を総計した場合にその量が最大になるときと等しいのである。それ故、この意味での効率性の観点からは、XとYとの合算利益一二〇〇（Xが一〇〇〇、Yが二〇〇の場合）の状態が実現するように、Yに防御策を講ずる義務を負わせる決定が望ましいということになる。そして勿論、ここで得られる富の総量一二〇〇は取引コストが存在しない場合に当事者どうしが得るであろう総利益の量と等しい。

　また、例えば、WがZにある財を一〇〇単位で売ることとし、Zがそれを一二〇で転売するつもりでいたところに、Wはそれを第三者Vに　五〇で売ってしまったという紛争状況を考えよう[73]。このとき、ZはWに得べかりし利益である二〇の賠償を要求できることになるが、その一方で、Wが予定どおりZに売ったときの利益をpとすると、Vに売って利益p＋五〇を得、かつZにはそこから二〇の賠償をしてしまうときに得られるWの利益はp＋三〇となる。このとき後者の状態は前者の状態よりも一人（W）を良化させかつ誰をも劣化させないので（Zは手持ちの金額プラス二〇を得るため第三者への転売によって得られるはずの利益をカバーでき、Vは購入による利益を損なわれることはない）、WからVへの売買を肯認するということが富の最大化の規準によって望ましいことになる。これはいわゆる効率的契約違反の問題である。WのZに対する行為は確かに契約違反ではあるものの、もしWに元の履行をさせVに対しては一五〇の賠償をさせて財はZに戻すことで、結局Wを五〇の欠損（＝一〇〇－一五〇）に甘んじさせることとは、経済活動の促進と富の増加という観点からは適切とは言えないとも考えられる。

その他には、例えばある当事者間で一方の表現の自由の権利と他方のプライヴァシーの権利とが対立しているような、より抽象的な権利衝突の問題の場合でも、同じような考え方が適用される余地がある。(74) 問題となっている権利どうしの間に何らかの優劣関係がある程度見て取れるような場合を除いて、これらの権利はそれ自体としてはどちらが優位に立つとは一概に言い難いものであり、そのような場合には対立する権利の間のいわゆる比較コストを考慮することもできる。このときには一方の権利の実現に伴うコストと他方のそれのコストとを一定の尺度をもって比較し、より大きいコストを発生させる方の権利を制約することになる。このことは、いずれかの権利を実現することによって生ずる当事者の合算利益を最大化することに等しいことは言うまでもない。表現の自由の権利とプライヴァシーの権利のように、いずれの権利もそれ自体としては自由の実現という観点から共に重要であるが、同時に相互の自由の両立のためにはある程度の制約を受けうるものであるという場合、効率性という価値は双方の権利のいわば外側から一定の裁定をくだすことになるのである。

尚、付け加えるならば、これらの例において現れている当事者間の富の最大化が望ましいという見方は、マクロ効率性が問題となるときにも当然適用されうる。(75) 例えば、広範な人工妊娠中絶の合法化の要求があるとき、通常は義務論的な見地から生命や胎児の価値と女性の自己決定権との間の価値的な対立が問題となるが、しかし、その一方で、中絶禁止の場合の社会的コストと合法化した場合の社会的コストとの比較を考えることも可能である。例えば、医師たちにとってのコストは中絶禁止の場合には隠れた手術などを行う必要に迫られるために高くなり、妊娠女性たちにとってのコストも高い。中絶合法の場合には安全な手術もできるためにいずれのコストも低くなるし、倫理感の強い医師は代替して中絶をしてくれる医師を見つけやすくなることもあるのでコストはさらに低下する。それ以外にも、情報コストは禁止の場合に高く合法のときは低くなるし、モニタリング・コストも禁止の場合は高く、合法の場合には低くなる。こうして、中絶禁止の立場にとっては合法化は原理の問題とコストの問題との乖離が起こり、中絶支持の立場にとっては合法化は原理の問題とコストの問題とが適合することになるが、効率性の観点からは、いずれの態様であれ、社会的コストの低下、すなわち富の最大化の観点から人工妊娠中絶を許容するルールを設定した方が望ましいとも言えるわけである。

以上のように、効率性の考慮は基本的に法的な規制を廃する方向へ働くか、あるいは規制を行うにしてもよりコストの少ない方を望ましい状態とする。言い換えれば、効率性の規準のもとでは、社会的な秩序は市場的な決定による方向へと傾いてゆく。ただし、勿論コストの内容と換算のしかたは柔軟でありうる。(76)

しかし、これらのような問題状況において富の最大化という意味での効率性の規準が用いられていることには、実のところ一定の前提条件が存在していることに注意しなくてはならない。

先に触れた効率的契約違反の場合を考えてみよう。WのVへの売買をそのまま追認できるのは、Zに対する賠償をさせることで、Wは利益を維持する一方でZは不利益を被らないという状態が実現されるからである。しかし、ここでさらに、なぜこのような取引が不当ではないとみなされるのか、その理由を考えてみる必要がある。すると、そこには次のような事柄についての評価に共通了解があるからに他ならないことに気づくであろう。すなわち、各当事者は同等の資格や能力をもって自発的に取引を行っており、取引の際に必要な情報などに偏りがないこと、各当事者の活動は純経済的なものであり結果として発生している利益や不利益も純経済的なものであり、そして紛争解決のためになされる利益の再調整が純経済的な形で行われてもよいことなどである。これらの事柄について当事者間に全く異論がなければ、先の解決は合理的なものとして受け容れられる。従って、先の二つの前提条件をそれぞれ相互性の条件、経済性の条件と呼ぶならば、これらの条件が満たされるときに初めて、富の最大化を追求するという規準を用いることができるのである。[77]しかも実際の富を理想として想定される市場的な利益実現の状態に近づけるという目的論的な形で最大化を行うことは、コースの定理を前提とした形で理論的に保障されてもいると言えるから、これをかりにコースの条件と呼んで、富の最大化の前提条件に加えておいてもよいであろう。[78]

これらの前提条件の意義は、不法行為や自由などの問題に関して考えるときによりいっそう明確になる。先に述べた損害回避コストの多寡による不法行為の解決は、当事者が対等な資本力や活動力を有しており、またどちらの利害も相互に不可避の結果によるもので物質的な調整が可能である場合には何ら問題なく受け容れられるであろう。しかし、問題状況が異なり、例えば不法行為を行っている側が大企業でありそれを受忍している側が静謐な環境を欲する地域住民であったり、あるいは政府自治体の事業が害悪を発生させており それを受忍する側が文化的マイノリティであったりするような場合には、損害回避コストの小さい方が負担を負うべきであると直ちに言えるであろうか。このような場合には明らかに相互性や経済性の条件が欠けている。そしてそうであればコースの条件もまた満たされているとは言えないであろう。それ故、これらの場合には、富の最大化の考え方をとることはできないと考えられる。[79]確かに、富の内容の解釈によっては、地域住民の環境に関わる利益や文化的マイノリティの人々の文化的利益が大きく損害回避コストは極めて高いという判断を通じて、負担をおう立場を逆転させて考えることも不可能ではない。しかし、このとき、これらの人々の利益の多寡を場合に応じて判断する規準それ自体はいかなるものであるのかという問題が生ずる。これはもはや富の最大化の規準の問題ではなく、考慮されるべき富の内容を実質的に定めるより基本的で非経済的な価値規準の問題となるはずである。また、抽象的な権利衝突が問題となっている場合、既に触れたように同等な意義を有する権利どうしの対立の場合には比較コストの考慮によって裁定が下されるとしても、それが自由権と生存権、精神的自由権と経済的自由権といったように異質の権利の衝突となるときには、そもそもそれらの対立する権利自体の間に存在する次元の相異やそこに看取される優劣関係こそが重要な問題となるはずである。(80)

かくして、相互性の条件、経済性の条件、そしてコースの条件との組み合わせが成り立つことが、富の最大化の意味での効率性規準の適用にとっての要である。つまり、ある問題に関して相互性と経済性とが満たされるならばコースの条件が満たされ、そのもとで富の最大化の規準を用いた判断が初めて可能になるのである。裏を返せば、相互性や経済性の条件が満たされていない場合に、コースの条件のもとで富の最大化の規準を適用しようとすることは道徳的に不適切な結果を招来するのである。問題となっている当事者において、その資格や能力において非対称性が存在したり、あるいは活動やその産物において非経済性が存在する場合には、効率性という価値は財の配分の整序のために働き得ないのである。当事者の間でその資格や能力、そして達成において非相互性や非経済性が存在する場合には、まずその是正が求められる必要がある。(81)おそらくそれは平等の要求でもあるだろう。また、人々が自由であることは効率性の追求の際にも必要である。その一方で、人々の自由や平等の実現はそれが効率性の観点から大きなコストを抱えることになるとするならば制約されることもあるであろう。(82)これらのことは、効率性と平等や自由との複雑な価値的関係を暗示している。

(四) 公共的価値のトリプレックスとその統御

公共的価値が形づくるのは、種々の価値ファクターが拮抗する現実社会に対してそれを整序するための規準である。この規準を含む幾つかの公共的価値は当該の社会そのものに則した一定の抽象的な価値空間を構成しており、そこにおいて公共的価値は多様な価値ファクターを整序するための規範論理的前提条件を与えている。そして、それらのファクターの整序は一定の文脈的条件を介して種々の問題文脈においてさらに具体的な内容を与えられ、また個々の具体的ケースに則してその実現が果たされる。また、このような形での整序は抽象的な価値空間において基軸となるはずの公共的価値の解釈を通じて行われる。

この場合、公共的価値の解釈は当該社会における既存の解釈の集積を再構成する中で進められる。ただし、社会において類似の解釈の集積が存在する場合にはこの再構成は容易であるが、社会における解釈の集積が内容的に分裂している場合には、再構成は既存の解釈の中の或るものを促進し他のものを過誤として廃棄することにもなる(83)。この際に重要なのは解釈的方略である。この方略は、解釈的な再構成を試みるときに基軸となる価値解釈とそれとは必ずしも整合しない価値解釈とを重ね合わせてより整合的な公共的価値の意味づけを与えるための論理的方途であり、例外化、領域化、包含の三つに区分される(84)。例外化とは、公共的価値をめぐって対立する価値解釈xとyとがある場合、例えばxにおける等事情の仮定が成り立たない場合に初めてyが妥当するという補助条件によってyがxに対して位置づけられることを指す。領域化とは、xとyとは本来妥当領域が異なるものとしてそれぞれに価値的意義や機能条件が区別されることを指す。そして包含とは、xとyとが共に相対的により上位の価値であるzの一事例であることが示されることを指している。これらの解釈的方略の適否自体は当該の価値の再構成全体と連動して、その再構成の適切さをめぐる批判的検討を通じて規定される。

さて、これまでの議論を踏まえて今ここで確認したいことは、自由、平等、そして効率性という公共的価値の、最も抽象的な価値空間における布置関係である。

既に見てきたように、自由、平等、効率性はそれぞれ機能局面を異にすると同時に、他方では相互に関係する局面をも有している。すなわち、自由の角度から見るならば、個々人が相互に不当に干渉されることなくそれぞれの生活目的を追求してゆくことは望ましいことであるが、その一方ではそのような活動の結果として種々の差別や格差をも生み出しうる点においては平等に背反することになる。また、自由は、基本的に特に市場を通じて個々人の自発的な相互交換行為の結果として誰もがそれ以上劣化することのない一定の効率的な資源配分を達成できるが、その一方ではしばしば、高い取引費用、資源の独占状態や外部不経済、あるいは資源の稀少性のもとでのトレード・オフの必要性などが現れる点で効率性の要請と対立もする。また、平等と効率性との間でも一定の対立と調和の可能性とが存在する。すなわち、一般に効率的な資源配分は必ずしも平等な資源配分を意味していない。そこでは、効率的な資源配分には現れてこない、人々の間に起こりうる差別や種々の能力あるいは行為環境の格差に対する配慮とその是正の必要が存在しており、それによってあくまで当事者が対等なレヴェルに至って後に効率的な資源配分を達成させる必要がある。しかし、その一方で、ジョン・ロールズの言う格差原理の場合や、あるいはハル・ヴァリアンの言う羨望から自由な配分のように、人々の間での平等を志向する倫理的条件のもとでの自発的な交換活動は効率的な資源配分をも同時に達成できる場合もある[85]。

かくして、自由と平等、そして効率性が相互に独立しつつまた関係し合ってもいることは、次のような価値空間における規範論理的な連関、いわばトリプレックスとして整理することができるであろう。

まず個々人が各自の個別的な価値観に基づきながら相互に十全に活動できることが公共的に保障されてい

る状態を、レヴェル・ゼロの水準規範平面として想定しよう。この場合、まず、この規範平面やさらにその上に積み重ねられる高次レヴェルの規範平面そのものにおける個々人や集団の活動境域が相互に干渉作用を起こさないように適切に区分けする必要がある。それが自由という価値の働きである。自由は個々人や集団という個々別々に独立した単位に則しながら、それら相互の外部的関係において発生する直接的な侵害の関係を規整する。ここで、自由によって保障される個々人の活動境域のそれぞれには一定の格差が存在しうる。すなわち、この規範平面において個々にはオープンになっている活動境域そのものの状態には、活動が行われる以前にあるいは活動の結果として生ずる能力や行為環境におけるレヴェル・ゼロ以下の状態がありうる。平等という価値はこのような水準以下の状態の是正のために働く。平等は自由と同様に個々人や集団という独立の単位に則しながら、しかし自由とは異なってこれらの単位のそれぞれにおける種々の条件の間の並行的な比較関係の均等化を行う。さらに、その一方で、いかなるレヴェルの規範平面を出発点としたとしても行われる活動はこの平面全体において一定の資源分配状態を生じさせる。このとき、その状態を社会的コストが最も少なく最大限の全体利益が得られている状態、すなわちレヴェル・ゼロ以上の状態にすることには大きな意義がある。効率性という価値はこの最大限を求めることになる。効率性は個々人や集団の存在を一応予定しているが、しかしそれらの総体が社会的に達成する諸利益の集計状態そのものに着目し、それを最大化するように働いている。このようにして、三つの価値の間には、公共的な価値空間において存在している規範平面とそこでの価値の働き方の相異を含んだ、立体的な相互連関が存在している。私はこの連関を、自由・平等・効率性のトリプレックスと呼ぶ。

このトリプレックスとは、それぞれの価値が人々の社会的な活動の条件に対し、一定の抽象的次元においてそれぞれの価値の角度から整序を試みようとしている状態である。これらの価値の働く局面は明らかにそれぞれに固有な仕方で異なっており、そこにはそれらの価値の対立や相剋も存在する。しかしながら、社会秩序においてはこれらの価値は相互に対立した状態のままではいられない。そのいずれか一つを追求するなら他の重要な価値を侵害するとすれば、それらの価値の全体から成る社会秩序においては、それぞれの価値の適正なバランス、ないしはベスト・ミックスが規範的に求められるべきことになるであろう。実際、自由の適正な実現は平等と効率性の充足を予定するはずであり、また平等の適正な実現は自由と効率性の充足を予定するはずであり、そして効率性の適正な実現は平等と自由の充足を予定するはずである。言い換えれば、平等と自由の確立は効率性の基礎であり、平等と自由の展開は効率性の制約を受け、平等と自由の結果は効率性を充足させるはずであるということである。

このようにして、自由、平等、効率性という三つの独自の公共的価値が一定の適切なバランスのもとで機能しなければならないとすれば、その最も抽象的な相互連関においては、一定の方略による解釈を伴った価値的な統御が働かなければならないはずである。そして、それは、これらの価値自体が持つ連接性や多層性とも異なって、さらにこれらの公共的価値そのものを別個の連接性や多層性によって統御するような別個の公共的価値によって担われる必要があろう。また、その際この別個の価値の明確化に適する解釈的方略は、既に区別した例外化、領域化、そして包含の中のいずれなのかと考えるならば、それは明らかに領域化であろう。なぜなら、前述のように、二つの公共的価値の間には不即不離の関係が看取されるのであり、そうであれば、一定の条件に応じて価値を分離してしまう例外化や、一定の条件によって価値を融合させてしまう包含ではその微妙な関係を適切に把握できないと考えられるからである。そして、正しい社会秩序の価値的基盤となる抽象的な価値空間においては、一定の領域区分に則してまず平等と自由との機能領域が区別され、付け加えて効率性はその領域区分を横断して平等と自由それぞれの最適な実現度に関して働くという機能領域が確保されていると推測することができるであろう(86)。

　ここで、私は、自由・平等・効率性のトリプレックスが最も適正な状態になることを規範的に求める公共的な高次価値として、正義という独自の価値が存在し、このトリプレックスの統御のための解釈的な基軸となって、特に領域化という形のもとに機能していると考える。つまり、正義とは、自由、平等、効率性のバランスを司る公共的価値であり、さらにその機能はこのトリプレックスを適切に処理できる独自の内容的枠組に依拠しているのである。

（1）　Shelly Kagan, *Normative Ethics*（Westview Press, 1998）, p. 17 ff.

（2）　cf. Kagan, *op. cit.*, Part One.

（3）　Christopher W. Gowans, "Introduction : The Debate on Moral Dilemmas"（in : do., ed., *Moral Dilemmas*, Oxford U. P., 1987）, esp. p. 14 ff., Samuel Scheffler, *Human Morality*（Oxford U. P., 1992）, p. 29 ff.

（4）　Kagan, *op. cit.*, p. 177 f.

（5）　Scheffler, *op. cit.*, p. 50 ff.

（6）　cf. Kagan, *op. cit.*, p. 294 ff.

（7）　John Rawls, ***A Theory of Justice***（*Rev. ed.*）（Oxford U. P., 1999）, p. 42 ff.

（8）　John Rawls, *Political Liberalism*（Columbia U. P., 1993）, p. 11 ff., p. 24 ff. 尚、モラル・リアリズムに関連して、cf. Thomas Nagel, *The View from Nowhere*（Oxford U. P., 1986）, p. 138 ff., David McNaughton, *Moral Vision*（Blackwell, 1988）, chs. 1, 2, 3

（9）　参照、長谷川晃、解釈と法思考（日本評論社、一九九六）、一五三頁以下。

（10）　cf. Thomas Nagel, *Mortal Questions*（Cambridge U. P., 1979）, ch. 14, do., *The View from Nowhere*, ch. 1, do., *Equality and Partiality*（Oxford U. P., 1991）, ch. 2

（11）Nagel, *Mortal Questions*, p. 210 ff.
（12）*Ibid*., p. 211 ff.
（13）*Ibid*., p. 213.
（14）Nagel, *Equality and Partiality*, chs. 2, 4, 5, 6
（15）Nagel, *Mortal Questions*, p. 126 f.
（16）長谷川、前掲書、一五三頁以下。尚、参照、齋藤純一、公共性（岩波書店、二〇〇〇）、四二頁以下。
（17）Nagel, *op. cit*., p. 208 ff.
（18）Nagel, *op. cit*., p. 134 ff.
（19）Michael Walzer, *Interpretation and Social Criticism*（Harvard U. P., 1987）, p. 3 ff., cf. Georgia Warnke, "Social Interpretation and Political Theory"（in : *Political Theory*, Vol. 18, 1990）, esp. p. 210 ff.
（20）参照、長谷川、前掲書、第五章。cf. Georgia Warnke, *Justice and Interpretation*（The MIT Press, 1993）, chs. 1, 3
（21）長谷川、前掲書、一五八頁以下。
（22）cf. Nagel, *The View from Nowhere*, p. 139.
（23）cf. Ronald Dworkin, *Law's Empire*（Harvard U. P., 1986）, p. 228 ff.
（24）参照、本書、第I部第一章、一五頁。
（25）cf. Kagan, *op. cit*., p. 189 ff.
（26）cf. *Ibid*., p. 296 ff.
（27）cf. Seyla Benhabib, *Situating the Self*（Routledge, 1992）, chs. 1, 3 また参照、長谷川、前掲書、一三三頁以下。
（28）長谷川、前掲書、一三五頁以下。
（29）Walzer, *op. cit*., p. 37 ff.
（30）本書、第I部第一章、一二頁以下。
（31）参照、井上達夫、他者への自由（創文社、一九九九）、九八頁以下。

（32）長谷川、前掲書、一四七頁以下。
（33）参照、齋藤、前掲書、Ⅱ部第二、四章。
（34）参照、齋藤、前掲書、六八頁以下。ここで著者がアマルティア・センの平等論に言及しながら公共的価値の範囲を拡張していることは重要であるが、それがさらにいかなる形の公共的価値へと結実するのかは示されていない。しかし、この難点は結局、リベラリズムとデモクラシーとの関係という周知の問題へとつながっている。cf. Charles Taylor, *Philosophical Arguments*（Harvard U. P., 1995）, ch. 13, esp. p. 271 ff.
（35）卓越性に関して、cf. Thomas Hurka, *Perfectionism*（Oxford U. P., 1993）, esp. chs. 11, 12, 13
（36）自己利益に関して、cf. Kelly Rogers, ed., *Self-Interest*（Routledge, 1997）, esp. ch. 4
（37）功績に関して、cf. George Sher, *Desert*（Princeton U. P., 1987）, chs. 7, 8, 11 またニーズに関して、cf. David Braybrooke, *Meeting Needs*（Princeton U. P., 1987）, esp. Two.
（38）手続的公正に関して、参照、E・アラン・リンド&トム・R・タイラー（菅原・大渕訳）、フェアネスと手続きの社会心理学（ブレーン出版、一九九五）、特に第六章。cf. Tom Tyler, Robert Boeckmann, Heather Smith, and Yuen Huo, *Social Justice in a Diverse Society*（Westview Press, 1997）, ch. 4 進化的見地に関して、参照、内井惣七、進化論と倫理（世界思想社、一九九六）、特に第三部。cf. Michael Ruse, *Taking Darwin Seriously*（Basil Blackwell, 1986）, p. 250 ff.
（39）cf. Edna Ullmann-Margalit, *The Emergence of Norms*（Oxford U. P., 1977）, esp. ch. Ⅲ
（40）参照、長谷川晃、権利・価値・共同体（弘文堂、一九九一）、特に第二章。
（41）cf. Alan Donagan, *The Theory of Morality*（Univ. of Chicago Press, 1977）, esp. chs. 3, 4
（42）cf. W. C. McWilliams, "Fraternity"（in : David Miller, et. al., *The Blackwell Encyclopaedia of Political Thought*, Blackwell, 1987）, Dworkin, *op. cit.*, p. 195 ff., p. 206 ff.
（43）Gerald MacCallum, "Negative and Positive Freedom"（in : *Philosophical Review*, Vol. 76, 1967）, esp. p. 314 ff. 尚、参照、小川晃一、「バーリンの自由論（一・二完）」（北大法学論集、三六巻一・二号、四号、一九八六）。

（44）cf. Friedlich Hayek, *The Constitution of Liberty*（Routledge & Kegan Paul, 1960）, ch. 1

（45）cf. Richard Norman, *Free and Equal*（Oxford U.P., 1987）, ch. 3 尚、参照、本書第Ⅱ部、二二七頁以下。

（46）cf. Rawls, *A Theory of Justice*（*Rev. ed.*）, p. 176 ff.

（47）J・S・ミル（塩尻・木村訳）、自由論（岩波文庫、一九七一）、第四章。cf. C. L. Ten, *Mill on Liberty*（Oxford U. P., 1980）, ch. 4

（48）Ronald Dworkin, *Taking Rights Seriously*（Harvard U. P., 1977）, p. 197 ff., p. 266 ff.

（49）アイザィア・バーリン（小川・小池・福田・生松訳）、自由論（みすず書房、一九七一）、三五九頁以下。

（50）Rawls, *op. cit.*, p. 52 ff., p. 176 ff.

（51）参照、アマルティア・セン（大庭・川本訳）、合理的な愚か者（勁草書房、一九八七）、二二五頁以下。同（池本・野上・佐藤訳）、不平等の再検討（岩波書店、一九九九）、第一章。

（52）cf. Will Kymlicka, *Contemporary Political Philosophy*（Oxford U. P., 1990）, ch. 3, esp. p. 85 ff., Eric Lakowski, Equal Justice（Oxford U. P., 1991）, ch. 2 参照、竹内章郎、現代平等論ガイド（青木書店、一九九九）、第一章。

（53）平等な活動の構成、過程および結果の意義に関して、cf. Norman, *op.cit.*, p. 107 ff.

（54）cf. G. A. Cohen, "On the Currency of Egalitarian Justice"（in : *Ethics*, Vol. 99, 1990）, esp. p. 916 ff.

（55）参照、佐藤久夫、障害構造論入門（青木書店、一九九二）、二九頁以下。

（56）cf. Rawls, *op. cit.*, p. 62 f.

（57）cf. Rawls, *op. cit.*, p. 86 ff., do., "Social Unity and Primary Goods"（in : A. Sen and B. Williams, eds., *Utilitarianism and Beyond*, Cambridge U. P., 1982）, p. 164 ff.

（58）Rawls, *A Theory of Justice*（*Rev. ed.*）, p. 358 ff.

（59）セン、不平等の再検討、第一、二、五章。Amartya Sen, "Justice : Means vs. Freedoms"（in : *Philosophy and Public Affairs*, Vol. 19, 1990）, esp. p. 113 ff. do., "Freedom and Needs"（in : *New Republic*, January 10 & 17, 1994）, p. 31 ff. また、参照、後藤玲子、「自由と必要」（季刊社会保障研究、三六巻一号、二〇〇〇）、四五頁以下。

（60）　cf. Kymlicka, *op. cit.*, p. 70 ff.
（61）　cf. Steven Lukes, "Equality and Liberty"（in : David Held, ed., *Political Theory Today*, Stanford U. P., 1991）, p. 53 ff., Norman, *op. cit.*, p. 144 ff., Ronald Dworkin, *Sovereign Virtue*（Harvard U. P., 2000）, ch. 3, esp. p. 123 ff.
（62）　参照、セン、前掲書、第二、四章。
（63）　参照、奥野正寛・鈴村興太郎、ミクロ経済学Ⅰ（岩波書店、一九八五）、九頁以下。cf. Nicholas Mercuro & Steven Medema, *Economics and the Law*（Princeton U. P., 1997）, p. 13 ff. 尚、効率性概念の整理に関しては、後藤玲子氏のご教示をいただいた。
（64）　参照、リチャード・ポズナー（馬場・国武監訳）、正義の経済学（木鐸社、一九九一）、八二頁。cf. Lewis Kornhauser, "The New Economic Analysis of Law : Legal Rules as Incentives"（in : Nicholas Mercuro, ed., *Law and Economics*, Kluwer, 1989）, p. 30 ff.
（65）　参照、奥野・鈴村、前掲書、一一頁以下。同、ミクロ経済学Ⅱ（岩波書店、一九八八）、二七五頁以下、二九一頁以下。参照、ポズナー、前掲書、八〇頁以下。
（66）　参照、奥野・鈴村、ミクロ経済学Ⅱ、二五頁以下、三二五頁以下。
（67）　参照、ポズナー、前掲書、六九頁以下、九八頁以下。cf. Jules Coleman, *Markets, Morals, and the Law*（Cambridge U. P., 1988）, p. 105 ff. 尚、参照、ロナルド・H・コース（宮沢・後藤・藤垣訳）、企業・市場・法（東洋経済新報社、一九九二）、第五章、特に一三一頁以下。ロバート・クーター（太田編訳）、法と経済学の考え方（木鐸社、一九九七）、六七頁以下。
（68）　参照、奥野・鈴村、前掲書、三三八頁以下。ポズナー、前掲書、九四頁以下。
（69）　参照、ポズナー、前掲書、六一頁以下、八三頁以下。クーター、前掲書、二二頁以下。cf. Robert Cooter, "Liberty, Efficiency, and Law"（in : *Law and Contemporary Problems*, Vol. 50, No. 4, 1988）, p. 152 ff. 参照、P－O・ヨハンソン（金沢訳）、現代厚生経済学入門（勁草書房、一九九五）、二八頁以下。
（70）　参照、川浜昇、「『法と経済学』と法解釈の関係について㈠」（民商法雑誌、一〇八巻六号、一九九三）、三一頁

以下。cf. Coleman, *op. cit.*, p. 97 ff.

（71）cf. Mercuro & Medema, *op.cit.*, p. 60, p. 186 ff.

（72）ロバート・クーター&トーマス・ユーレン（太田訳）、新版法と経済学（商事法務研究会、一九九七）、一四七頁以下。

（73）参照、クーター&ユーレン、前掲書、二六三頁以下。

（74）cf. Dworkin, *Law's Empire*, p. 301 ff.

（75）参照、ロジャー・ミラー、ダニエル・ベンジャミン&ダグラス・ノース（赤羽訳）、経済学で現代社会を読む（日本経済新聞社、一九九五）、六七頁以下。

（76）奥野・鈴村、前掲書、二九二頁以下。参照、ミラー、ベンジャミン&ノース、前掲書、第二部。

（77）参照、クーター&ユーレン、前掲書、二一九頁以下。

（78）参照、クーター、前掲書、七三頁以下。

（79）cf. Ronald Dworkin, *A Matter of Principle*（Harvard U. P., 1985）, p. 245 ff.

（80）参照、ポズナー、前掲書、八七頁以下、一一一頁以下。cf. Dworkin, *op.cit.*, p. 271 ff., do., *Law's Empire*（Harvard U. P., 1986）, p. 297 ff., cf. Richard Delgado, *The Rodrigo Chronicles*（New York Univ. Press, 1995）, ch. 2

（81）参照、本書、第Ⅰ部第三章、六三頁以下。

（82）cf. Allen Buchanan, *Ethics, Efficiency, and the Market*（Oxford U. P., 1985）, p. 78 ff. 参照、ミラー、ベンジャミン&ノース、前掲書、第四、五部。

（83）参照、長谷川、解釈と法思考、一三五頁以下。

（84）本書、第Ⅲ部第二章、二九二頁以下。

（85）Rawls, *op. cit.*, p. 65 ff., Hal Varian, *Variants in Economic Theory*（Edward Elger, 2000）, ch. 2, esp. p. 13 ff. 尚、この種の関係をトリレンマとして捉えるものとして、cf. T. M. Wilkinson, *Freedom, Efficiency and Equality*（MacMillan, 2000）, ch. 6

(86)　自由、平等あるいは効率性といった価値が公共的な形で一定の価値空間を形成しているという見方は、単なる形而上学的想定にとどまらない。それぞれの価値は、特に一七世紀以降現在に至るまでの間に一定の思想史的過程、社会・経済史的過程を経て徐々に様々な社会に浸透しまた拡大してきている。このような過程の結果として、これらの価値はその意味と実践との堆積をすでに形成しているのである。それ故、ここで論じられる価値空間は、その意味の堆積を解釈的に分節化するものとして位置づけられることにもなる。尚、参照、長谷川、前掲書、一八六頁以下。また、参照、ピーター・バーガー&トーマス・ルックマン（山口訳）、日常世界の構成（新曜社、一九七七）、特に第Ⅱ部、および盛山和夫、制度論の構図（創文社、一九九五）、第六、七、九章。

第二章　自立への均しいアクセス

一　自己形成

(一)　自我と生の多様性

公共的価値が保護をめざすものは、個々人の生活である。公共的価値が統括する公共空間には様々な社会的ユニットが存在して関係を形づくっており、それらのユニット独自の価値や世界がありうる。しかしその場合でもそれらの価値や世界は公共的価値によって規整されており、この価値に違背することはできない。しかも、公共的価値への違背において生ずる犠牲は最終的には個々人の生活にふりかかる。様々な社会的ユニットの中で最も傷つきやすい存在は、生身の個々人である。それら個々人の生活こそが社会における最も基底的な要素である以上、公共的価値は究極的にその保護をめざすものとして位置づけられるはずである。

公共的価値が保護すべき個人の生活の可能な内容を論ずるにあたっては一定の人間学を前提とする必要がある。それは公共的価値が保護する目的としての人間のよき生活、あるいは福祉（well-being）のあり方の探究によって与えられるであろう。[1] そして、その福祉についての包括的な見方との連係によってのみ、高次の公共的価値である正義の内容が与えられよう。

そこで、人間の福祉とは何かを考えるためには、まず個々人の生の多様性の事実から出発しなければならない。

人々の生は極めて複雑で、錯綜している。個々の生の内には喜悦、悲惨、憧憬、絶望、幸運、苦難、悲哀、憐憫、憎悪、不安、狂気、構築、破壊、分裂、統合、狂乱、抑圧、傲慢、廉直、虚栄、誠実、利己、慈愛、友情、侮蔑、愛着、軽薄、独善、美、醜悪、欲望、放蕩、理知、そして死などが様々に所と形を変えて現れ、また消えてゆく。そして、それらに満たされた人々の生活はその数ほどに多様であり、またそれらのライフ・ヒストリーはさらに後世代に受け継がれてゆくなかで多様さを増してゆく。人々は各個人、それぞれの家族、それぞれの集団、それぞれの社会において与えられた条件の中、限られた資源の内でそれぞれに固有の生活を抱えている。多くの人はそれぞれの生活において、そのときどきにあるいは生涯を通じて希求せんとするもののために生き、それを全うしようとするが、その一方では、各人の生は自らの意志には関係なく課された重荷でもあり得、各人はそれから脱却せんがために将来に希望を託しつつ流転したりもする。ある人は、平穏で過不足のない人生を送ることができるかもしれない。しかし、ある人は波乱と激動の人生を送るかもしれない。そしてまたある人は平穏な生活が突然に苦難に満たされたものへと陥るかもしれず、また波乱の人生を送ってきた人が知らず知らずの内に平穏な人生へと転ずるかもしれない。あるいは敢えて激動の人生を望み、常に冒険に駆り立てられる人もいるかもしれない。また、各人の生は必ずしも他人のためのものとは限らないし、各自は他人の生活のすべてを知る必要があるわけでもないが、一方で人は他人のために自己を犠牲にして生きることもできる。家族、友人、そして恋人、あるいは無名の人々のために、多々献身的に生きる人もいる。こうして、人々の生にはそれぞれに様々な経験が内と外から現れるが、それらは画一的な型には決して収まらない、状況に応じて様々に変化する経験である。

人々の生活のこのように多様な形態の背後には、各人それぞれの思考、性格、意志、行為、そして環境の相異や変化が深く関わっており、それらも一律に見通すことは困難であろう。そして、人生の中で、人はしばしば、様々な思考や感情や衝動に引き裂かれる自分や世界を感じる。個々人の生活は、当人の理性、感情、意志などのアマルガムの結果である。事実として眺めた場合、各人の思考や行為の動因はそれぞれに異なっている。ある人は感情を抑えて理性的に判断し行為しようとするだろうが、ある人は激情にまかせて行動することもあるだろうし、またある人は欲求の赴くままに時に計算高く時に感情的に思考するであろう。これらの要素がどのように組み合わさり、そしてどのような思考や行為を当人にもたらすかは、たとえ概括的には一定のパタンが見出せるとしても、根源的には千差万別であると言ってよいであろう。それらの組み合わせがいかなるものであり得、それが人間一人一人にいかなる動揺や変化をもたらすかということは、それ自体が極めて興味深い人間学的問題ではあるが、ここで詳細な考察を加えるだけの余裕はない。

実際、そのような人間の複雑さは文学という最も人間的な知的営為のテーマであるであろうし、またモンテーニュのようなモラリストにとっての格好の観察対象であったし、また哲学にとっても人間学という形でより体系的に考察されうるものである。(2) ともあれ、ここで確認したいことは、人は単純に理性に支配されるものでもなければ、ただ感情の奴隷であるわけでもないであろうということである。各人はそれぞれの形において生き、喜び、悩み、悲しみ、そしてその生を全うするのである。

この意味においては、人間はホモ・コンプリカートゥス（homo complicatus）、すなわち複雑人である。(3) 人の思考と行為の内奥の原因や理由に立ち入れば立ち入るほど、その原因や理由は単純ではなくなるであろう。人は、その思考や行為の時点でのインプットのみならず、ライフ・ヒストリーや記憶、そしてまだ見ぬ将来への配慮などをも抱きつつ、思考し行為するものである。これらの諸要素は自己にさえ十分に見通すことのできないような相互作用のなかにあって、人間の思考や行為を形づくり、また方向づける。勿論、このことは或る場合に人が単純な原因や理由から思考したり行為したりすることが皆無であるということを意味しているわけではない。条件反射や激情に駆られた行為、あるいはインスピレーションによる思考なども また人間の特徴である。そして、このような人間の外と内とにおける複雑さが社会に生きる無数の人間に起こるのである。その表層においていかに平穏凡庸であろうとも、本来的には、各人の内部や外部には複雑さが存在している。様々な感情、意志、利益、あるいは関係での多様性、そして混乱、それが人間の生の事実（fact of life）である。ある意味で、人間の生はカオスである。いったいこのカオスは何であり、なぜ人間はこのようなカオスを生きなければならないのか——それは我々には永遠の問いである。ただ言えることは、我々の生とはそのような複雑なものとして不可避の事実だということである。

さらにここで確認すべきことは、そのような複雑さの中に生きているとき、人間はまた、理性や感情や欲求などのコンフリクトの内に生きているということである。人間は既にその存在自体で、対立、相剋、あるいは分裂の可能性に常に曝されている。人間は、他人との関係以前に、まず自己の内での種々の動機づけのコンフリクトに直面する存在である。加えて、人間には他人との間のコンフリクトも存在する。様々な倫理を有する人々が相互に近接して生活する以上、そこには異質の価値観の間のコンフリクトが生ずることは必定である。このような意味で、人間はまた、いわばホモ・コンフリクトゥス（homo conflictus）、すなわち紛争人とでも規定さるべき存在でもある。(4) ただし、他人との間のコンフリクトは自己の内でのそれとは異なって、その解決はより困難になる。倫理の名宛人が同一であれば、そこに起こるコンフリクトも一貫性の要求のもとに整序が容易であるが、名宛人が異なるならば、コンフリクトの整序は人によって異なることになり、そこにはなお対立や相剋が残存することが多い。

人間がホモ・コンフリクトゥスであるならば、それでは、人々は皆、種々の欲求や価値とその対立や相剋に翻弄され、あてどなく彷徨うがごとき生を送るのであろうか。私は基本的にそうではないと考える。どのような形であれ、またどのように困難であれ、人々はまさに各自にとってかけがえのない生を、少なくとも何がしかの意味を求めて生きようとする存在であると私は考える。勿論、それは決して容易い途ではないかもしれない。順風満帆のときばかりではなく、人はしばしば人生に挫折し、逸脱し、また這い上がり、多くそれを繰り返すかもしれない。そうであるならば、人間の生は断片性と不連続に満ちた、全く方向性のないものであるかもしれない。だが、そのような断片や不連続の内においてさえ、人は、自己の生を一定の時間的連続のうえで捉え、そしてそれを可能な限り一貫したものとするべく意味づけようと努めるであろうと私は考える。各自の生がコンフリクトに満ち、またその故に複雑さに満ちている限り、その意味づけは決して単純なあるいは単線的なものではあり得ないかもしれない。人は時に欲求に動かされ、時には冷静さを取り戻し、時に自己を超えた価値にコミットし、また時に感情の鎖につながれることもある。このようなあらゆる可能な動機づけの源泉からその指針を汲み取り、そしてそこから選択をも行いつつ、人はそれぞれに思考し行為し、変容する。しかしながら、人は自己の来し方や行く末を慮かることもある。そのとき人はそれぞれにとって何がしかであれ一貫した人生の物語を構成しようと努めるであろう。

各自の生をそれぞれに追求することには、たとえそれがどのような形と内容のものであれ、それ自体で或る一貫した意義がある。この事実を人々がそれぞれに自己の内で反省し評価するとき、そこには個々人の倫理(ethics)が現れる。(5)人々は倫理によって、自らの思考や行動の説明、正当化を図り、人生のカオスの圧力、現実の重圧を時にはねのけ、また慰め癒そうとする。倫理とは個人的な規範であるが、それは抗事実的な思考と行動の指針として、人々自身の生を導くものである。もっとも、そのような倫理の形態は異なることがある。個人や集団がいかなる倫理を奉ずるかは、それぞれが生の混沌をどのように受け止め、それをいかに理性的に解決しようとするかにかかっている。

ちなみに、ここで言う倫理とは、倫理学ではない。ここで言う倫理とは、様々な人々によって事実として生きられる様々な行為規範を指しており、その学問的反省ではない。各人のこの倫理は各人の問題状況に応じた各人固有のものであり、その内容は様々であり、その明晰さの程度も様々であるだろう。リアリズム、懐疑主義、快楽主義、理性主義、道徳的卓越性、プラグマティズム、状況倫理、ニヒリズム、宗教的信仰、相対主義、普遍主義、共同体主義、あるいは全く脈絡もないオポテュニズム……様々な内容を有する倫理がそこには現れるであろう。これらの倫理はその内容に則して見れば、論理を全く異にしており、そこに多くの共通性があるわけでは必ずしもない。勿論、人々の倫理が一致することもあるかもしれない。しかし、そのような場合でさえ、その一致は部分的なものにとどまるであろう。生の混沌が多様である限り、その多様性に応じて倫理も多様でありうるのである。これに対して、倫理学は種々の倫理の問題性を分析し、一貫した形態を与え、そしてその中から最も倫理的なるものを探り出そうとする知的な試みである。それは倫理の混沌を整序し、よって倫理にあるべき道を示そうとする営為である。(6) しかし、この営為もまた人間のものである限り、そこで提示された倫理学は唯一正しい倫理でもなければ、唯一可能な倫理でもない可能性が大きい。倫理学の産物はこれもまた一つの倫理となって、人間の現実にはね返されることになるであろう。

このような複雑さやコンフリクトに集約される人間の自我と生の多様なあり方に思いを致す限り、人々はその事実を不可避の根元的なものとして尊重しなければならないであろう。人には様々な誕生があり、生活があり、そして死がある。人々は限られた時間の中でその生を追求する。この人間の自我や生の多様性をありのままに受け容れるならば、特定の生の有り様をもって人間のあるべき姿を指定することはできないのである。

(二) 自己形成とその諸相

自我と生との多様性の事実を前提にするならば、よく生きることの核を特定の自我や生のあり方、そしてそれらに連動する倫理のあり方に求めることはできない。特に倫理は個々人のそれぞれの生活の支えであり、それぞれに固有の重要性を持つものである。[7] そして、それらの倫理は互いに争われ、新たな倫理への希求は止むことはないであろう。自我と生の多様性の認識のもとでは、基本的には誰も特権を持つことはできないのであり、あるべき倫理の姿も多様である。

しかし、さらに考察を進めるならば、この各自の生を追求することにも増して、そこには、まさに自ら生きるということとそのこと自体において、人間の生には他の何物にも代え難い本有的な価値があると言えることを忘れてはならないであろう。人々は、好むと好まざるとに拘らず、いかなる形であれ、現実に生きている。この生きていることそれ自体は、人間に与えられた不可避の事実である。何故にかは知り得ないとしても、それを生き抜かねばならないものとして自らの生を引き受け、何らかの形で意味あるものとしようと努めている。その多くが無意味であるかのような場合もないわけではない。そして、たとえ生を無駄にする人がいたとしても、それ自体は他人が関与するものではないこともある。個々人の生は究極的にはあくまでその人固有のものであり、人は最終的には自己の生を自己自身で引き受けなければならない。ただ、各人の生がそれぞれに多様である一方で、一定の生を何がしかの形で生き抜くことそのこと、自らの生を何らかの形で作り続けることそのこと、それはすべての人に共通する最も根元的な意味での生の営みであるはずである。この意味において、人間は根元的な倫理を抱くことができる。すなわち、よりよく生きんとすることそのものは、その具体的内容とは独立に、最も根元的な倫理であると考えられる。

私なりの見方においては、それは統合された正しい生への希求そのものであると思われる。(8) 自我と生の複雑さやコンフリクトがもたらす圧力は、すべての人間的な営為を引き裂くに足るほどの力である。それ故、いかなる生への要求も必ずやその力に侵食され、十全に実現することは困難であろう。しかし、それでは人生において人は刹那主義や価値相対主義、あるいは自己中心主義に甘んじるべきなのだろうか。私の答えは否定的である。人々の生が複雑で錯綜したものである限り、生活や価値の刹那性や相対性は単なる事実でしかない。その認識を誇るのは、まさに怠惰な人間の慰めでしかないだろう。正しい生への希求とはそのような慰めとは異なり、漸進的にであれ何らかの形での人格的統合を求めようとする試みである。そこでは客観性を有する一定の理念を志向することが重要となり、それは生のカオスを何らかの形で整序しようと努めるものである。それはこの生を内側から支える一つの価値的嚮導体、あるいはこの生における種々の葛藤や分裂をつなぎ止める内的なアンカーである。あるいは、それはこの生がもつインテグリティへの志向性、カオスを統合へと転成しようとする力であるとも言えるであろう。また、それはまた生きることそのものの美しさ、あるいは気高さということにもつながってゆくであろう。ここでの問題は、もしそうであるならば統合する力の高い生とそうでないものとを区別できるであろうということである。そこには確かに一定の卓越性への評価が含まれることになる。おそらく生の評価においては、最小限度であれこのような卓越性は含まざるを得ないであろう。しかし、その評価は単に結果として生ずる徳やその内容に関わるものではない。それはむしろよく生きるよう努めていることそれ自体に見出されるものである。人間は既にその存在自体で、対立し、相剋し、分裂しているが、そのような人間が生きるということは理念という内的な嚮導体に支えられた統合への努力を通じてしかあり得ないと考えられる。そして、それは倫理の原点であり、正義や法の究極の目的でもあるのではないだろうか。

ここで確認すべきことは、生の核となるあり方に関する倫理的な解釈がいかなるものであれ、人間の生が究極的には一定の意義に向けられたものであるのならば、さらにそのような自我と生、そして倫理の多様性に通底している根元的な生の共通のあり方、すなわち各自の生の不断の形成がいかなるものであるのかが問われなければならないということである。そして、この多様性の直中にあって、なおかつ人々が各自の生の核において一定の生の意義を共有しうるとすれば、我々はその点にこそ社会における人間の紐帯の可能性を看取しなければならない。

このような意味で、人間の核は各人の自我における生の追求そのものの内に求められよう。そしてそのような生の追求そのものはまさに不断の自己形成と呼ぶべき事態であり、それを支えているのは、多様な自我のそれぞれの基底としてそれらを支えている一定の人格のあり方に他ならないように思われる(9)。では、そのような生のあり方を可能にしている人格とはいかなる形の存在なのだろうか。そしてそれはいかに自己形成を形づくるのであろうか。

一般に人格は、個人の思考や行為の要となる核と考えられている。哲学的にはそのような核が実体的で不変のものであるのか、それとも継時的に変化し、かつ共時的にも記憶の同一性を通じて拡張しうるものであるのかなどが問題となる。直観的には人間の思考や行為の主体性は一定の精神的構造によって支えられているということはあまり疑う余地はなさそうに思われるが、現にそのようなものが人間の心身のどこかに存在するということが十分には確認されず、また、それが仮に可能だとしても様々な社会関係における論理的な同一性要求の産物である可能性も決して小さくはない。しかし、このような人格の同一性に関わる哲学的な問題は今ここで論ずることはしない。ここでは、ある個人の内で、思考や行為の要となる人格がどのようなものとして捉えられるかということだけに注目する。

この点、既に述べられた自我や生の多様性という事実との関わりで重要なのは、人格の多元性ということである。つまり、人々の自我や生が種々の価値や動機づけの複雑な関係の内にある限り、それを支えている個人の人格は基本的に種々の要素が織りなすところのものであるように思われるからである。

人格の多元性は、ある意味では、西洋哲学における霊魂や精神、あるいは人格や自我の観念の歴史の内にその素地が既に看取されると言える。例えば、プラトンの二頭立ての馬車と御者の比喩、アリストテレスの霊魂論などは共に、欲望と気概と理性の三つの異なった部分からなることを共通の認識としている。また、ディヴィッド・ヒュームにおける人格における諸印象や諸観念の束としての人格、あるいは人格内での共和制という議論は人格を構成する要素が極めて多様で変動することの認識を基礎としている。さらに、ウィリアム・ジェームズの自我論においては、意識の流れとしての主我と、その対象としての客我、さらにその客我における物質的、社会的あるいは精神的自我の区分がなされている[10]。これらのいずれにも、少なくとも人格内での多元性の認識が看取されよう。ただし、プラトンやアリストテレスは究極的には理性中心主義に立っていることは言うまでもないし、ジェームズが意識の流れという非実体的な事態であれ主我を常に想定していることは勿論注意する必要がある。また、ヒュームも印象と観念の流動的な塊ではあるものの、そこには一定の同一性が存在しうることを示唆している点にも注意をする必要があるだろう。これらの見方では人格の多元性はなお限定的なものなのである。

その一方、現代の議論において人格の多元性という点でまず興味深いのは、ステュワート・ハンプシャーの唱える手続的な人格の観念である[11]。ハンプシャーは、プラトン以来のマスター・マインドのモデルを批判し、欲望、気概、そして理性のいずれの要素も互いに拮抗し、時には理性以外の要素が支配的になることもあるという考えにまず立つ。そして、これらの要素のダイナミックな関係において人間は多様性へのポテンシャルを有しており、その活動は反省と指示によって制御されてゆく能動的なものである。その全体が人間の思考であり、そこには意識的営為と非意識的営為との複合が看取されるが、ここでは単に理性の命令が重要なのではなく、理性とそれ以外の要素との相互作用が重要となる。またその際には、論理的な思考に加えてそれを可能にする自然言語の獲得の重要性を見逃すことはできない。そして、ハンプシャーは、そのように内部で拮抗する多元的な人格は　定のまともさ（decency）を有しているが、その統合には手続、特に人格の各部分の声を等しく聴くことで決定を下すというプロセスが重要になっていることを指摘しつつ、そこから手続的正義の重要性をも強調するのである。手続的正義の問題はさておき、相互に拮抗するプラトン的要素すべてが人格の重要な構成要素であるとする点でハンプシャーの見方はさらに多元性の認識を強めていると言える。

さらに、多元性の認識はより具体的な人格の属性との関連でも重要である。この点で興味深い議論を展開しているのは、マイケル・ウォルツァーである。[12] ウォルツァーは、人格を三つの相の多元性において把握する。すなわち、第一はその個人が有している自然的な種々の属性、つまり人種や性その他の遺伝的特徴によって生じてくる多元性であり、第二はその個人が形成してきている社会的関係、つまり家族、友人、あるいは帰属集団などによって生じてくる多元性であり、そして第三はその個人が属する社会において与えられている権原や資格、あるいは義務などによって生じてくる多元性である。ウォルツァーのこの見方からすれば、個人の人格はまず三つの相に分裂しており、かつそれぞれの相の具体的な要素や事情によってさらに分裂していることになる。そしてウォルツァーは、自我の全体を様々な意見の人々の間の討論になぞらえ、そこで様々な声に耳を傾けそれらの声を聴き取ってゆく司会者のごとき存在をその基軸とみなしている。その際、そのような人格の中心はあくまで議論を特定の方向にまとめ上げる支配的な存在ではなく、種々の声を聴き取るという謙抑的な役割を与えられている。ここには人格の全体が或る種の対話的関係にあることが示されている。この見方はハンプシャーの捉えるような内部構造の相異にとどまらず、人格が具体的かつ個別的に有する種々の属性が複雑に絡み合うという形でより深く多元的な人格のあり方を示唆しているが、いわば人格の構造の本有的な多元性と人格の属性の偶有的な多元性とは相互補完的でもあり、二つ相俟っていっそう深く多元的な人格のあり方を示唆していると言えるであろう。

私には、基本的にこれらの現代の見方が或る適切な点を捉えているように見える。私の考えでは、人間は既にその存在自体で諸々の価値をその内に抱え込み、そしてそれらの価値は分裂し、相剋している。ハンプシャーやウォルツァーも同様の発想をしているように、社会的に存在している諸価値の相剋の状況はまた人間というミクロコスモスの内でも存在しているのである。むしろ真実は、人間一人一人がそのように分裂や相剋を抱えているからこそ、また社会もそうであるのだろう。

しかしながら、まず、ウォルツァーがそのような分裂や相剋をほとんどそのままに受容することには疑問がある。ウォルツァーにとって多元的な人格の統合とは決して強い意味ではあり得ない。それは内部の異質な声に耳を傾けること以上には出ていない。しかし、ウォルツァーとは異なって、私には、自己の内外に多元性を抱える人間が生きるということは、一定の生の目的との関連での統合への努力を通じてしかあり得ないように思われる。(13) 人格のなかに胚胎する様々な声はそれ自体としてはあまりに多様であり、またコンフリクトを起こす。複数の人格の間ではそのコンフリクトも放任しておくことは不可能ではないが、他ならぬ一つの人格のもとではそのコンフリクトは何らかの形で統合されていなければならない。たとえ或る感情をそのまま放置しておくとしても、それはその感情が自走して人格を乱すことがないという保障のもとで初めて可能になるだろう。ただし、その一方で、このような統合は必ずしも或る特定の生に向けられたものではない。というのも、既に述べて来たように、人間の個々の生は多様であるからである。そうであるならば、ここで重要なのは、ある生の目的が与えられるときにそれと内在的で必然的な関係に立つところの統合への志向性そのものであるだろう。各人は各自に生きようとする。そこには、自ら生きるということそのこと自体において、他の何物にも代え難い木有的な価値がある。生き抜かねばならないものとして自らの生を引き受け、その生を有意義に生き抜こうとしていることこそ、根元的なインテグリティであろう。

このような統合性を捉えようとするとき、そこには幾つかの見方がある。まずハンプシャーは、既に触れたように、理性や感情あるいは意志の間には一定の手続による統合が可能であると主張する。ハンプシャーがここでいかなる手続によってこれらの相対立する要素の間に調停が可能だと考えているのかは明確ではない。しかし、これらの異質な要素が曲がりなりにも調和できるとすれば、そこには何らかの対話が行われなければならず、そしてそれが一定の調和に至るためには合理的なステップが踏まれてゆかなければならないだろう。しかしながら、手続の設定につきまとう問題はそれがいかなる規準によって合意を生み出しうるかということである。ハンプシャーの議論もこの弊を免れそうにはない。とりわけ、人格の手続的観念が成り立つには理性、感情、あるいは意志の相剋を一定の形で方向づける人格の実質的な志向性を与える条件が必要である。それ故、問題は手続よりもその実質的背景を与える何らかの規準にある。

では、そのような条件はいかにして把握されるであろうか。一つの可能性は、ジョン・ロールズのように、個々人が特定の生のあり方を構想し、またそれを遂行するという二つの道徳的能力を有するということに求めるものである(14)。この人格のあり方は、一定の合理的行為の理論によって明確化される。人間は一定の人生計画をもち、それにしたがって行為する存在である。この計画は人によって異なり、その内容は多様であるものの、合理的選択の一般的原理と矛盾しない形で選択される限り、個々の計画には優劣の差がなく、すべてが合理的である。また、この合理的計画は長期的に見て概括性を持つものであり、具体的な事情に応じて更に詳細化され、実行に移される。この場合、人間は、計画を最良の形で実現できる手段を選択するという有効手段の原理や、他に比べてより多くの目的を達成できる計画を追求するという包括性の原理、そして目的達成の可能性がより大きい方の計画を選択するという有望性の原理などによって計画を定めてゆく。人間にとって可能なあらゆる目的や利益を促進することのできる、より達成しやすい計画をもち、その実現のために最良の手段を選んでゆくことは、その計画によって獲得されうる幸福を増進するし、その計画が実現されてゆくほど人間はさらに複雑で大きな計画を進めようとする願望を深化させる。尚、このような計画の実現の過程においては、人間は、欲求や目的の一般的特徴やその相対的強度、代替的な選択肢、その他実現に必要な情報、計画実現の段階や連続性の評価などに関わる選択の方法などを十分に知っている。また、人間は自己の計画の遂行においては、選択に後悔せず自己責任を負うものであり、また他人に対する羨望に動かされることもないのである。さらに、そのような計画の遂行においては、一般的な心理的動機づけとして、人々は自己の力量に応じてより複雑な活動を希求してゆく傾向があり、そのような希求によって相互に刺激し合うこともある。それ故、合理的な人生計画はこの希求の可能性をも考慮に入れる必要があり、それによって究極的には自尊の基盤をもつくることとなる。

このロールズの見方は、特に人生計画の選択と実行の形式的構造の主知主義的な分析に特徴がある。すなわち、そこで予定されている人格の構造はライフ・プランを理性的に設計し、それを実行に移すことのできる力をもったものとなっており、そのような理性的な人格能力の故にまた自己責任や羨望からの自由が保障されている。しかし、これはあくまで一般的な合理的選択の態様で捉えられた人格のあり方であるために、個々人の思考や行為の内的なダイナミズムを捉えるものでは必ずしもない。それは、個人の思考や行為の内的で継続的な活動状態の有り様についての把握に欠けるところがある。加えて、人格の相対的多様性の認識からすれば、理性的な人生設計力が重要であること自体に関してはさらに説明が必要である。実際、ハンプシャーもウォルツァーも、種々の人格的要素、あるいは役割、自然属性、抱懐する諸原則などに引き裂かれながらもそれらを何らかの形で統合しつつ思考し行為する人格のあり方を主張して、主知主義的で一元的な人格観念を批判しているのである。

この点で注目に値するのは、アマルティア・センによる人格の多次元的な活動状態の理解である。[15]センにとって最も基本的な個人のあり方はその活動状態の多様性ということである。個々人は、身体・生理的あるいは社会・環境的にそれぞれに異なった条件のもとで生活しており、そのあり方はそれらの条件の総体としての種々の活動機能によって多様な形で規定される。しかし、それらの活動機能が何らかの欠損によって十全に働かないときには、その活動機能の発揮によって得られるはずの個々人の利益の享受は十分ではない。ここで重要なのは個々人の活動能力である。活動能力は、体を動かして移動すること、必要な栄養を摂取すること、あるいは必要な衣料や家を入手すること、社会生活への参加などの重要な活動機能が適切な形で発揮されてゆくための基本条件を定めるものであり、資源を種々の活動機能の展開を通じて一定の目的達成へと転換させてゆくことのできる基本的な力である。この個人の活動能力には様々な種類があるが、その中でも、個々人が生存し一定の有意義な生活を営むために、特に栄養摂取、疾病の回避、住居の確保などは基本的な活動能力となる。この活動能力は福祉の享受のための単なる手段ではなく、むしろそれ自体が福祉の構成要素である。すなわち、重要な活動能力が十分に満たされ、それによって個人が自己の有しうる活動機能を十全に果たすことが、とりもなおさず福祉の享受なのである。そして、それはまた、個人が一定の活動能力を通じて本来の活動機能を果たしてゆくという意味で或る種の積極的自由を有することにもなる。センの考えでは、活動能力の十全な展開こそが真の自由の享受として評価されるべきものである。

センの言う多次元的な活動能力の集合としての個人という考えは、ロールズの考えとは異なって、個人の人格を構成している様々な機能と能力そのものに着目し、個人が思考し行為する時の基礎的で実質的な諸条件を明らかにするものである。[16] ロールズとの比較で言えば、センは人生計画を選択し実行する個々人の道徳的能力をさらに支えている個々人の全身体的な基盤とその多次元的な働きの協調状態に焦点を当てているのであり、この点で個々人の思考や行為の内的なダイナミズムの一面に迫ることのできる見方であると言える。同時にこの見方は、活動機能や活動能力が多次元的なベクトル的要素であることの認識を通じて、人格の多元性を把握してもいると言えよう。しかしながら、このような意義にもかかわらず、センの見方は一面の静態性を免れてはいない。というのは、そこでは個人の多次元的な活動のベクトルがいかなる方向へ作動するときに個人が十分な生活を行うことになるのか、そのような活動状態を示す個人がどのように生活を構築し、それを追求し、そしてさらに修正や変更を加えてゆくことが重要なのかという側面について、必ずしも十分な議論がなされているわけではないからである。

この点で、センと同様の個々人の活動次元に焦点を当てながら、センとは異なった動態的な側面において人格のあり方を把握しようとしているのはロナルド・ドゥオーキンである。[17] ドゥオーキンの見る人格のあり方はチャレンジという観念に集約される。各人が多様な人生のあり方のもとでその生の追求そのものにおいてより善きことを目指して全力を果すところに、ドゥオーキンは生の中核を看取する。このチャレンジはよき術を発揮した行為の遂行という点でアリストテレス的な観念でもあり、そしてまた多様な自我を統合している人格に支えられる。また、チャレンジは主観的な倫理的価値であるが、与えられた状況への正しい応答という意味でそれを取り巻く客観的な条件とも連動しているものである。チャレンジの実現の際の種々の環境的条件、すなわち健康、身体的能力、生命の期間、物質的資源、友情や交友、コミットメント、家族や人種、国家の伝統、憲法・法律制度、知的文芸的あるいは哲学的な機会、言語と文化などは、チャレンジにおける規範的なパラメータとして内的な意義を有している。これらの中には、チャレンジの本質的条件としてそれなくしてはチャレンジがそもそも意味をなさなくなるような固いパラメータと、その違背はチャレンジの価値を減ずるが全面的に破棄をするものではないような柔らかいパラメータとが分かれる。とりわけ正義は、正しい資源の享受として、チャレンジにとって重要な規範的パラメータとなる。チャレンジは、よき生活そのものが有すべき資源の有りようの適正な状態が実現されなければ、状況への正しい応答足り得ないのである。ただし、正義は固いパラメータであるよりは、柔らかいものである。正義のないチャレンジが全く無意味であるわけではないからである。正義はチャレンジの内在的な条件であるが、正しい資源の享受は人々にとってよき生の指針を与えうる批判的利益の義務論的な重要性それ自体に応じて定まる。

人間がこのような形でそれぞれの善き生活を追求しようとするときに、制度が何かを保障しようとするならば、それは重要な福祉に関わる財である。そして、その際に行われる保障は、人々がそのような財を得ながら追求する結果としての生の有り様ではなく、むしろ人々がそのような財を得ながら特定の生を追求することそのもの、すなわち、各自の生に挑むことを焦点とするものである。ドゥオーキンの考えでは、人間の様々な生がそれ固有の意義をもつのは、様々な生が結果としてもたらす利益の種類や多寡によるのではない。それは、例えば種々の芸術的パフォーマンスのすばらしさがその結果としてもたらすものよりもむしろそのパフォーマンスそのものの純粋さや美しさによって定まるのと同じように、よりよく生きようとすることそのことによって定まるのである。そしてまた、人々の生がそのようなものである限り、それに制度的に関わる正義などの道徳もまた、人々がよりよく生きることそのことの条件として意義を有するはずである。ここでは人々の福祉はそのチャレンジの可能性そのものであり、抽象的な生の基盤として誰にとっても同等である。そして福祉の内実を与えるものとしての資源は均等でなければならない。資源の不均衡はチャレンジという倫理的な生のあり方そのものの問題を不当に政治化してしまい、かえって倫理的アイデンティティを毀損する。ここで必要な資源には不偏的資源と個人的（私的）資源とがあるが、ドゥオーキンの考えでは、平等の保障が及ぶべきは環境的条件に関する不偏的資源のみであり、選好、趣味、確信、傾向、大志、愛着などの個人的な事柄には間接的に保障が及ぶだけである。

かくして、ドゥオーキンは、社会の種々の条件のなかでそれらを可能な限り活用することでチャレンジを続ける個人のあり方を捉え、その環境的条件を資源の平等によって確保しながら、不断に試みられる個人の倫理的生活の発展を重視する。このようなドゥオーキンの福祉の観念が、ロールズの合理的人生計画を遂行する個人やセンの諸活動機能を十全に発揮しつつ生を送る個人の像と共通点を有することは明らかである。しかし、ロールズとドゥオーキンとの間では、個々人の活動のダイナミズムたる自己充実（self-fulfillment）に関する把握において相異がある。すなわち、ロールズはいわゆるアリストテレス的原理を道徳能力の発揮を下支えする補完的傾向性としてのみ理解するのに対して、ドゥオーキンはチャレンジという活動における一定の自己充実プロセスそのものを人格の核心として評価する。(18) その一方で、センとドゥオーキンとの間では、センが個人の生活の基本的活動能力の共通性を捉えようとしているのに対して、ドゥオーキンは個人の生活の倫理的形式の共通性を捉えようとしているし、またセンの見方では福祉は基本的活動能力の多様な指標を通じて計られ、多様な比重の資源要求へと結びつくが、ドゥオーキンの見方では福祉は一定の行為形式において計られ、同等の資源要求へと結びついてゆくという相異が見られる。また、センの考えでは、この問題は自由の観念の問題でもある。すなわち、前章で触れたマッカラムの三項関係で言えば、センの観念は主体的自由と福利的自由との結合としてこの関係を捉え直し、しかもこの自由自体が可能となっている基盤的条件を重視しているのである。このようなセンの自由の観念は確かにマッカフムの三項関係よりも深層レヴェルに至っている一方で、ドゥオーキンのチャレンジの観念は先の三項関係に則して自由な目的追求を重視していると言える。ただし、別の角度から見れば、チャレンジの観念は特有の深さを有している。すなわち、例えば合理的人生計画を遂行する個人はその社会的優先財をまさに全目的的な最小限の手段として求めることになる一方で、諸活動機能を十全に発揮すべき個人はそこで必要な多くの活動能力をその生の基盤それ自体として求めることになるのであるが、これらに対してチャレンジを続ける個人にとっての資源とはそれが活動の基盤であると同時により善き人生統合を志向するためのステップとなるのである。勿論そこに特定の卓越した人生の目的が予め設定されているわけではない。人生の目的は多様である。にもかかわらず、ドゥオーキンにとって人は各自の最も善き人生を求めて成長してゆくべき存在であり、資源はそのような成長への志向を継続的に支えるべきものである。このような相異を持つセンとドゥオーキンとの見方は基本的には矛盾するものではなく、人格の深奥におけるダイナミズムの内的および外的側面をそれぞれに示していると言えるかもしれない。センの言う活動能力はドゥオーキンの言う倫理的自立のための資源の一環であり、それによってより特定されると言えるであろう。なぜ活動能力の保障が重要なのかと言えば、それは社会構成員各人の倫理的自立を保全し促進するためなのである。

しかしながら、このように重要なセンとドゥオーキンの議論ではあるが、それぞれには一定の難点がある。すなわち、センの言う活動能力にはその基軸となる枠組がない一方で、ドゥオーキンの言うチャレンジには一定の実質ないしは構造の認識が欠けているのである。チャレンジがその実現のために種々の資源を要するという考えはロールズのそれとほぼ同様のものであり、一方活動能力の保障には多元的な保障が必要だとするとそこにはどのような能力の保障を優先させるかという問題が生ずる。これらのことは結局、人格の内発的なダイナミズムを統一的に表現するための理論が未だ欠けていることを示唆するであろう[19]。つまり、ここで必要なのは、ロールズのように形式的ではなく一定の構造を与え、その一方でドゥオーキンとは異なって一定の実体を備えたダイナミズムを示し、かつセンのとも異なって一定の基軸のうえに種々の活動能力を位置づけることのできるような、より根元的なレヴェルでの人格的統合の観念である。

私は、まず、人格そのものの核を成す基本的な構成要素には、情動的反応を中心とする部分、知性的判断を中心とする部分、そして意志的態度を中心とする三つの部分があると考える。しかし、ハンプシャーが主張するように、この全体は必ずしも常に知性的な部分によって制御されているわけではない。三つの各部分は場合に応じてイニシァティヴを取りうるのであり、いずれかが優位することで個人の思考や行為を規定するかはそれらのトータルな作用に依存している[20]。とりわけ、感情的な部分や意志的な部分の豊かさや強さは、個々人のなかでの多元性や人間生活の多様性との関係で再確認する必要がある。それらはしばしば人生の色調を変え、新たな世界を開くものである。勿論、そこには一定のバランスをもたらす力が働いているが、それはハンプシャーが考えるような手続的作用によるのではなく、何かしら実質的な力によって可能になっていると私は考える。そして、そのような作用のいわば表現型として、ウォルツァーが指摘したように個々人のアイデンティティに関わる多様な相が現れるであろう。人格の表現型としての個々人のアイデンティティは確かに時に分裂するほどに多様なものとなる。例えば私は日本人、男性、教師、夫、父親、市民といった、時に対立し相剋することもある複数のアイデンティティのもとに生きている。ただし、ウォルツァーが考えたようなそれぞれの相の分裂の可能性を私は強くは捉えない。これらの相が、先の実質的な統合力の結果として、通常は適正なバランスのもとに共存し両立することができると考えられるからである。

既に触れたように、私の考えでは、人間の生を支えるのは種々のカオスの圧力に抗しつつも試みられる、統合された正しい生への希求そのものである。勿論、分裂症や多重人格症のような精神病理の例外時は別であるが、たとえ種々の葛藤があったとしても、それが統合されるのでなければ人々が精神的な安定を保つことは難しいであろう。この場合、そこでは一定の統合的判断力が重要となると思われる。つまり、自己がいかなる状況にあり、いかなる志向を有し、いかに行為しようとするかを、どのような形であれ理解し、修正し、そして促進できるためには、人間は何らかの意識的な判断を必要とするからである。[21]その意味では、三つの部分の中では知性的部分が相対的に大きな比重をもって作用するのであり、そしてこのことは三部分の統合作用としての一定の判断力の存在に依拠していると考えられる。この判断力は、様々に変化する人間心理的動態から離れ、個々の心理的動態をいわば脱中心化して、個々人を一定の普遍的相のもとで捉え直すという概念的転換を可能にする力であり、そこから過去と現在の人間のあり方を見据え、それをよりよき形で未来へとつないで自己充実を図ってゆくようなプログレッシヴな力であるだろう。

実際、人々は、自己の有り様を何がしかの形で把握しさらに再構成しようとしているときには、この判断力の次元に移行している。勿論、人によっては、この次元に移行していることが気づかれないこともある。しかしながら、人々が日常生活において何がしかの自己反省を行うとき、そこには既にこの判断力が働いている。それは、仮に自己の情動や意志が強く否定してもなお、またそれによって知性が揺り動かされてもなお、人格を統合しつつ一定の価値を実現するという規範的な態度を生み出す源泉である。勿論、そこで発揮される判断力が常に完璧であるとは限らない。むしろ、それは不完全であり、また可謬的なものであるだろう。しかし、ここで重要なのは、どのような人にもそのような力が存在し、またそれによって自己の人生を統合されたものたらしめようとしているという根元的な事実である。

では、そのような統合的判断力とはいかなる構造を有しているのだろうか。

ここで、私はそれを次のような精神における三つの解釈学的作用の複合円環として捉える。すなわち、感受性と構想力と実行力との三対から成る複合円環である。ここで言う感受性とは個人や他人における自我や生の多様性を理解し把握する力であり、構想力とはその把握を踏まえてよりよい方向へと人生のあり方を構成してゆく力であり、実行力とは現実の制約のもとでも最大限に自己の構想する生を実現してゆく力である。そして、それらが直面する様々な相剋はまた新たな感受性を覚醒させ、新たな構想力を喚起し、そして新たな実行力を発揮させることになってゆくであろう。これらが円環的に作動することによって、人々はそれぞれの様々な問題状況を理解し、そこからあるべき思考と行為の方向を考察し、そして可能な範囲と仕方において最大限にそれを具体化し、そのことによってさらに新たな状況を生み出し、そしてそれを感知することでさらに新たな思考と行為の円環作用へと入り込むことを繰り返しながら、継続的に自己のあり方を模索し形づくることを試みてゆく。人々が置かれる問題状況や、それが希求し実現しようとする特定の生のあり方などがいかなるものであれ、この解釈学的な三対複合はその統合力によって、知性、感情、意志の三つの部分の働きを適正なものとし、多様なアイデンティティの間の統合を果たしながら、人間はよりよき生をその都度に生み出してゆくのである。私はこのような人格の状態を自己形成と捉える。[22] そして、このような自己形成はその内容の多様性や能力の程度の相異にも拘わらず、社会の誰もが同じようにしてそれぞれに遂行していることである。社会の構成員たる個々人のすべてが自己形成の過程の内にあるという認識は、社会の観点から個人を尊重し配慮する場合の重要な基準点ともなるはずである。

二　自立への均しいアクセス

(一)　公共的観点と自己形成

個々人において自己形成が重要であるということは、社会全体として見た場合、多数の自己形成の過程がそれぞれの個人の角度から重視されているということである。このとき、自己形成に関しては、各人の観点におけるそれと社会におけるそれとの二つの位相を区別する必要が出てくるであろう。

この点で、既に前章において述べたトーマス・ネーゲルの議論がここでも注意に値する。ネーゲルは個別的観点と不偏的観点との対照を指摘し、さらにこれら二つの観点が一定の形で統合される形式を分析した。個別的観点と不偏的観点との対照は、それぞれが相互に解消不可能な独自性を持つことを示しており、それ故その統合には観点の共存という形式が重要となる。特に政治哲学の領域でネーゲルがこのような共存について示唆したのは、カント的観点による調停である。カント的観点は個別的観点と不偏的観点とを後者の相対的優位のもとで統合し、そこでは、誰もが合理的に拒否することのできない理由を根拠とした公平性を軸に社会制度が規定され、そこでは自由や寛容と共に最底辺の人々の生活保障を基本とするリベラルな平等の要求が派生するのである。

ネーゲルの言うこのようなカント的観点は、既に述べたように、公共的観点の一つの形態であるが、一般的に言えば、この公共的観点は個別的観点と不偏的観点の双方からの要請を、それぞれの独自性を保ちながら均衡させるような規範的理論によって与えられる。しかも、その規範的理論は、観点のコンフリクトを的確に処理する価値規準を与えることのできる、複合的なものでなければならない。ここで重要な規範的理論の構造は、一般的には次のような形で考えられるであろう。個別的観点と不偏的観点とを公共的に何らかの形で調停する規範的理論は、二つの観点を統合するための焦点を必要とする。その場合、統合されるべき一方の観点が個別的なものであるため、そこには不偏的に保護されるべき個人のあり方に関するある概念が必要になるが、ここで重要となるのは福祉の概念である。[23] 規範的配慮が個人に向けられるか、集団にも向けられるか、そしてそれはいかにしてであるかといったことは、当の理論に依存して定まるが、いずれにしても現実的には、社会の基本的な構成単位となるものの福祉が一定の財によって実現されるべきことがその目的であるということには疑問はないであろう。そして、とりわけ個人の福祉は規範的理論の究極的な目的となるはずである。実際、既存の様々な正義論は特定の正義原則を展開し正当化しようとしてきたが、これらの理論にはそれぞれに相応した福祉の観念が伴っており、それが正義原理の内容や射程を規定してもいるのである。

この福祉を考えるためには次のことに注意する必要がある。まず、規範的配慮は、それ自体が公共的な観点に立つものであるため、その一面で公共的な角度からする福祉の観念を有する必要があると共に、他面でその福祉の実現のために一定の財を公共的に分配するための一般的規準の観念を持つ必要がある。そして、この意味での福祉を考えるためには、一定の公共性を持つ人格の理論が不可欠である。[24] 何が個人にとって福祉であるかという議論は、個人とはいかなる存在であるかという議論と相応している。この点では、既に自己形成のあり方について論じたことが改めて重要になるであろう。それに加えて、福祉と財の分配のあり方とは一定の道徳的原理によって連結されている。多くの場合、そこでは一定の人格のあり方を支える条件となる種々の財の保全という角度から福祉のあり方が考えられているのであるが、そこでは、福祉と財の分配のあり方は公共的な規範的理論の最終目的となる個人のあり方を実現することにとっての適切な焦点とその手段という関係にあることが看取されるであろう。そして、さらにそのメタ－レヴェルにおいては、福祉の観念と財の分配基準とを結合させる一般的規則そのものがいかなる存在性格や規整機能を有しているかということの観念もまた重要な意味を持つことになるであろう。正義の諸原則は、福祉の観念とその実現の規準を内属させると共に、それらを橋渡しししているのである。

ただし、ここで改めて注意すべきことは、公共的観点から見た場合の人格とその福祉の論理的位相の問題である。例えば、小説による表現の自由を要求するときやあるいは難病治療に対する公的助成を求める場合を考えてみよう。表現の自由の要求は、個別的観点においては内発的で切実な表現欲求や自己のライフ・プランの反映であるが、それを外側から眺めることになる公共的観点においては、その要求は一定の私秘的性格を有するものとなる。また、難病治療が求められる場合、そのときの病状や障害の度合いは個人には明白に感覚されるものであっても、外側からそれを計ることは難しい。これらの場合のように、個別的観点における認識と公共的観点からのその認定との間には乖離が存在する。つまり、公共的観点においては、個人に固有の内発的動機や健康状態そのものは個人の活動や不活動の背景に退いたものであり、むしろ結果として現象している活動や不活動の外的な状態だけが有意義となるのである。それ故、公共的観点から判断される福祉は各人固有の状態に相即するものにはそもそもなり得ない。このことは、個別的観点が公共的に取り上げられる場合でもなおそこには限界が存在し、公共的な意味での福祉は常に個人に対して一定の批判的な距離をもつことになることを意味している。そしてまた、この点では、規範的理論によって保障されるべき公共的な意味での福祉の内容がそれを規定する人格のあり方とのセットによって定められるというとき、この人格もまた各人固有のあり方そのものではあり得ず、あくまで公共的にレレヴァントであると考えられる限りでのあり方、すなわち公共的人格であることには注意する必要がある。

尚、このような公共的観点の個別的観点に対する限界は、さらにその観点が取り上げるものが個別的観点のみならず不偏的観点からの要求をも含みうることによって、いっそう強められる。既に述べたように、公共的観点は、個別的観点と他の観点との相剋を裁定するための視座であり、場合に応じて個別的観点に制約を課することがあるからである。[25] 換言すれば、それは対立し拮抗する価値や利害のための社会秩序の観点なのであって、そこには共存すべき他人や集団の価値や利害、あるいは分配されるべき資源そのものの稀少性の問題が常に存在していることを考慮に入れて個人の福祉を考えなければならない。

さて、以上のような公共的観点を形づくる規範的理論の一般的条件を念頭に置くならば、先の節で述べた自己形成は、一面では理論の一端となる人格概念となり、また他面では、それに伴って、公共的観点の焦点となる意味を持つ概念であることとなる。そうであるならば、ここでは、自己形成がいわば内と外における二面性を有することに注意しなければならず、かつ自己形成の公共的な把握は基本的にその外側面の問題であることにも注意しなければならない。

実際、個々人の生活は極めて多様であり、その場合には、それぞれの生活の基盤を成す自己形成の過程も当然に特定の生活に向けられた努力の源泉として捉えられる。この場合の個人の私的な自己形成過程には、公共空間にはもたらされ得ない固有の倫理的意義が存在している。それは個人のライフ・ヒストリーにおいて成り立つ経験、性格そして習慣などからなる各人独自の生活の意味であって、感受性・構想力・実行力の解釈学的な複合円環によって発展させられるものである。この側面での自己形成は、各人の生そのものの動きによって、維持され保全される。内発的な保全は各人の徳、倫理、努力の問題であり、自己責任の問題でもある。それが全うされればされるほど、その人の生は美しく気高い。たとえ、他人が侵害してもそれには些かも変化はない。また、他人が関与することでそれが完全になるわけでもない。ここで美しく気高いことはその人自身の価値である。

しかしながら、公共的観点から見られた各人の自己形成やその行為境域は、それぞれの特定の生活状態そのものとは直接の関連はない。公共的観点から見られた個人は、各自に共通の一定の客観的属性としての公共的人格においてのみ捉えられる。そして、公共的人格における自己形成とはあくまで公共的価値にとって意義のある人格の状態であり、その状態を担う個々人の観点で捉えられるものとは位相を異にする。公共的観点は、種々の価値ファクターを規範的理論を介して共存させるものである。それ故、一定の自己形成がそのような公共的価値と関連性を有するとすれば、それは種々の価値を連接させうる共通の焦点となって、種々の価値を整序するための目的とならなければならない。そうであるとすれば、この場合の自己形成とは、あくまで公共的な見地から誰の場合にもアクセス可能な部分でなければならないであろう。特定の生活に対する基盤として個々に共通する条件となる自己形成が公共的には有意義なものであり、そして、この見地においてのみ、特定人格の基礎としての自己形成は公共的観点から見られた人間の普遍的な有り様と一致するのである。

このような形で可能になる人格の外的な保全は、各人相互の尊敬、寛容、援助の眼ざしからの問題である。それが十分なものであればあるほど、内的な保全はいっそう容易になり、各人は安んじて自己の生に向かうことができるようになる。内的な保全は各人の責任で処理できるものである限りは各人自身の問題であるが、それは時として不十分なままである。そして各人が処理できないその不十分さが各人の外側に現れ、他人との関係での何らかの不利益や害悪となるならば、それは外的な保全の問題となる。そのとき外的な保全は、内的な保全を救済しなければならず、そこには積極的な援助も必要になる。また、そのためにはルールと強制も必要になるだろう。もっとも、人格の内と外との明確な境界づけは難しい。人格に対するより厚い関心からすれば、その内側の問題は直ちに外的な保全の問題であるし、逆により薄い関心からすればほとんどは内的な保全だけが問題となる。しかし、人格に関わるすべての事柄が内的な保全の問題、つまりは自己責任の問題であると言い切ることはできないのは明白である。消極的自由の保護でさえもその基本は人格の外的な保全である。それ故、各人の内発的な固有性の展開を外的に保護する一方で各人の決定を尊重するという二つの側面を適切に区分けすることがここでは重要となる。

外的な保全の具体的なあり方は、公共的価値のあり方に依存する。公共的価値が目的とするものは、その価値の観点から見通される社会秩序上での理想状態であり、それは個々人の間の一定の関係性である。とりわけ前章で論じられた自由・平等・効率性のトリプレックスの統御という価値のあり方においては、一定の機能領域の区分において、一定の規範平面上で個々人の間の不当な格差が存在せず、また当の規範平面内では不当な干渉が存在せず、そして可能な規範平面上で個々人の利益が効率的に充足されているという適正なバランスのとれた関係が、個々人の間に求められている。公共的人格はこのような関係がレレヴァントであるような人間の普遍的な様態である。この意味での人格とその核となる自己形成とはいかなる特定の生活にとっても基本となる条件であり、その限りでの福祉を人々にもたらすものである。

ここで展開されている個々人の存在を内的と外的との二つの側面において捉える議論のもう一つの問題は、個々人がこのような観点の共存をいかに引き受けることができるかということであろう。この点では、先に述べたネーゲルによる観点の議論が、倫理的な次元でも繰り返される[26]。ネーゲルによれば、観点の共存を可能にする理論は、非実在性、部分性、複数性といった条件を満たすべきであり、そこで試みられる理論は必ずしも完全なものたりうるわけでもなく、さらにその試みは多様な形でなされうるものであった。そして価値のコンフリクトの解決をめぐる共存という方途に関して、ネーゲルがカント的観点と呼んだ議論のアナログを倫理的次元に移し替えるならば、個々人はそれぞれの内部で自己の客観的ないしは社会的な条件と自己の内部を規定する条件とを一定の超越的観点から見通すことができるということになるだろう。ここで言われる超越的な観点は個々人の各側面の互換性の要請を示しており、そして、この公平の価値が基軸となって個々人の私空間が構築され、その内で観点の統合が果たされるのである。この個々人における統合は、各人の判断能力に裏打ちされたものであり、また同時に公共的観点からも支えられて、そこで個人と社会とが重なり合っている。

このようにして個人は社会を自らのうちに取り込み、また社会は個人からその基盤を得る。ここにはまさに個人と社会との相互作用が存在している。この意味で、公共的見地からの自己形成の観念は個人と社会との接点となるのである。

(二)　自立への均しいアクセス

自己形成を公共的観点から捉えるとき、そこでは複数の多様な形成過程において社会的に表現されている人間生活の一般的態様を把握しなければならない。この場合、公共的に捉えられる自己形成とは個々人の生活がそれぞれに形成され、活動し、そして成長してゆく際の共通軸となるものである。それ故、そのような過程全体の規整を行うべき公共的価値の目的との関係で重要なのは個々人の活動条件の保障であり、それは個々人の多様な活動が可能になる環境的条件を保全するということである。個々人の自己形成は純粋に内発的にのみ行われる活動ではなく、社会における資源や人間関係を活用しながら行われてゆくものである。自己形成の内的な構造である感受性・構想力・実行力という複合円環はその素材として一定の社会的環境を予定している。そうであるならば、自己形成の公共的な保全とは、自己形成を支え、促進し、そしてその達成を可能にし、そしてさらに新たな自己形成へと還帰させるという活動のコンテクストの維持であるだろう。

その場合、この活動のコンテクストとしては、まず自己形成の基盤、経路、そして成果という三つの活動局面が重要である。これらの活動局面は、人格がいかなる内容の自己形成を展開するとしても、種々の行為態様に共通する属性である。

ここで、自己形成の基盤とは、自己形成がそのもとで行われるはずの行為の場のあり方、換言すれば自己形成を行うものの行為資格の問題である。それは、種々の活動において感受性・構築力・実行力の円環を起動させ各自の活動へと誘うための出発点の問題であり、人格の基礎における個体的な均等性、個々の人格の相対的な独立性と社会性、その道徳的な権限資格などが注目されなければならない。自己形成の経路とは、自己形成に必要な能力を発揮して望まれる自己を形づくってゆくプロセスそのものである。それは、種々の活動において感受性・構築力・実行力の円環を実際に作動させてゆく条件の問題であり、人格が個人的あるいは社会的に働き活動してゆく際に有すべき能力や権限、あるいは制約の要件が注意されるべきである。そして、自己形成の成果とは、各自の自己形成の結果として生じてくる種々の産物を共に分け合う達成の保障の問題である。それは、種々の活動において感受性・構想力・実行力の円環の産物を適切に還元して各自の活動を継続的に起動させ作動させ続ける条件の問題であり、人格が働いて得られるはずの活動結果が当該人格の発展やさらなる活動の促進を阻害しないようにするための制約の要件が注意されなければならないであろう。かくして、私は公共的人格の枠組を、まず、活動資格——活動能力——活動結果という三つの活動局面の区別として構成する。公共的な保障はこれらの局面のうちのいずれかにおける一定の資源に関わるものである。これとの関連で、既に触れた環境と選択という要素は、活動資格の方へ寄ればよるほど環境的要素が、逆に活動結果の方へ寄ればよるほど選択的要素が強くなると言える。

このような活動局面の区別の一方で、公共的価値の働きは種々の活動領域に応じてまた異なりうることに注意する必要がある。

一般に価値は、抽象原理、文脈的内容、具体的実現という形で連結され展開してゆく。これは、抽象的次元の価値が種々の文脈的条件や個別ケースの条件によって内容的に具体化されてゆく状態でもある。例えば、平等という価値は、それ自体としては「等しきものは等しく、等しからざるものは等しからざるように」といった抽象的な内容規定において与えられる。[27]しかし、それは当然、種々の具体的問題場面において、誰に、何を、どれくらい与えるのが適切なのか、という問題を解決するものでなければならない。その際に、それぞれの問題場面に応じて、これらの条件は充足されてゆくことになる。抽象的な価値内容に一定の文脈的条件が加われば、それはその固有の領域における価値の文脈的内容を与える。例えば、政治的な領域においては基本的人権の平等な分配や、一定の場合に公共の福祉により制限を認めることのように、あるいは家族の場合には、婚姻に関する両性の資格の平等や親子関係における権限の傾斜分配のように、さらに経済においては企業主体間の対等な競争条件の確立や一定のカルテルの許容などのようにである。加えて、これらの文脈的な価値の表現は、さらにそれぞれの領域における個別ケースの判断における中間的規準として働き、それぞれのケースにおける具体的事実に応じて、特定の当事者どうしの具体的関係における平等な権利配分やその制限として個別的な表現を得ることになるであろう。このような抽象的価値内容——文脈的条件——文脈的価値内容——個別的事実条件——個別的価値内容といういわば垂直的な関係は、価値が種々の制度を通じて具体化されてゆく場合に現れてくる論理的な関係である。その一方でまた、各活動領域における文脈的価値内容や個別的価値内容の間には、一定のいわば水平的な論理的移転関係も生じてくる。多く政治的制度と家族の制度、あるいは経済制度との間では、平等の関係もその現れ方が異なっているのであるが、にもかかわらず、それらの平等の間には、資格における強い平等と能力に関する弱い平等のように、一定の活動局面における共通性が看取されるのである。このようにして、活動の各領域に応じて、価値の意味は垂直的および水平的な相互連関を形づくる。

このように考えるならば、活動資格、能力、結果という側面での区別に加えて、そのような活動が対象とする財の領域と種類も当然に区別されるべきであろう。それらの財の種類はそこで必要とされることになる活動資格、能力、あるいは結果のあり方に関して、一定の文脈的な特徴を付加するものとなるはずである(28)。そこで必要となるのは、社会における活動領域の一般的な区別である。全体社会は様々な種類の人間活動を含んでいるが、ここでは大きく、権力体制の形成や変更に関わる政治的活動、家族や教育、あるいは福祉医療サービスなどに関わる文化的な活動、そして財の生産や消費、あるいはその基本条件となる労働に関わる経済的活動を区別し、それぞれを中心とする活動領域として、政治領域、文化領域、そして経済領域の三つを区分しておきたいと思う。この区分は、社会学において近・現代社会の基本的な社会ユニットとされている、政府、家族、企業ともある程度対応している。そして、この区分に従うならば、各領域においてはそれぞれに特有の財が活動の素材として必要になるわけであるから、各領域の内で行われる個々人の活動の基本条件としてはそれらの特有の財が一定の形で保全されることが望ましいことになる。この場合にも、勿論、特定の社会において社会ユニットが明確な分離を伴ってはいないこともありうるが、その際にも、基本的には種々の活動の内において、政治的な部分、文化的な部分、あるいは経済的な部分が区別されることになるであろう。この意味で、いかなる社会であれ、人間の種々の活動とそこで必要な財はこれらの三つの領域のいずれかに区分されることとなる。

かくして、これらの活動局面と活動領域との組み合わせにおいて、すなわち一方で、活動資格、活動能力、活動成果を軸とし、他方で政治的財、文化的財、そして経済的財を軸として組み立てられる九つのセルから成る活動のフレームにおいて、自己形成を公共的に把握し保全するための条件が得られるであろう。そして、そのフレームは自己形成のコンテクストを保全することを通じて、その内で個別具体的に活動する個々人の自己形成、とりわけ感受性・構想力・実行力という複合円環の働きを十分に展開させる役割を果たすものとなる。換言すれば、この活動のフレームに則した公共的な見地からの保障は、個々人の活動局面を種々の活動領域に相応した形で保全することによって、多様な個々人それぞれの自己形成を共に均しく下支えするものとなるのである。以下において私は、この意味で把握された公共的見地からの自己形成の支援の可能性を特に自立への均しいアクセスと呼ぶことにしたい。

このような自立への均しいアクセスの意義を確認するためには、社会において現れる種々の道徳的問題が含む意味について考えてみるとよいであろう。

その場合の問題としては、例えば、基本的人権の無視、社会における地位や富の初期格差、社会的ハンディキャップあるいは情報の偏りなど、活動資格に関わる問題がある。また、活動能力の問題としては、障害を有することから生ずる自立能力の欠如、職業訓練や教育機会の不十分さなどの社会保障の必要性の問題がある。そして活動結果の問題としては、失職、あるいは所得格差や外部効果の負担の問題などがあるであろう。これらは別の角度から見れば、それぞれ、政治、文化、そして経済の領域における自己形成の基盤の保障の問題であり、また文化と経済の領域における自己形成の経路の保障の問題であり、そして経済の領域における自己形成の成果の問題である。

生命や身体、財産の自由、思想、信条の自由や表現の自由、あるいは職業選択の自由などの基本的人権の保障がなければ、個々人はそもそも生存が脅かされる(29)。個々人の社会的地位や富の格差、ハンディキャップの存在などは、いずれも個々人の責任では処理できない負の資源として、自己形成に対して過大な負担を負わせる。自己の責任に関わりのない多くの障害は活動の以前に負担になると同時に、活動の経路のうちでもその処理に負担をもたらし、そこからは個々人の意図せざる負担の不均衡が生じてしまう。また、職業訓練や教育の十分な機会がなければ、個々人はその活動を展開するための種々の能力を涵養することができない。それは人々が多様な人生の針路に際して最小限のスキルを欠いてしまうという意味で、社会的活動の可能性を狭めることになる。そして、このような訓練や教育の機会を本人自らが放棄したような場合でも、復帰の可能性は開かれていなければならないであろう。所得格差や外部効果の負担処理も同様である。所得格差は半面では個々人の努力の成果として是認されるべきものでもあるが、社会における個々人の存在そのものは社会化の一つの帰結であり、個々人の活動の基本的側面は社会的な生活のネットワークの一部分であってその活動の基礎は社会的な共同性にある。このような基盤は一種の共同的な善であると言ってもよく、この部分に関して個々人はその活動によって一定の機会費用を発生させるのであるから、その分について応分の寄与をなすことは必要であるだろう。また、外部効果の処理の問題の場合は、他方に比して小さい交渉力しか有せずその分影響の回避が困難な者を大きな交渉力を有する者と対等に取り扱うことはできない。このとき、活動から生ずる負財に関して、一方当事者が生み出す負財がより大きな不利益を及ぼす限りでは、それに制約を与えて当事者間の等しい活動条件を確保することが重要となるであろう。

ちなみに、企業のような集団の場合の問題も個人を念頭において考えてきたことが同じように当てはまる。集団の基本的位置は社会において一定の人格の形で保障される。この場合、まず対等な法人格が各集団に与えられその法的な活動資格が認められることが第一の条件であることは言うまでもない。そして、必要な場合には中小企業の振興策や種々の活動団体の育成などもまた重要な条件となることは明らかである。(30)さらに、その活動の結果として生じてくる状態を規制する必要が生ずることもある。一定の団体が政治的に問題のある行動をする場合の規制や、企業の独占規制などの場合である。企業には自然独占の誘因や傾向がつきまとうが、市場が公正に働くためには、独占や参入障壁、あるいは取引強制などが排されて、いかなる企業も自由な活動ができる状態を維持することが根本条件となる。

以上のような例を通じて示されているのは、関連する財の領域において、自らは責任を負えない理由よって活動の可能性を狭められている個々人を、その事情に応じて支援しながら自己形成へと向かわせることなしには、人間の十全な活動が実現される正しい社会秩序は成り立ち得ないという公共的な判断である(31)。そして、このような判断を概念的に表現するものが、自立への均しいアクセスの観念である。

人間はそれぞれの個人、それぞれの家族、それぞれの集団において固有の生活を抱えている。各人はそれぞれにおいて生き、喜び、悩み、悲しみ、そしてその生を全うする。そこで試みられている自己形成は、自己の生に与えられた資源を活用し、社会的に自己を創造してゆく用意があるという状態である。それは特定の生活を送るための基盤としての人間の根元的な独立状態であり、そのような生活へのエネルギーを生み出す源泉でもあって、この点でジョン・ロールズが強調した自尊に近いと言ってもよいであろう(32)。自尊の感覚とは、特定の生活のあり方そのものではなく、そのような特定の生活を矜持を持って送ってゆく用意があるということに他ならないと思われる。そして、そのような状態の内では、自己と他者とは全く同等の関係にある。それは、自己の尊重において同時にまた同等でありうる他者の生を尊重し配慮するという能力を有するということでもあると言えよう。

こうして、自立への均しいアクセスは、人間生活の根底たる自己形成に関わっており、公共的な配慮に値するものである。政治的領域における自己形成の経路と成果の問題、文化的領域における自己形成の成果の問題は、それ以外の領域における保障を前提としながら、まさに個々人の自由な試みにゆだねられる場面であるが、活動のフレームが毀損されれば、いずれにおいても自己形成は頓挫する。それ故、公共的人格とその核としての自己形成が保全されることが正義という公共的価値の目的であるとするならば、適切な正義の目的はこの自立への均しいアクセスを保全することにあるだろう。

（1）cf. T. M. Scanlon, *What We Owe Each Other* (Harvard U. P., 1998), ch. 3, esp. p. 138ff. Daniel Hausman and Michael McPherson, *Economic Analysis and Moral Philosophy* (Cambridge U. P., 1996), chs. 6, 10

（2）参照、ミシェル・ド・モンテーニュ（原訳）、エセー（筑摩世界文学大系一三・一四、筑摩書房、一九七三）、イマヌエル・カント（山下・坂部訳）、人間学（カント全集一四、理想社、一九六六）、バートランド・ラッセル（安藤訳）、幸福論（岩波文庫、一九九一）など。

（3）cf. Jonathan Glover, *I* (Penguin Books, 1988), chs. 1, 2, 3

（4）cf. Stuart Hampshire, *Morality and Conflict* (Basil Blackwell, 1983), chs. 4, 5, 7

（5）cf. Dworkin, *Sovereign Virtue*, p. 485 f., p. 242 ff.

（6）cf. Kagan, *Normative Ethics*, p. 1 ff.

（7）cf. Rawls, *Political Liberalism*, p. 36 ff., Dworkin, *A Matter of Principle*, p. 188 ff. セン、不平等の再検討、二五頁以下。

（8）cf. Nagel, *The View from Nowhere*, ch. X, esp. p. 195 ff., Dworkin, *Sovereign Virtue*, p. 250 ff. do., *Life's Dominion* (Alfred A. Knopf, 1993), p. 222 ff.

（9）cf. Glover, *op. cit.*, chs. 13, 14, 18

（10）プラトン（藤沢訳）、国家（プラトン全集一一、岩波書店、一九七六）、435B-442D、同（藤沢訳）、パイドロス（プラトン全集五、岩波書店、一九七四）、246A 以下、同（種山訳）、ティマイオス（プラトン全集一二、岩波書店、一九七五）、69A 以下、89D 以下。アリストテレス（加藤訳）、ニコマコス倫理学（アリストテレス全集一三、岩波書店、一九七三）、1102a 以下、同（山本訳）霊魂論（アリストテレス全集六、岩波書店、一九六八）、413a30-416a20、431b20-433b30。尚、参照、岩田靖夫、アリストテレスの倫理思想（岩波書店、一九八五）、三六頁以下。また、デヴィッド・ヒューム（土岐訳）、人性論（中公世界の名著32、中央公論社、一九七〇）、四五七頁以下、四七〇頁以下。また、ウィリアム・ジェームズ（今田訳）、心理学（岩波文庫、一九三九）、第一二章。cf. Stuart Hampshire, *Innocence and Experience*（Harvard U. P., 1989）, p. 23 ff.

（11）Hampshire, *op. cit.*, p. 31 ff., p. 51 ff.

（12）Michael Walzer, *Thick and Thin*（Univ. of Notre Dame Press, 1994）, ch. 5

（13）cf. Walzer, *op. cit.*, p. 98 ff., cf. Charles Taylor, "The Dialogical Self"（in : D. R Hiley, J. F. Bohman, and R. Shusterman, eds., *The Interpretive Turn*, Cornell U. P., 1991）, p. 312 ff.

（14）Rawls, *A Theory of Justice*（*Rev. ed.*）, p. 359 ff., p. 372 ff., p. 380 ff.

（15）セン、前掲書、五九頁以下、一一三頁以下。

（16）参照、後藤玲子、「ロールズ正義論における多元的民主主義の構想」（一橋論叢、一一五巻六号、一九九六）、特に一二〇四頁以下。同、「自由と必要」、四五頁以下。また、川本隆史、現代倫理学の冒険（創文社、一九九五）、第二部第三章。cf. Norman Daniels, *Justice and Justification*（Cambridge U. P., 1996）, p. 210 ff.

（17）Dworkin, *op. cit.*, p. 253 ff., p. 299 ff.

（18）自己実現の観念に関しては、cf. Alan Gewirth, *Self Fulfillment*（Princeton U. P., 1998）, ch. 1 尚、関連して、岩田、前掲書、六一頁以下を参照。また、参照、長谷川晃、「平等・人格・リベラリズム」（思想、七七五号、一九八九）、五四頁以下。小林宙、「R・ドゥオーキンの『統合性』に基づく自律」（同志社法学五〇巻一号、一九九八）、二九四頁以下、三二八頁以下。

（19）ドゥオーキンに関して、cf. Cohen, "On the Currency of Egalitarian Justice", p. 928 ff., Dworkin, *op. cit.*, p. 287 ff. センに関して、cf. G. A. Cohen, "Equality of What? On Welfare, Goods, and Capabilities"（in : Martha Nussbaum and Amartya Sen, eds., *The Quality of Life*, Oxford U. P., 1993), p. 19 ff., Amartya Sen, "Capability and Well-Being" (in : Nussbaum and Sen, *op. cit.*), p. 43 ff.

(20) Hampshire, *op. cit.*, p. 35 ff., p. 41 ff.

(21) cf. Glover, *op. cit.*, p. 90 ff., p. 135 ff., p. 161 ff., Nagel, *op. cit.*, p. 62 ff., Gary Watson, "Free Agency" (in : *Journal of Philosophy*, Vol. 72, 1975), p. 210 ff.

(22) cf. Hampshire, *op. cit.*, p. 39ff., Calvin Schrag, *The Self after Postmodernity* (Yale U. P., 1997), ch. 2, Paul Fairfield, *Moral Selfhood in the Liberal Tradition* (Univ. of Tronto Press, 2000), ch. 4 尚、日本社会における自我の問題性に関して、cf. Takie Sugiyama Lebra, "Self in Japanese Culture" (in : Nancy Rosenberger, ed., *Japanese Sense of Self*, Cambridge U. P., 1992), esp. p. 111 ff.

(23) Hausman and McPherson, *op. cit.*, p. 75 ff., p. 138 ff.

(24) 参照、長谷川、前掲論文、六一頁以下。

(25) cf. Nagel, *op. cit.*, p. 166 ff., do., *Equality and Partiality*, ch. 11

(26) Nagel, *Equality and Partiality*, p. 4 ff.

(27) cf. Nicholas Rescher, *Introduction to Value Theory* (University Press of America, 1982), ch. II

(28) cf. Jennifer Hochschild, *What's Fair?* (Harvard U. P., 1981), esp. ch. 3

(29) 参照、後藤、前掲論文、四〇頁以下。

(30) 参照、田村善之、競争法の思考形式（有斐閣、一九九九）、第一章、第二章。また、同、「市場と組織と法をめぐる一考察（一・二完）」（民商法雑誌、一二一巻四・五号、六号、二〇〇〇）、特に第四節以下。

(31) cf. Dworkin, *A Matter of Principle*, p. 190 ff., Nagel, *op. cit.*, p. 64 ff.

(32) Rawls, *op. cit.*, p. 387 ff., Dworkin, *op. cit.*, p. 208 ff.

第三章　正義としての公正の理念

一　価値マトリックスと正義

(一)　価値マトリックス

自由・平等・効率性のトリプレックスの統御の可能性という問題は、公共的価値としての正義のあり方の問題である。

この問題を考える際、メタ価値論的には見方は幾つかに分かれると思われる。すなわち、大別するならば、諸々の価値は全く個別的な形でのみアド・ホックにそのバランスが決せられる、これらの価値は実践的な賢慮によってのみバランスされる、これらの価値は帰結主義的にのみあるいはいわば価値功利主義によってのみその優劣が定まる、あるいは、これらの価値は何らかの高次価値によってその順序づけがなされる、といった見方が区別されるのである。しかし、この点に関しては、既に論じたように、一般的には、諸価値間には問題場面に応じながらそれらを統合する連接原理が存在しているはずであり、それによって諸価値の統合が可能になると考えられる(1)。そして、その場合には価値のコンフリクトに裁定をする核として或る高次価値が存在し、その価値の内容は一定の規範的理論によって明確化され、当該の問題場面において諸価値の機能範囲を画定する。ここで、適切な規範的理論は、一元的な理論よりも多元的な理論であった。多元的な規範的理論は、複数の価値規準の布置関係を構成することによって連接原理を示すことができるものである。それは、種々の価値的な要求を一定のバランスの取れた形で整序し、そのベスト・ミックスを与えることができるものである。

自由・平等・効率性のトリプレックスを統御している公共的価値こそが正義という価値であるという見方は、正義の内容に関する一つの解釈的な構想である。この見方のもとでは、正義とは連接的で多層的な規範的理論によって与えられる公共空間の基軸となる価値である。そして、それは自由、平等、効率性という三つの公共的価値から成るトリプレックスを統御する一定の内容を与えており、それを通じて、種々の具体的問題場面における自由、平等、そして効率性の諸要求が統合され、一定の適切な判断を生み出し、公共的な秩序における目的を実現するものであると言える。

この意味において、正義という公共的価値は連接的で多層的である。しかし、この性格がいかなる形で表現されるかということには、さらなる議論の余地がある。

例えばジョン・ロールズがその正義論で試みたような辞書的順序による原理の規定は、ここで言う公共的価値の連接的な多層性の一例である(2)。周知のように、ロールズの場合には、多様な価値観を有する社会構成員の間で、正義の原理はまず等しい自由の保障を第一原理とし、それが満たされた後に、第二原理として公正な機会均等の保障や一定限度における富の格差の制度的是正の要請が加わるのであるが、このとき正義は特に自由と平等との調和をめざす連接的で多層的な公共的価値となっていると言える。また別の例としては、ロナルド・ドゥオーキンが示唆した権利と効率性との関係を挙げることができよう(3)。ドゥオーキンは、ロールズと同様に多様な価値観を抱く社会構成員の間の関係を問題にしながら、等しい尊重と配慮という法‐政治原則を軸として、それに違背しない条件のもとでは功利主義的な集合的目標の追求が認められる一方で、この追求が個々人の等しい尊重と配慮の必要性に違背する場合には強い意味での権利の保護が必要となるとするが、これは平等を軸としながら一定の義務論的価値と目的論的価値、特に権利と効率性とを調和させようとする連接的で多層的な公共的価値となっていると言える。さらに、既に触れたようにトーマス・ネーゲルは公平という価値によって個人の要求と不偏的要求とを価値的にバランスさせる規準を与えることができると主張するが、これもまた同様の試みであると言えるであろう。(4)いっそう興味深い例は、マイケル・ウォルツァーの複合的平等論である。(5)ウォルツァーは、社会的に分配される財の意味はそれぞれの意味生成の歴史によって異なるとし、財の意味の多様性に応じてそれぞれに固有の正義原理が規定され、それらの固有の意味領域を越えて別の領域の正義原理が支配することはできないと主張する。このような領域可変的な正義のあり方は、種々の価値をそれが問題とする財の意味に応じて領域区分することで、先に挙げたような統合という形とは逆に、いわば分離という形で連接的な多層性を捉えていると言えるであろう。

　このように、連接性や多層性には幾つかの捉え方がある。そして、いずれが正しいかということには必ずしも絶対的な決め手があるわけではない。ただ、それらはどれくらい適切に価値のコンフリクトの状況を捉えているか、またそれと相俟ってどれくらい実質的に価値の対立や相剋の解決をもたらしうるかといった点で比較されるべきものであろう。前者の点に関して言うならば、特にここで重要なのは価値の基本的な通約不可能性の認識である。先に挙げた幾つかの理論はすべて、何らかの意味でこの通約不可能性の認識の上に立っている。価値のコンフリクトの解決はいずれかの価値の他の価値への還元や排除によってはなされ得ないのであり、そこではそれらの間の布置関係を定めることによってそれぞれの機能領域を画する必要があると考えられる。ロールズの辞書的順序、ドゥオーキンの制限条件付き適用、ネーゲルの観点の共存、そしてウォルツァーの分離の技法のいずれも、それぞれの仕方で、必要な価値領域の区分を行っていると見ることができるであろう。

しかしながら、後者の価値的解決の点との関わりでは、それぞれの立場には幾つかの問題が出てくる。そして、そのような問題性は当然に前者の区分の仕方の問題性にもつながっている。[6] ロールズの議論に関しては、それが制度全体の基本構造に関わっていることがここでは重要である。つまり、彼の言う正義の二原理は法制度を設計する際の基本指針となるものとして位置づけられており、その連接的機能はあくまで制度設計の概括的指針のレヴェルにおけるそれであって、具体的な価値のコンフリクトを解決するためのものではない。勿論、ロールズの原理は社会全体の基盤となる正義のあり方を構想しようとする点で重要な意義を有しているが、そのことは逆に制度を運用する個々の場面に応じた価値のコンフリクトの解決における公共的価値の機能を十分に捉えるものとはならないであろう。この点では、ドゥオーキンの議論はより具体的な問題文脈に則している。[7] ドゥオーキンは、特に法的に問題となる価値や利益の分配的正義の問題を念頭に置きながら、それを可能にする価値としての権利と効率性との相剋に焦点を当てて、問題に応じながら等しい尊重と配慮という抽象的原理による解決を与えようとするからである。しかし、このように重要なドゥオーキンの考え方にも問題がないわけではない。というのも、ドゥオーキンが根元的なものと捉える平等という価値は、いわゆる機会の平等と結果の平等とが対立したときや、あるいは個人の自由と社会全体の利益とが対立したときなどに、我々が一定の自由の保障の観点から問題を解決しようとする場合があることを適切に説明できないからである。むしろ、この点では平等とはそれ以外の価値や、あるいはさらにその解釈においてなお対立や相剋を引き起こしうる価値であって、ドゥオーキンが一定の自由を包含するような形で平等と自由との両立を捉えるとすれば、もはやそこで考えられている価値は自由でも平等でもない第三のものではないかと考えられるのである。

さらに、ネーゲルの議論は観点の共存という重要な示唆を含んでいるものの、ここで考えようとしている連接原理の具体的な内容に関しては必ずしも十分に踏み込んではいない(8)。彼の言う公平は基本的に平等の実現、とりわけ社会において最も貧窮している人々の救済に向けられている一方で、節度ある自由と寛容をも含んでいるとされており、この点ではドゥオーキンの場合のような問題は生じない。しかし、それらの間の連接的な多層性がさらにいかにして規定されうるかという点では、平等の基本性が示唆されてはいるものの、必ずしも十分な議論はなされてはいない。また、ウォルツァーの主張の場合には、そのユニークな特長にもかかわらず、分離という点では多層性が強く評価されており、その分だけ平等という価値の連接性が、複合性ということ以上の十分な形では捉えられないことに問題がある。

ただし、ここで注視すべきなのは、ウォルツァーの解釈的アプローチによる財の社会的意味理論である(9)。これまで論じてきた正義の解釈のあり方は、ウォルツァーのそれと基本的に軌を一にしているが、しかし、その内容においては完全に異なっている。社会的意味理論は、通常は解釈的アプローチの典型として理解されている。ウォルツァーが様々な種類の財それぞれが有する社会的意味に注目しそれらの意味に応じて分配的正義の規準は異なると主張するとき、これら財の社会的意味は、その財に関して当該の社会において歴史的に共有されるに至っているものであり、それが解釈を通じて記述的に明確化されることで当該の社会が依って立つべき正義観念が明らかになるのである。この見方は財の社会的意味をその形成史を辿りながら記述的に把握しようとする。しかしながら、それは解釈の唯一の例であるわけではない。先に提示された活動のフレームなどは、むしろ構成的で批判的な解釈を通じて展開されるものである。この点で問題となるのは、このようなウォルツァーの主張を支えているメタ理論的な見方である。

この問題については、ノーマン・ダニエルズの分析が有意義である。(10) ダニエルズによれば、ウォルツァーの議論の前提には領域区分テーゼ、非支配テーゼ、文化的相対性テーゼ、通約不可能性テーゼ、局所的正当化テーゼという六つのメタ理論的テーゼが含まれている。これらの内、文化的相対性テーゼ、解釈テーゼ、局所的正当化テーゼについては、深くは立ち入らない。これらは共に、正義の観念が多様な価値観からなる或る社会の文化の内でそれらに何がしか通底する独自の意義を有していることを示すものであり、我々の社会に関してここでなされている考察がそれらと両立しないわけではないからである。ただし、私の考えは特に文化的相対性テーゼに関して最も異なっている。私は、一定の正義観念が普遍的であり、その正当化も一定の解釈のもとで普遍的たりうると考えるからである。しかし、この問題はここで扱うには大きすぎる。それはまた別に論ずる機会があるだろう。

以下で特に取り上げたいのは、領域区分テーゼ、非支配テーゼ、通約不可能テーゼの三つである。領域区分テーゼとは、福祉、役職、教育、地位の承認などといった社会的な財は、その意味に応じてそれぞれ固有の領域を有しており、固有の分配原理によって規整され、それらの領域間には差異や不均衡もありうるというものである。非支配テーゼとは、ある財の領域における配分の不均衡は他の財の領域の配分のあり方に影響を与えてはならないというテーゼである。これら二つのテーゼは、相互に関連し合っている。可能性としては、領域区分テーゼが成り立っても非支配テーゼが成り立たないこともある。しかし、前者は後者の論理的な必要条件であるし、また実際にも前者を認めたうえで後者を否定するならば、前者の有する規範的含意をほとんど無効にしてしまうことになる。それ故、ここでは二つのテーゼは密接に結びついたセットとして扱うのが適当であろう。このようにして捉えられた領域区分－非支配テーゼは、二つのポイントを有している。一つは区分される領域の単位が財の意味であるということであり、もう一つは、その財の意味が分配の原理を直接に規定するということである。

これに対して、私は、領域区分の規準は財そのものの慣行的意味であるよりもむしろ一定の公共的判断の枠組にあると捉える。そしてまた、財の意味そのものは解釈の問題であると共に、論理的には財の分配原理を直接には規定できず、むしろ逆に一定の判断の枠組のもとでこそ財は意味に応じてその枠組内に位置づけられると考える。

まず財の意味に関しては、それ自体が様々に解釈されることが重要である。ドゥオーキンも指摘しているように、例えば社会保障という財についてもそれがどの程度まで厚く保護されるべきものであるかについては、大きな争いがある。(11) この点で、他の財も同様に、基本的にはその意味は不確定的である。勿論、このことは、例えば生命のようにその意味がほぼ一義的に確定していると考えられるものもあることを否定するものではない。しかし、そのような財でも、さらに意味の周縁部分では、例えば胎児の生命、あるいは不治の病の者の生命のように幾ばくかはその価値が凌駕されることもある。それ故、財の意味が解釈において不確定性を有するならば、それを分配原理の基礎におき、そこから直接に分配原理を引き出すことは不可能であるだろう。

加えて、アミー・ガットマンが指摘するように、幾つかの財は、その分配のされ方に共通性があると考えられる。(12) 例えば、社会福祉も教育も、通常の文化的生活に必要な最低限度の水準や初等中等教育などは誰にでも等しく与えられるべきだと考えられる一方、個々人の嗜好や趣味に至る等しい保障や高等教育に対する等しい保障がすべての人に与えられるべきだとは考えられないであろう。ここには、ある領域横断的なパタンが存在していると考えられる。それは財の固有の意味による区別ではなく、それとは別の軸による区別であるだろう。その軸の一つは、その財の享受が自己責任の問題かそれとも自己の責めには帰しがたい理由によるかという区別である。もし一定の財の享受の必要が自己自身が決定できる理由によるのであるとすれば、その社会的な保障は基本的に必要がないと考えられるであろうし、逆に財の享受の必要が当人にとっても如何ともしがたい理由による場合には、その社会的な保障が望ましいと考えられるであろう。ここでさらに重要なことは、このような判断は財そのものの意味によっているのではなく、それを享受しようとする人間と社会的制度の観点からの評価に依拠しているということである。すなわち、財はその固有の意味をもちうるとしても、それがどのような形での分配を受けるかについては、財そのものとは別個の分配のあり方に関する公共的判断によって分類されることによって規定されるのである。それ故、ここで最終的に重要なのは、財の意味そのものであるよりも、財の必要性に対する我々の判断枠組なのである。

このような判断枠組を考える場合に区別しなければならないのは、その抽象的な形式とそこに位置づけられる財の布置とである。自己責任を負えるものと負えないものという区別は、財の分配のための基本的な形式であり、そのいずれにどのような財を配置できるかによって、判断枠組は大きく変わってくるであろう。この場合、財の意味はその布置を決定するために重要である。しかし、それは財そのものの慣行的な意味であるというよりも、むしろその財の分配が自己責任になじむものであるかそうではないかという角度からの評価であることが重要である。[13] 換言すれば、財そのものの慣行的意味に加えて、ここでは、それを分配することが個人の本当の必要を充足するものであるのか否かという評価もなされなければならない。このことを別の角度から考えると、種々の財に関しては、それがどのようにして分配されるべきかについて分配の抽象的形式からの制約が加わっていることになる。この意味では、分配的正義の抽象的原理は領域横断的なものとして、我々の判断の基底を支えている。このような抽象的原理は、ある意味では包括的な一元的原理となるように見える。しかし、後に見るように、少なくとも領域無関心的な一元的原理と領域関係的なそれとは区別される必要がある。前者の例は単純な功利主義であるが、後者は例えばロールズ以降において主張されて来たようなリベラルな平等論である。そして、この後者の延長線上ではさらに、一定の領域可変性を含む正義原理が考えられるであろう。

そこで以下では、まず正義の価値の基本性格を明らかにしてその問題領域に改めて一定の規定を与え、その内で正義の実質的内容に関して、特に自由・平等・効率性のトリプレックスを統御する正義の観念の可能性を示すことにしよう。

私の提案は、正義という公共的価値を一定の価値マトリックスとして捉えることである。この場合の基本的なアイディアは、正義のポイントとなる理想状態との関係においてその構成条件となる要素を特定し、そこから作り出される価値の機能の場を析出し、その内で一定の価値を排列するということである。このことは、正義が幾つかの公共的価値を統御する連接的な価値であること、しかし種々の価値はそれ自体としては一定の通約不可能性を有していること、そして、何よりも、これらの価値の具体的な対立や相剋を解決しようとする正義は一定の領域可変性を有することで多層性の条件を満たすと考えられることなどを理論的に結び合せるための、一つの発見的仮説である。このように正義という価値を一定のマトリックスそのものとして捉えるということは、マトリックスそれ自体が対象となる価値の機能領域を区分して、それらの価値をそれぞれの文脈で適切に働かせる規準となっているということである。このことは、領域区分というマトリックスの構造そのものには論理的一貫性が存在しており、またそれは、マトリックスが表現する事態そのものがいわば多関係的普遍体として一定の統一性を有する価値であることを示していると言える。[14] そして、おそらく、このような普遍体は或るシンメトリーの美そのもの——それはこのような考察を志した人であれば何がしか垣間見ることがあるはずである——にもつながっているであろう。[15]

正義が価値マトリックスの形で規定されるということは、一般的に言えば、次のような事態を指している。すなわち、価値マトリックスの構造はまず一定の順序を有する縦軸と横軸との複合によって規定され、そしてその全体はセル毎に一定の順序性を持つことになる。今、例えば縦軸にx、y、z、横軸にp、q、rというそれぞれ三つの要素をこの順序で置くならば、これらの掛け合わせからは九つのセルが与えられる。これらのセルはそれぞれの内に、当該の価値が統御するところの一定の公共的価値に基づく分配的な判断を帰属させる領域を示している。そのうえで、先の六つの要素の中で、例えばxとpとが最優先となると考えられるならば、九つのセルの間の優先順序は、x、y、zを基礎とするならば、x－p、y－p、z－p、x－q、y－q、z－q、x－r、y－r、z－rという形の順序で与えられることになる。このことは、それぞれのセルに当たる部分についての公共的保障がそれ以外の部分に優先するかあるいは劣位することを示すことになる。例えば、x－pはy－qに優先し、z－rはx－zに劣位することになる。このようにしてマトリックスの形で規定される価値は、具体的な保障の必要性がそのマトリックス内のどのセルに位置するかに応じて、それらの保障の優劣を定めることになる。ただし、場合によっては対立する利益や価値どうしが同じセルに属するものとして捉えられることもあるであろう。その場合には、このマトリックス自体はそれら対立する利益や価値の優劣を定めることはできないが、このマトリックスに対して相対的に自律的な第三の軸を形成できる価値規準が見出されるならば、その第三の軸によって先のマトリックスの同じセルにおける対立に関する保障の優先順位が規定される。こうして、価値の裁定に関わる公共的な決定がマトリックスで与えられた価値規準によって定められるときには、問題がどのセルに属することになるかに応じてその判断が定まり、その結果が当のマトリックスが統御するはずの公共的価値群の優先関係に反映されることになると言える。

それでは正義をこのように価値マトリックスとして捉えることの一般的な意義はどこにあるのだろうか。

種々のケースに応じた公共的な価値判断規準を考察しようとする場合によくとられるのは、類型論という手法である。それは、一般的に言えば、様々な具体的事情のもとにある諸ケースに関して、その構成要素の特徴に応じてパタンを区分し、それに則して価値判断の規準を措定しようとする考え方である。このパタンの区分が行われ、それが類型を構成しその類型に当てはまる事態についてはその類型に特有の判断規準が用いられるわけである。(16) この意味では、先に述べたマトリックスの考え方と類型論とはかなり近いとも言えそうである。しかし、価値マトリックスの観念は次のような点で類型とは異なっている。すなわち、類型の区分は個別のケースの実際に応じたものであり、それ自体が一般的な見地から理論的に課されるものではないことが多い：諸々のケースを類型に整理するときは、主体・客体・環境要因などの現象上の条件によって行うことが多いため、類型の整理枠組そのものには必ずしも統一性が内在しているとは限らない：類型論では類型は或る価値規準の析出と排他的適用のための領域設定にポイントがあり、領域を区分するための統一的な枠組それ自体が果たす価値的な評価機能が問題となっているわけではない、といった点である。価値マトリックスは、その枠組自体が一定の評価機能を有するように、枠組の構成条件も一般的でかつ法則的な形で与えられるものである。

また、価値マトリックスの観念は価値判断に関するプラグマティズムとも異なっている。(17) 価値の通約不可能性性、連接的多層性、あるいは判断の文脈依存性などを勘案するとき、価値判断は当該の問題文脈に応じてその都度適切になされなければならないというのがプラグマティズムの一般的な考え方であるが、この意味でプラグマティックということは価値判断における無規準とほとんど同じことである。この場合、プラグマティズムの観念がメタ倫理学上の個別主義、すなわち価値判断は個別的な問題文脈に則してのみ行われるのであり一般的な基本原理の把握は不可能であるという、問題を孕んだ立場にコミットするのでなければ、何らかの判断規準を明確にする必要が生ずるはずである。その場合、マトリックスの観念は、一定の文脈規定要因によって種々の問題にセンシティヴな価値規準を提示しうる枠組となるものである。

さらに、価値マトリックスの観念は基本的に義務論的な思考法を踏襲するものであり、価値に関する功利主義的な思考とは一線を画する。(18) しばしば見られるように、様々な価値の基本的に通約不可能な対立や相剋を前提とするならば、そこでなされうる価値の統御は統合であるよりも、諸々の価値が現実社会において生じさせる諸帰結の是非を勘案し、そこからもたらされるリスクやコストの多寡に応じていずれかの価値の優先性を選択すべきであると考えることも自然であるかもしれない。実際、価値観が強く対立しても、特に経済的な利益の問題では相互に共通の利害が存在するため、対立する立場がその水準では妥協できるということは経験的な事実でもあるだろう。それ故、統合的な価値規準を何らかの形で求めるよりも、いっそう現実的に、リスク回避やコスト軽減という角度から、価値のコンフリクトを間接的に解決してゆくことが望ましいとも思われるのである。しかしながら、このような思考は実は効率性という一定の価値規準を論理的に既に前提している。それを前提するからこそ、リスク回避やコスト軽減が価値判断のための規準として意義を有するのである。リスク回避やコスト軽減は、効率性という価値のサブ・カテゴリーにすぎない。そうであるならば、ここで重要なのは、効率性という価値が一定の義務論的な思考の枠組に組み込まれていることの確認であり、さらに、そうであるならば、それらが他の義務論的な価値である自由や平等といかなる関係に立つかということの解明であるはずである。ここで、価値マトリックスの観念は、一定の判断枠組の内でこれらの高次価値を位置づけようとするものなのである。

以上のようにして価値マトリックスの観念の意義が確認されたところで付け加えなければならないのは、

この観念には さらに幾つかの解釈がありうることである。ここでは特に、私が事実定位的マトリックスと呼ぶものと理念定位的マトリックスと呼ぶものとを対比させておきたい[19]。前者は価値マトリックスを構成するにあたって、歴史社会的な事実のパタンやその変化様式を析出し、その事実の中に価値の源泉を見出そうとするものである。例えば、この見方は市場経済秩序を核としその他の社会秩序を周縁部とするような社会システムの構造をマトリックスの枠組として把握し、それぞれの部分秩序において現に働いている価値を区分するというものであるし、また、先に触れたウォルツァーが試みたように、社会的に通用している種々の財の意味の蓄積を歴史的に理解し、それを価値判断の枠組として直接に用いるということも一例に含めることができよう。しかし、この意味でのマトリックスは基本的には価値の社会学的な排列のためのものであって、価値の機能の実践的な区分を与えるものではない。公共的判断の総体を関係づける連接原理に関する言明群としての規範的理論は、一定のモラル・ファクトを予想することで、真たりうるものである[20]。そのような規範的理論の中核となるはずの価値マトリックスは、一定のモラル・ファクトとして、当のマトリックスを叙述する諸言明群の連言によって示される意味的な実在としての価値のあり方に定礎している。そのような意味的実在とは多関係的普遍体として把握される価値の世界の構造であり、決して事実の世界のあり方ではないのである。それ故、価値マトリックスの観念の最善の解釈は理念定位的な方向において与えられることになるであろう。

(二)　正義の一般的意義

ところで、正義という価値の一般的意義はどこにあるのであろうか。

正義は一定のよき社会の実現に資する価値であるが、それ自体として独自の意義をも有している。正義は、基本的には、アリストテレスの言うイソン、すなわち均等を要として、[21]各人に各人のものを与えるという規範的な個体充足の形での分配的性格を有する価値であると考えられる。それは、社会において一定の抗事実性を有する空間の内で、事実として出現する恣意的な自然属性の是正を行う価値である。ここにはまた、既に別章で述べたように、価値判断に内属的なエレメントの形で様々な実践的ディスコースにおいて浮動的に機能するというメタ‐レヴェルの性格もあることが付け加えられる。[22]そして、このような意味で、正義は社会制度の構成条件であるということもできる。[23]それは社会が一定の目的をめざして実現されてゆくときにその社会の規範的な意味体系そのものが有すべき特徴でもある。

　ただし、このような社会制度に定位した正義の見方をすることによって排除される別様の正義の見方が出てくることは否めない。とりわけ重要なのは、正義を個人の徳として捉える見方である。既に述べてきたように、正義は公共的価値であり、その限りでは例えば道徳的な卓越性というものは正義そのものとは異なる価値である。しかし、古代ギリシャ以来の伝統が示しているように、有徳な正義の人は重要な倫理的理想であるし、そのこと自体の意義は現代においてもなお変わってはいないであろう。そして、秩序の複雑化や価値の多元化が進行している現代においてこそ、そのなかでなお重要な公共性を意識できる人として、正義の徳を発揮できる個人は貴重な存在であるということができるであろう。さらに、そこでは個々人が持ちうる不正義に対するしなやかな感覚と、それを通じた他者への厚い配慮こそが最も美しい正義の発現として重視されるべきかもしれない。[24]にも拘らず、重要なのはここでもそのような個人が体現すべき正義という価値の内容である。徳の問題は正しい信念や判断の形成条件の問題である。そこでは一定の思考や行為の傾性から生じてくるコモン・センスや賢慮が重要となり、そこから正義に適った判断や態度が生まれてくる。それはまた個人の内部や個々人の間で様々に対立し相剋する諸々の価値の間のバランスをとる精神的力量をも表現するものであろう。しかし、そのような個人的資質や能力が社会や集団の内でいかに涵養され維持されるかということだけでこの力量が説明し尽くされるわけではない。ここではそのような力量がそれを習得することによって可能となるところの一定の価値の存在もまた重要なのであり、その価値の内容それ自体を探ることが根本的に重要なのである。そして、有徳な人が公共心を有するとすれば、まさにそのような公共心を可能にしている精神的習得物としての正義の価値の公共的な意義を考える必要があるだろう。

正義がこのように社会制度の構成条件であるとき、それは種々の個人的価値とは区別されるものとなることは言うまでもない。アラン・ライアンが簡潔に示しているように、正義は或る意味で冷たい価値である(25)。それは、友情や愛、あるいは祝祭的な共同感情などにおいて形成される人間関係とは決定的に区別される関係を司る。正義は人々の間にコンフリクトが発生したときに、そこでの共感可能性や紐帯とは関わりなく、人々に応分のものを保障し強制できる価値なのである。しかしながら、このことは、正義が友情や愛、あるいは共同感情などに反する性質のものであるということではない。ここで言われているのは、価値として位置づけられ機能する次元に関して正義は友情や愛などと異なるということにとどまる。友情や愛はそれ自体がコンフリクト解決のために機能しうる個人的価値であるが、それが機能し得ないときには正義が重要になる。コンフリクトの解決という観点から見れば、それ故、正義と友情や愛とは相互補完的でありうる。そして、正義が人々の間の資源や能力の格差を是正できる限り、それはまさにそのうえで友情や愛が働くための社会的基盤を支えているとも言えるであろう。この点で、ライアンも確認しているように、ロールズの言を借りれば正義は社会制度の第一の徳なのであり、その意味で基底性を有している。

この正義の基底性は、既に述べて来たような公共的価値とその中での正義という価値の統合的機能によって説明され、正義の機能は包括的なものであるということになるであろう(26)。それ故また、正義の基底性そのものはいかなる正義の主張においても共通する性格であると言える。確かに、正義の要請はよき社会の実現のための手段であるという側面をも有する。しかし、それは単純な意味での手段、すなわちよりよい道具立てがあればそれに取って代わられるという意味での手段であるのではない。それはよき社会の実現のための不可欠の手段であり、その不可欠性そのものは正義がおよそ公共的な秩序の確立においてその重要な構成条件となっていることに由来しているのである。もっとも、この点は、正しさという価値と良さという価値との先後関係というメタ価値論的問題と連動している。トーマス・ネーゲルが整理しているようにここには幾つかの立場があるが、正しさの価値と良さの価値とは相互に干渉し合う関係にあり、そのいずれが優先しているかは俄には決しがたい(27)。しかし、いずれの見地からしても正義の重要性がそれなりに示されうるとすれば、その根元となっている正義の固有の存在性こそがより重要な意義を有するということになるのではなかろうか。

さて、このような意味での公共的な正義の原型は、伝統的な区分で言えば分配的正義にあると考えられる。アリストテレスは交換的正義、匡正的正義、そして分配的正義を区別し(28)、それぞれの正義は異なった形で論じられて来た。しかし、これらの伝統的な正義の三区分は一定の分配的視点のもとに説明されうるように思われる。交換的正義は対価関係の維持という資源均衡を指定するものであり、匡正的正義は一定の原因のもとで当事者間に生じた資源状態の差異を是正するものである。分配的正義は前二者と異なって、当事者間に内在する関係によってではなく外的な見地からの資源の再分配が一定の評価規準によって等しく行われることを要請している。しかし、その判断が外的な再調整であるために、当事者間における多様な関係のいずれに則して行われるべきであり、かつそこでの調整規準がどうであるのかは、前二者に対してより不確定的である。それ故、前二者の正義は資源分配の条件が当事者間に内在的な条件によって特定されたケースとして理解できるであろう。損害賠償や刑罰は当事者間に発生した害悪を減殺するための利益の再分配なのであり、対価の維持はそれによって当事者間の利益の均等な分配を守るのである。このような三つの正義の間の関連性の解釈は、正義の要請が種々の資格や資源において自然のうちに発生してくる不均衡の回復をめざしていると捉えられることに発するものである。

その一方で、実体的正義と手続的正義、および一般的な正義と特殊-法的な正義の区別にも一言しなければならないであろう。

手続的正義は、実体的正義と区別された独自の意義をもつものとしてしばしば重視される(29)。とりわけ、実体的正義の内容そのものに争いがあり、そのいずれが適正であるかが決しがたいような場合には、適正な手続を踏むことによって得られる判断が人々の間の合意を得ることができるというところに手続的正義の固有の意義が存在していると言われる。そしてこの意味では手続的正義こそが実体的正義に優位する正義の見方であるとも言われることがある。確かに一定の社会的決定の手続が整っていることはそれ自体として価値あることである。発言機会の確保、決定者の偏見の排除、説明責任などの保障が確立されているならば、そこから生まれてくる結果としての判断は当事者間の合意あるものとして妥当とされうる。また、いかに価値判断が対立しても適正な手続が踏まれることで当事者の心理的負担が軽減され、いわば納得ある撤退を可能にするという効果もあるだろう。しかしながら、このことは実体的正義の問題が手続的正義の問題に還元されることを意味しないし、また後者が前者に優位することも意味しない。むしろ事態は逆であり、手続的正義は一定の実体的正義の実現を条件として初めて有意義なものであると考えられる。手続的正義の最も純粋な形態はくじ引きであるが、その場合を考えてみよう。人は種々の場合に一定の財の分配においてくじ引きを公平な手段として有効に用いることができるが、実のところそれは当事者がすべて同等な条件のもとにある場合に限られている。すなわち、まず当事者は対等な能力や対等な地位を確立していなくてはならないし、また当該手続への参加機会も対等でなければならない。そしてさらに当該手続から生まれる結果に関しては、当事者は対等な形でそのリスクを負担できなければならない。くじ引きによる財の分配がもたらす利益は特定の人のものであるが、それに敗れた他の人々との間に発生する差異が他の誰でも同じ性格のリスクをもたらす場合に限ってその差異は受け容れられるのである。これらのような対等性はまさに手続の基礎となる条件であるが、この条件自体は手続的正義によって保障されるだろうか。答えは明らかに否である。このような資格や能力、機会、そしてリスクなどの質的な対等性はそれらの財そのものが等しく分配されることによって可能となっているのであり、その際の規準はもはや実体的正義の問題であることは明らかである。この意味で、手続的正義は実体的正義を前提条件として成り立っている。勿論、決定における偏見の排除や説明責任といった手続固有の特徴も存在しており、手続的正義が実体的正義に還元されてしまうわけではない。それ故、ここでの二つの正義の関係は、実体的正義の重要な部分が手続的正義の基礎であり、後者は前者の実現の過程として一定の意義を有するという形での偏側的な補完関係にあると言えるだろう。

次に特殊－法的な正義は、法的安定性を維持するための制定法体系内在的な正義として重要であると言われ、そこでは特に制定法の内容の確定性や固定性、制定法の適用の一貫性などが正義の要請として考えられている。[30] これらの要請は実体的正義を実現する方途の一環としての制定法体系が有している一種の手続的正義であるとも言えるが、しばしば「法律は法律である」ということが示すように法律上定められた規則に従って判断することはそれ自体として実質的な意義をも有している一方で、法適用における一貫性の要請は、法律を執行する機関に対する確定的な命令として適正な手続整備の要請そのものとは位相を異にしているとも言える。このような意味では、特殊－法的な正義は、実体的正義ともまた手続的正義とも異なる別個の正義であるように見える。しかし、実はこのような問題は仮象問題である。制定法の内容の確定性や固定性、あるいは適用の一貫性の尊重ということは、制定法が定めている種々の権利や義務の配分をそのまま正当なものとして認容し、それに従って一般的にすべてのケースを処理するという点で、或る分配的正義の構想にコミットすることを意味するものである。それは制定法とは別個に認められる実体的正義の観念とは別に、制定法が直接に含意するところの正義の観念にのみ依拠して判断することを示している。この意味で、特殊－法的正義と言われるものは、特殊－手続的なものを除いて、実体的正義に関する個別的な原理そのものである。それ故、特殊－法的正義が一般的な実体的正義と対立するときとは、実のところ、或る個別的正義の原理が別個の正義原理と対立しているということなのである。そして、この場合に問題となるのは、当該の個別的正義の原理が一般的に展開されうる実体的正義の原理とどこまで整合的でありうるかということであり、その場合に特殊－法的な正義を主張するということは、当該のケースにおいてはその正義原理が妥当することの主張を意味しているのである。もしもそれが一般的な実体的正義の原理と一見して整合しない場合には、当然に一定の解釈的方略によってその説明が図られることになるだろう。

さて、このようにして独自の意義を有する分配的正義の実現がよき社会の実現につながるという場合、その実現によっていかなる社会のあり方が望ましいことになるのだろうか。その像は、例えばディヴィッド・ミラーが示唆しているように、正義の観念のあり方とも連動して規定される[31]。ここで私が考える正義と連動すべき理想の社会像を十分に展開する余裕はないが、既に示されたような自立への均しいアクセスの要請に伴うはずの社会の像について、ある程度の素描を与えることは可能であるだろう。

そこで私は社会の四つのモデルを区別したいと思う[32]。それらはとりあえず、伝統モデル、自由モデル、連帯モデル、そしてリベラル・モデルと呼ぶものである。それぞれのモデルを、意志決定様式、社会的目的、そして社会的関係のあり方の三つの次元において比較整理するならば、次のように言えるであろう。すなわち、まず伝統モデルの特徴は、選良による決定と臣民的な服従、道徳心の発揮の要請と身分に応じた幸福の追求、有機体的な社会的結合関係に存する一方で、自由モデルの特徴は、慣行的に形成された一般的ルールへの尊重と服従、個人の消極的自由の重視、個人的かつ自発的な集団帰属関係に存しているし、さらに連帯モデルの特徴は、自主的な決定と社会管理、共同的な集団全体の幸福追求、平等で情の深い人間関係の構築にあると言えるだろう。これらに対して、ここで論じてきている正義の要請はこれらのいずれのモデルとも結びつかないものである。自由・平等・効率性のトリプレックスを統御し、自立への均しいアクセスの保障を介して個々人の福祉を保全することへと向けられている正義が目ざすべき社会は、明らかにリベラル・モデルとでも言うべきものである。それは広範な法の支配と権利の保障を決定の基軸とし、自由と共同性とが適切な領域区分によって両立していて、かつ個人と社会との二元的な人間関係が適切に成り立っているような社会である。

これらのモデルの中でいずれのものが正義により適った社会であるのかという問題は、勿論争う余地がある。しかし、それぞれのモデルの社会において重要な道徳的問題が発生する場合それを当該のモデルが適切に処理できるか否かには大きな相異がある。例えば、伝統的モデルにおいて伝統からの圧力による個人の犠牲化の問題が発生するとき、それは自由モデルあるいはリベラル・モデルによって解消される必要があり、また、自由モデルにおいて過度の自由の強調によって平等や一定の共同性が毀損されるときには、それもまたリベラル・モデルによって解消される必要があることは論を待たないであろう(33)。些か複雑なのは、連帯モデルの場合である。このモデルに関しては、しばしば社会的共同性に権利義務関係が介入することはできないとされる。しかし、親密で相互理解のある共同体は、実は個々人の権利への尊重と配慮のうえに初めて成り立つであろう。共同体の計画にしても、共同体内での所有関係にしても、個々人のライフ・スタイルや公共的必要への配慮、あるいは共同的政策形成における個人の自由の確保、共同的政策形成における個人の参加の保障、政府の支援に対する要求の権利、あるいは賠償請求の権利などは重要である。特に共同体内部での自主的な決定と管理運営といっても、現実には参加者の寡頭化傾向、関心の分裂、あるいは裕福な者の参加への熱心さなどから、共同体の中での不平等が生まれることもある。その場合の平等の確保は、権利の尊重と配慮なしには不可能であろう。だが、反面で、確かに権利の保障だけで社会統合が十分にできるわけではない。エゴイズムや欲望などの人間の現実を前提するかぎり、権利は両刃の剣となり、社会の過剰な個別化や流動化、あるいは利己主義化に左袒してしまうこともある。確かにこれらの点では、権利保障の理想と現実を見据える必要がある。しかしながら、適切な正義の解釈を受けた権利概念を保持することによって、その運用を正してゆくことは可能であろう[34]。この問題は人間と社会の一般的問題であり、特定の正義と権利のみならずすべての規範と制度に伴う問題である。重要なのは、原理的に考えた場合に、いかなる社会のあり方が望ましい政治道徳に適っておりかつ最も害悪が少ないかということであるだろう。そして、この点では、リベラル・モデルが適切であろうと考えられる。

二　公正の理念

(一)　公正の理念

前節までに明らかにしたように、正義は、公共的価値としての自由・平等・効率性のトリプレックスを統御しうる価値である。そしてその価値の重要なポイントの一つは個々人の自立への均しいアクセスを保全することであり、そしてそれが目ざす社会の像はリベラルなものである。そこで、正義という価値の内容の一解釈としては、公正の理念が意義深いと考えられる[35]。

ここで捉えられる正義としての公正の理念は公共的なものであり、連接的かつ多層的なものとして一定のマトリックス的形態をとる、実質的な価値である。しばしば公正という価値は手続的な意味において理解されることがある。誰にでも平等な機会と権利を与えながら対話を進め、そして誰もが合意できる社会的な決定を進めてゆくという場合の公平な手順をさして、それは言われることが多いのである。確かに公正の一つの重要な意義はこのような手続的な保障に存してもいる。しかし、その一方で、人間の活動のあり方や財の分配の仕方そのもの、あるいはその結果に関しても、そして時には個々人の倫理に関しても、公正もしくは不公正という表現が用いられることがある。それ故、公正という価値のこの実質的な面をめぐって、その最善の解釈は、既に述べられて来たような自由や平等、あるいは効率性の適正なバランスを表現するものとして与えられるであろう。自由や平等、効率性が織りなすトリプレックスに対して、公正はこれらの価値による財の分配の指定を領域化する形で統御しようとする価値である。このような公正は、形式的には、様々な価値のコンフリクトを高次の観点から調整する裁定的なものであり、さらにいかなる資源についても包括的に適用され、それらの配分の均衡を作り出そうとする分配的な価値である。

ここで、対立し相剋する異質な価値に対してその統御を行うことのできる高次の価値は存在せず、そこではむしろ様々な価値を適切にバランスできる実践的な賢慮が要求されるであろうという指摘もあるが、必ずしもそうとも言えない。価値のコンフリクトを何らかの形で解決しようとする営為が無軌道なものではない限り、それを統御している一定の構造を示すような高次の価値が存在していると考えることは不可能ではない。そのような価値の一例がここで公正と呼んでいるものである。その種の価値が仮に複雑な構造を有するとして、それは、不必要なほどに散漫で捉えがたいものとなるであろうか。そうではないであろう。むしろ多くの価値は、複合的な判断を生み出すほどに複雑なものであろう。それは確かに単一の固定的な価値としては表現できないかもしれないが、その一方では、個々の価値は或る適切な区分によってそれぞれの領域において使い分けられていると考えることも不可能ではないからである。人は様々な活動の領域において一見矛盾さえするほどの価値観を抱懐するようであるが、しかし、完全に多元化された価値の体系を抱懐することはできず、むしろ複雑な判断であれ、それを何がしか首尾一貫した形で説明し、また正当化しようとするはずである。(36) 正義としての公正の理念は、公共的価値に関わる人々の複雑な判断を統合的に解釈しようとするなかで構想されるものである。

さて、以上に言う意味での公正の理念は、それを具体化する規範理論を要請し、この理論を通じて様々の目的を規定し排列する。このような規範理論への条件として、公正の理念は二つの原理を含むと考えられる。すなわち、均等な固体抽出の原理と資源分配の実質的公正の原理である。公正は、まず均等な個体抽出の原理によって、問題とされる資源の不均衡の性質に則しながら考慮の対象となる等存在（equals）としての単位（例えば同等な個人）をまず定め、それを踏まえて、資源配分の実質的公正の原理によってその単位間での資源の均等化を要請する。とりわけ、実質的公正の原理は、単位間での資源配分が、それぞれの生活にとって重要な資源の剥奪状態、すなわち公正棄損を是正する形で均等化されることを要請するが、ここで回復されるべき公正棄損とは、個々人の自立への均しいアクセスが損なわれていることである。公正な仕方で資源の配分を保全することはこのアクセスの可能性を均しく開くことであり、個々人の活動における資格、能力、成果の諸条件に関わる多様な財の不均衡を是正して、個々人の自立を支援することである。

単位存在における公正棄損の是正は、既に前章で述べたように、その対象が自立への均しいアクセスという公共的人格のあり方であることによって、それを形づくる活動のフレームに則した財の多面的な保全として規定される。このフレームは一方では活動資格、活動能力、活動結果という三つの活動局面の区別として、他方では、政治的財、文化的財、経済的財という三つの活動領域において必要な財の区別として規定され、これらから合成される九つのセルによって表現されたが、それを踏まえて、実質的公正の原理は、一定の価値マトリックスにおける種々の財の分配の統御の様式として表現される。すなわち、公正は次のような価値マトリックスにおいて区分される各セルに対して、一定の程度差のある資源の分配を行うような公共的価値として考えられるのである。これを公正のマトリックスと呼ぶことにしよう。

	活動資格	活動能力	活動結果
政治的財	（それぞれのセルの特徴に応じた公正棄損の是正）		
文化的財			
経済的財			

この公正のマトリックスにおいては、それぞれのセルの区分において、発生する秩序の問題の性質が異なり、それに応じて規範的統御の課題も自ずと異なってくることに注意をする必要がある。そして、公正のマトリックスは、それ自体としては、まず抽象的な価値内容において資格・能力・結果という一定の行為文脈に関して一定範囲内での資源の等しさを要請する形で規定され、それと同時に政治や文化あるいは経済とい

う一定の領域的条件が加わることで、それぞれの活動領域における資源の等しさの文脈的内容を与えることになるであろう。

一般的に言うならば、政治的領域においては、権力的行動に対する規範的な制約が問題となり、そこでは人権の保障や一定の政治制度の確立が求められる。文化的領域においては、社会の構成員全員が教育や社会福祉サーヴィスなどを通じて生活の基盤となる資源を十分に享受することが重要となる。さらに、経済的領域においては、市場における個々人や企業の活動のあり方とそこでもたらされる成果に関して一定の条件と規制が必要とされるであろう。

例えば、政治領域における活動資格としては様々な基本的人権、例えば参政権が考えられるが、これは基本的には社会の構成員の誰にでも等しく保障されなければなるまい。しかし、参政権に関して言えば、一定年齢より以下の個人や外国人にもすべて権利が認められるとは限らない。また、権利が認められるとしても、政治的判断能力の保障は必要ではないだろうし、支持する議員が当選するか否かといった成果についても保障の必要はあるまい。文化領域における活動資格には例えば教育が考えられる。この場合、義務教育を念頭に置くならば、その資格は勿論社会のすべての人々に等しく保障される必要があるだろう。また、そこでは、活動能力についても、例えば勉学の遅れている生徒に対する補習や障害を持つ人々への教育的配慮などのようなより立ち入った配慮が必要になるであろう。もっとも、一定の倫理観のもとに公教育を拒否する人々にまでその保障がなされなければならないわけではないであろう。また、勉学の成績という個々人の活動の成果は人によって全く異なるものであり、その保障の必要は考えられないであろう。さらに、経済領域における活動資格については、例えば雇用における人種差別や性差別の廃止などについては保障が広くなされなければならないし、活動能力についても職業訓練の提供、女性や障害者あるいは中小企業などの労働条件の改善や条件整備などの保障が要請されるであろう。そしてそれと共に、経済的な活動結果についても、失業保障や所得の再分配なども一定程度は必要だと考えられるはずである。

　このような基本的直観をもとにしながら、公正のマトリックスにおける等しい資源の保全の態様を表現するならば、次のようになるであろう。すなわち、＊は等しい資源保障の要請される領域を示し、それがない部分は個々人の自由な活動に委ねられる部分を示すと共に、＊の個数はその厚さの程度を示しているとすると、

	活動資格	活動能力	活動結果
政治的財	＊		
文化的財	＊＊	＊	
経済的財	＊＊	＊＊	＊

というような態様である。

　ここで、公正のマトリックスにおける平等と自由との両立の問題に触れておく必要があるだろう。既に述べたように、他人からの妨害や強制がないという消極的性質を持つ自由だけが唯一重要な自由であるとすれば、平等に厚い正義が働くことの正当性について疑問視されることがある[37]。しかし、公正のもとでの平等は、消極的意味での自由という価値それ自体の前提条件をなすものであり、また人間生活の根底に関わる不可避

の状況は一定の公共的な配慮に値するものである。公正な平等保障は個人の自立を阻害する環境的要素を排除し、その活動の目的を実現するための条件を整備して、消極的自由の成立と遂行の基盤を広げることができる。それは既に見たように、個人の活動の資格、能力、そして結果において一定の保障を行う。それはまさにそのことによって個人の独立した地位を確保し、その自由な活動を可能にしまた促進するためである。この意味で、公正における平等が意味する自立への均しいアクセスは消極的自由の前提条件であり、それを促進するものである。それ故、平等と自由の両立如何という問題の要は、いずれが排他的に成り立つかではなく、それらが共に寄与しようとするはずの個人の自己形成にとって当該の問題場面でいずれが重要であるかということであり、そのときいかなる資源が公共的に保全されるかということである。(38) この点で、公正のマトリックスにおいては、平等と自由の分配の問題の相補的な相対化が行われている。資格の次元での整序は基本的に平等に委ねられ、能力の次元での整序は基本的に平等と自由との一定のバランスに委ねられ、結果の次元での整序は基本的に自由に委ねられるのである。

もう一点、ここで重要なのは権利の概念との関係である。公正のマトリックスのもとでは、いくつかの規範的デヴァイスと共に、その中で最も重要なものとして権利が要請されると言える。権利の概念は、他の規範的デヴァイスによって個々人の公正棄損が起こる場合に備えられた最終的デヴァイスとして、公正の理念を維持すると共にその規範的力を強化する。(39) 公正に基づく規範的理論は、このような権利の概念をその内に組み込むものでなければならない。その場合、権利の内容は、具体的な公正棄損の在り方を規定する補助理論によって定められる。そして、それらの権利は先のマトリックスにおける位置づけに則して、平等の権利もしくは自由の権利として分類され、また同時にその下位区分として、資格に関する権利、能力に関する権利、そして結果に関する権利としても分類されることになるであろう。尚、具体的な権利の内容を規定する公正棄損の理論は個別のケースに応じて規定されるであろうが、一般的には、公正棄損の理論には二つの規準が含まれる。一つは、権利の認定に関わる規準であり、もう一つは権利の調整に関わる規準である。権利の認定に関わる規準は、端的に言えば、ある政治的な決定が当事者の資格や活動に関して社会的で不当な剥奪状態を生み出している場合に権利が認められるというものである。この場合には、単に或る個人が或る剥奪を体験しているだけでは不十分であり、他人から不当な制限があることが必要である。権利の調整に関わる規準は、二つの権利の含む公正回復の緊要性の度合いの差、言い換えれば問題となっている棄損の大きさの相対的な差異による。そこでは、いわゆる権利功利主義の見方とは異なって、先の認定規準によって対立する主張の一方が優先的な配慮を受けるか、あるいは二つの主張の相対的重要度の比較による一方に対する他方の均衡化が図られることになる。例えば具体的な権利の認定や権利の衝突の調整に関しては、問題となっている要求について公正のマトリックスから評価される棄損が存在するか否かによって権利を認定したり、対立する権利や利益におけるそれぞれの目的に向けられた棄損の度合いを考え、棄損の大きい方を回復させてその均衡を図るということになるだろう。

では、公正のマトリックスによる価値や利益の優先的考慮はいかなる形で可能なのだろうか。このマトリックスは当然、種々の具体的問題場面において、誰に、いかなる活動資格、能力あるいは結果を、どれくらい等しく与えるのが適切なのか、という問題に一定の指針を与えるものでなければならない。その際には前述の文脈的な価値の表現は、それぞれの領域における個別事例の判断における規準として働き、それぞれの個別ケースにおける具体的事実の条件に応じて、特定の当事者どうしの関係における平等な権利分配やその制限として個別的な表現を得ることになるであろう。

一般的に言うならば、具体的な価値判断は、例えば、「xの行なった表現行為はyのプライヴァシーを侵害している」というものであったり、「wの有する治療困難な身体的ハンディキャップには一定の金銭的補償が必要である」というものであったり、あるいは「zに或る契約上の財の所有権を認めることは関連当事者間に生じる社会的なコストを低めることになる」といった、特定の個別的事情に応じた自由や平等、あるいは効率性の要求である。これらの個別的な判断は、しかし、それ自体で成り立っているわけではない。それらはそれ自体のうちに一定の論理的前提を内属させている。すなわち、一定の形の個人的自由の侵害が不正であり是正されるべきこと、一定の形の不平等や格差が不正であり是正されるべきこと、そして一定の形の権限分配は結果としてコストを低減させるべく行なわれるべきことといったより基本的な価値判断がそこには伏在しており、それをもとに個別的なケースに関する事情が組み合わされて、具体的判断が導かれているのである。このような論理的関係は、一定の論理規則、とりわけ前件肯定式や目的論的形式を想定するならば、当然に予想されるものである(40)。ある具体的な判断は、一定の価値判断とそれを補足する事実判断との連言から導かれるのであるから、具体的な価値判断の背後には少なくとも二つの前提命題が存在しているはずなのである。それ故、具体的な価値判断が存在するということは、たとえ黙示的なものであれ、同時に高次の価値判断が存在していることを意味している。

しかし、さらに考えてみれば、これら高次の価値判断そのものは決して相互に無関連に存在しているとは限らない。むしろ、既に論じてきたように、こと公共的価値に関する限り、これらの高次判断は一定のトリプレックスを形成しており、それはさらに公正のマトリックスによって統御されうるものである。このマトリックス自体は、高次の抽象的次元において一定の価値の機能領域を規定し、種々の価値の相対的比重を規定している枠組であり、比較考量において各価値の比重が文脈相対的に変化するところのヘテラーキーを与え、いかなる場合にいかなる形の価値が優先されるかを規定する。そうであるとすれば、先の具体的な価値判断は、究極的にはこの高次のマトリックスからの論理的な派生形として考えられることになるであろう。すなわち、これらの具体的判断は、一定の論理的規則に従いながら、それぞれのケースの個別事情における特定の条件とそれらを取り巻く文脈的な条件を介して抽象的な高次価値から生み出されているのである。逆から言えば、このことは抽象的次元にある価値が種々の文脈的条件および個別ケースの条件によって内容的に具体化されてゆくという状態でもある。ただし、今まで述べてきた論理的関係は、実践的な思考における最終的な形態であり、その具体的な発見プロセスの問題はまた別に考えられるということには注意が必要である。人々の実践的な思考はこのような論理的関係に則しながら行われているが、それはまたその関係を展開させる内生的な動因ともなっているのである。

さて、人々の実践的な思考にあっては、様々な要件がいろいろな形で考慮される。例えば、ある人への経済的補助が他人の経済活動の自由を阻害しているという場合、そこには種々の考慮要素が存在している。経済活動において自由な創意工夫を試み高収入をめざす人からすれば、その行為は自己自身の生の意味にとって不可欠の営みであり、しかも他人との格差が事実上惹起されているというだけの理由で税などによって自己の創造的活動を制限されることは、まさに個人の自由の侵害となるかもしれない。特にその人が収入がまだそれほど高いわけではなく今後いっそうの投資などによってさらに収入を上げようと努力しているといった場合には、課税は大きな負担となるかもしれない。その一方で、一定の身体的ハンディキャップなどの故に経済的に必ずしも有利な成果を残せない人にしてみれば、自由な経済活動は恵まれた条件を利用することで可能になっているのであり、個人の自由は重要だとしてもそのことだけで経済的格差が肯定されるとは言えないであろう。特に、ハンディキャップの故に経済活動を様々に拡張することができず、収入も必ずしも思うように伸びそうもないとすれば、この格差はより大きなものとなる。そして、心理的にもそこには大きな軋轢が生ずる。前者にとっては自由の制限は結局動機づけを阻害し、生活への不満を蓄積させ、また後者にも平等の欠落もまた動機づけを阻害し、生活への不満を募らせるかもしれない。いずれにおいても、そこでは全く異なる価値の保障こそがそれぞれの人に大きな動機づけを保障しうることになる。ここでは二人の当事者の幾つかの事情が完全な対照をなして衝突している。

このような対立に関して、裁定的な第三者の立場からはいずれを保護するかということが問題となり、概括的には、経済活動の自由を考慮するかそれとも平等な条件保障を重視するかの決定が重要となる。そこではより具体的な考慮、例えば問題となっている収入の多寡、ハンディキャップの程度、あるいは心理的負担などを細かく比較することが大きな意味を持つことになるだろう。この場合にいずれの見方を取るとしても、それぞれは相互に残りの見方を適切に限定することができなければならない。経済活動の自由を重視するならば条件の平等には一定の限度があることを説明することになるし、その逆であれば、活動の自由にはそれでは贖えない条件の平等の問題が残ることを説明する必要がある。そして、これらの考慮を決するには、さらに細かい当事者間の事情を探索し、それらの事情を一定の評価と連動させながら理由として援用してゆくことになるであろう。

このような具体的判断がなされるべきとき、公正のマトリックスはいかに働くのであろうか。公正のマトリックスそのものは、まず一定の優先考慮の規準を与えている。一方で、活動資格・活動能力・活動結果という順序があり、他方で政治的財・文化的財・経済的財という順序が与えられていることは、そこで生ずる九つのセルに一定の優先順位が付けられることを意味している。すなわち、活動資格と政治的財とが個々人にとって最も基本的な資源であると考えられるとすれば、次のような形で各セル間の優先関係が考えられるであろう。

	政治的財	文化的財	経済的財
活動資格	1	2	3
活動能力		4	5
活動結果			6

つまり、政治的資格の等しい保障は文化的資格の等しい保障に優先し、文化的資格の等しい保障は経済的資格の等しい保障に優先するといった平等保障が行われる一方で、政治的資格と結果、および文化的結果には等しい保障は及ばない、すなわち自由であるという優先関係が存在しているのである。そうであるとすれば、先の経済活動のケースにおいては、活動資格や能力の等しい保障が結果の自由に優ることになるので、基本的にはその対立は平等な条件の保障に有利な形で判断されるべきだということになるであろう。ただし、自由を享受する方がより具体的にいかなる程度において負担をすべきであるかは、さらに上記のような諸事情の検討に委ねられるはずであるが、その場合には、今度はこのマトリックスの第三の条件である効率性も大いに関連してくることになる。

しかし、このような場合とは異なって、同じセルの中での比較考慮が問題となる場合もある。例えば、ある人の表現行為が他人のプライヴァシーを侵害しているという場合、そこにはいろいろな考慮の要素が存在している。表現行為をする当人からすれば、その種の行為は自己自身の生の意味にとっては不可欠の芸術的な営為であるかもしれず、しかも他人の生活の情報を知りかつそれを文芸的に加工することで、作品には大きなリアリティが生まれるかもしれない。その一方で、そのような表現行為の対象となっている人にしてみれば、自己の生活は他人に知られたくない醜悪なものかもしれず、当人にしてみれば悩みの種であって、それが間接的な形であれ文芸の形で公になるならば、そのことによって当人の生活はいっそうの心理的な重荷となってしまうかもしれない。ここでも二人の当事者の幾つかの事情が完全な対照をなして衝突している。すなわち、一方にとっては表現はその生の意義そのものであり、ある他人の情報はその表現にとって不可欠な意義を持っていて、かつその表現は芸術的に加工されたものであり、しかし公にすることが求められている。他方にとっては、自己のハンディはあくまで秘匿されるべきものであり、その秘匿があることがその人の生を多少なりとも安寧なものとしていて、その情報はいかなる形でも外部に漏らされるべきものではないことが求められている。

この種の対立に関しても、裁定的な第三者の立場からは幾つかの考慮が可能となる。すなわち、例えば表現行為の社会的価値を重視するか、情報の私秘性を重視するか、あるいは芸術的加工の技術性に手がかりを求めるか、などである。いずれの見方をとるとしても、それぞれは相互に残りの見方を適切に限定することができなければならない。表現行為の意義を重視するならば、情報の私秘性には一定の限度があることを説明し、かつ芸術的加工の意義をも評価することになる。その逆であれば、表現行為にも加工の技術性にもそれでは贖えない重要情報の露呈の問題が残ることを説明する必要がある。そして、これらの考慮を決するには、さらに細かい事情を探索し、それらの事情をさらに理由として援用してゆくことになるだろう。

このような場合には、問題となっていることが同じ政治的資格のセルの中での事柄であるため、公正のマトリックスは一面では平等な保障しか指示できない。しかしながら、同じセルの中に問題が含まれているということは、それ自体が一つの重要な指針である。そして、そのことによって、このような場合の問題の処理は、いずれの自由が重要かということよりも（なぜならこれらの自由は等しく重要である）、いずれの自由も等しい形で分配されるべきことが指示されることになる。もっとも、これらの自由が共に等しく分配されること、つまりそれぞれの自由の保障が両立するように調整されることがいかにして可能かは、困難な問題である。ここで、二つの自由が共に内在的な重要性を有する以上は、問題の処理は効率性という第三の価値によるそれぞれの外的結果に関する考慮によってしかあり得ないであろう[41]。つまり、ある形での自由の分配をとった際にそれが社会的に見て最小限のコストを生じさせるにとどまることが重要となるのである。

既に述べたように、このような判断が必要となる場合、一般的には内在的評価と外在的評価の二つがあり、価値の比較考量の最終的な評価はこれらの二つのアスペクトを総合したものであるが、先の表現行為とプライヴァシーとの衝突の場合には、内在的評価は一定であると考えられるから、最終的な判断は、外在的評価の状態に従ってなされる。この外在的評価は帰結主義的考量であり、社会の中での積極的な支持層、積極的な反対層、機会主義的な支持層のそれぞれをいかに充足しうるかの判断によってその評価が定まるのであるから、結局は相対的に割合の大きい機会主義的な支持層の充足が大きな意味を持ち、それによって結果が判断されるであろう[42]。このとき、この高次判断そのものは、一定の平等や自由が充足されている場合でもなお対立する二つの価値の間の優劣の決定は効率性の原則に従ってより社会的コストの少ない判断がとられるべきであるという、公正のマトリックスの持つ指針によることになる。

かくして、正義としての公正の理念は、自由、平等、効率性という三つの主要な公共的価値のバランスをめぐって、一定の価値マトリックスに従いつつ、一定の領域化の方略によってそれぞれの適切な機能条件を区分し、共存を図る形で統御する。これが私なりの正義の一つの解釈である。勿論、この見方にはさらに検討の余地があるかもしれないし、他の正義の観念もまた相応の新たな解釈によって定式化されるかもしれない。しかし、具体例を交えたいっそうの検討はさらなる課題である。

(二) 公正と法思考

公正の理念の実現は具体的な価値判断を通じてなされる。しかし、そのヴァリエーションは多岐にわたるであろうし、そのすべてについて論及することはできない。それ故、ここでは特に法思考との関係において、公正の理念の働き方について見てみたい。

公正と法思考との関係を考えるために、ここではそれを三つの連続した層において眺めることができるであろう。すなわち、マクロな判断枠組、ミクロな判断枠組、そして個別判断である。これらの三つの層は、順に、基底層、表現層、個別層として、基底層の抽象的で包括的な境界規整の内で、一定の問題文脈における表現層が論理的な構成型として現れ、さらにその型に則しながら個別層におけるより具体的な考量が行われるという、負のフィードバックの関係に立っている(43)。そして、この層的な連関は、一般に価値が抽象的価値内容――文脈的条件――文脈的価値内容――個別的事実条件――個別的価値内容というように垂直的に制度を通じて具体化され、同時に種々の問題文脈に応じて文脈的価値内容や個別的価値内容の間に水平的にも展開されるという事態に相応している。

そこで、まず公正と法思考のマクロな判断枠組との関係について述べよう。これはおよそ正義と法秩序との間の布置関係のあり方に関わる問題である。

この問題に関しては、まず正義と法秩序との間の外的結合関係と内的結合関係とを区別する必要がある。外的結合関係とは、正義が法秩序に対する外在的制約として先行して存在し、その規整は法秩序の端緒にのみ及ぶという関係である。この関係の典型は、ジョン・ロールズが主張したような正義と法との間の四段階の系列である。(44) ロールズは正義原理の採択を第一段階としたうえで、次にはそれに従って憲法が制定され、さらにそれを承けたうえで諸々の法律が制定され、そして最後にそれらの法律のもとで行政や司法あるいは一般市民の活動が行われるという四つの段階を考え、正義は第一と第二の段階の間で働くと規定した。これはベースラインとしての正義とでも呼ぶべき見方であり、また法秩序に関しては憲法を頂点としその下に法体系が展開するという伝統的なハイアラーキー型の見方をとるものである。その一方、内的結合関係とは正義と法秩序とが多元的に複雑に絡み合ったネットワークを作り上げているという関係である。すなわち、法秩序における種々の規範群のそれぞれにあるいはそれらのセットに相関して内属的に、正義は様々な形で法の総体に常に関わっているのであり、憲法やその他の法律を問わず、いかなる領域のいかなる形の規範においても正義はその前提となっているのである。私はこのような関係をエレメントとしての正義と呼び、それと関連して展開される法体系の全体のあり方をネットワーク型として捉える。

このようなエレメント－ネットワーク型の正義と法秩序の布置関係においては、内容的にさらに二つのものが区別されうる。一つは過程制約モデルと呼ぶべきものであり、この典型はロバート・ノージックの言う権原の正義である。(45) 権原の正義においては獲得、移転、賠償という三種類の最小限の歴史的原理だけが重要であるが、この主張を正義と法思考という脈絡で捉えるならば、当然に、種々の法規定はこの最小限の正義原理に整合的な形で限定的に解釈され運用されるべきことになるであろう。この場合、それぞれの原理は財の獲得が正当な過程によるものであるか否か、財の移転が正当な過程によるものであるか否か、そして財の侵害への賠償が正当な形でなされているか否かに従って、法規定の意義を説明しまた正当化するのである。この見方は最小限の消極的制約だけを法思考に課することになる。それに対してもう一つ区別されるべきは、いわば解釈的制約モデルとでも呼ぶべき関係である。これは解釈を通じての法思考のなかで正義による消極的および積極的な実質的制約がなされるものである。それは一方では過程制約モデルと同様に、ハイアラーキー的な法体系を予定することなく、むしろ個々別々の法規定の運用に応じてその都度正義の観念が内属的に関わるのであるが、他方ではしかし、過程制約モデルとは異なって、個々人の行為の過程のみならず、権利や責任その他の財の分配のようなより実質的な規整にまで及ぶものである。

幾つかの例を考えてみよう。まず、日本の民法における不当利得の否定は法律上の原因なくしてという条件によるが、これは正義や公平の観念上正当とされるもの以外の場合ということを意味しており、民法においては私権の尊重や公序良俗などと適合的に解釈されなければならないものの、既にこのディスコースの内において最終的には自由や平等の理解へと直接に遡及するはずの問題である。また、日本国憲法におけるプライヴァシーの権利や自己決定権、あるいは生存権などの保障の問題は、憲法上は幸福追求権の保障の問題に連なるのであるが、しかし、そのことは民法の場合以上により直接的に自由や自律の保障につながっている。また刑法の殺人罪の適用の場合には、保護法益の認定、違法阻却事由などの有無がまず前提となり、その理由は罪刑法定主義によって与えられることになるが、しかし、さらにこの根拠は、自由や個人の尊厳、生命の平等に求められることになるはずである。そして、これらの法律における諸規定はそれらの基底となる権利、自由あるいは平等などの抽象的な価値につながることで、これらを介してさらに文脈的な相異を有しながらも相互に結びついていることとなるであろう。こうして、正義と法秩序とは全体として複雑な相互のネットワークを形成することになるのである。また、このとき法思考はその相互関係を生じさせる内生的な動因となっている。そうであるとすれば、正義と法秩序との結合関係は解釈的制約モデルにおいてより適切に把握されることになると思われる。

その際、ここで言う法とは広い意味でのものであり、種々の公共的価値、法律、そして社会慣行などが正義という社会的規整力の源泉となる価値を軸にして統合されることによって成り立つような規範体を指している。個々の法規定がこの法の全体の中でいかなる意味を有するかは、その解釈的な統合の基軸となっている正義の観念に依存して定まる。正義そのものは、包括的、抽象的、権威依存的、批判的な価値であり、法という規範体は、限定的、具体的、強制依存的、設計的な体系であるが、これらの間には解釈的な有機的相互関係が存在している[46]。それ故、公正の理念のもとで解釈されることになる法は、公正のマトリックスとの関係で整序されることになる。そして、そうであるならば、法もまた、このマトリックスの構造に応じて分類することが可能になるであろう。すなわち、政治、文化そして経済に関わる資格保障の法、同じくそれらに関わる能力保障の法、そして同じく結果保障の法、あるいは活動資格における平等保障の法、活動能力における平等と自由の法、活動結果における自由の法といったようにである。また、このときには、例えば、政治的な法と文化に関する法、あるいは経済の法との間では、平等の関係もその現れ方が異なっているのであるが、それらの平等の間には資格における強い平等、能力に関する弱い平等といったように、平等の共通性が看取されることにもなり、このことによって、それぞれの領域の特性と同時に領域共通性が存在して一定のネットワーク的な関連性が看取されることになる。

尚、正義と法秩序との関わりにおけるこれらの区別に加えて、別の次元としては、法原理、法律、法運用という区別が、公正によって解釈された法とオーヴァーラップするような多元的な法構造も考えられる。この場合、法原理、法律、法運用という区別は、正義としての公正の理念によって形づくられる法のネットワークに関するメタ－レヴェルの区分であり、公正に基づく法のネットワーク全体が継時的に変動してゆく場合の契機を示すものである。しかし、この問題は法概念論上の問題としてさらに別個に論究されるべきことであり、ここではこれ以上は立ち入らない[47]。

そこで、公正と法思考のミクロな判断枠組ないしは表現層の問題に移ろう。ここでは、法思考の論理的構成と正義の観念との交錯のあり方が問題となる。法思考は一定の具体的な紛争解決をめぐる規範的正当化の営為であり、具体的な解決の正当化のためには、種々の言明の構成とその説明や根拠づけが必要である。法思考は種々の論理的な正当化方略を伴うが、ここで重要なのは、これらの正当化方略が試みられる際に、そこに正義の観念がいかに関わってゆくかということの機序である。

ここで注意しなければならないのは、この層では、法律とその基本的理解のセット、すなわちいわゆるスキーマによって予定されている思考枠組もまた関わってくることであり、価値的な考慮は最終的にはこの枠組の内に変換される必要があるということである(48)。特に制定法体系の下での思考ではこのことが重要である。つまり、実際の法思考の表現型においては、演繹的三段論法をその中核とするような法的正当化の構成が前面に現れ、それまでの価値的な考慮はその背景に退くこととなるのである。それ故、ここでは、二つの側面を勘案しなければならない。一つは概括的考慮の次元であり、法的正当化の最終的な価値判断規準を介していかなる価値や利益を優先させるかに指針を与え具体的結論を規定する働きの側面である。もう一つはより精細で論理的な具体的考慮の次元であり、正当化において現れる種々の言明に対して一定の価値的方向づけにおいて整合性を与えながら正当化を方略的に構成してゆく働きの側面である。勿論これらの次元があらゆる法思考において自覚的に展開されるわけでは必ずしもなく、それらは或る場合には無意識のうちに思考を導くこともあるであろう。

概括的考慮の次元に関して重要なのは、法的判断における価値の内的考量と外的考量の統合である。既に別章で触れたように(49)、例えばプライヴァシーの保護が主張されているような場合、そこでは消極的自由の重要性や自己決定などの価値が共に相俟って正当化を与えているのに対して、その一方で表現の自由が主張されているとき、そこでは政府の価値中立性や社会的コミュニケーションの必要性といった価値が当の主張を正当化しているであろう。そこで、これらの主張のいずれを優先させるかが問われる場合には、これらの価値に関する内的考量と外的考量とは、次のようにして働くことになる。すなわち、価値の内的考量は、一定の高次価値規準に基づきながら、問題となっている諸価値のウェイトを比較し、それらの間の相対的な優先度を規定する。例えば、自己決定の重要性とコミュニケーションの価値との間のウェイトが勘案されるのである。その一方で、価値の外的考量は、特定の価値にウェイトを与えることによって結果的にもたらされるはずの利益や害悪を勘案することで諸価値の優先度を規定するが、その場合には、ある価値的な構成要素がそれを支持する社会の中間層の人々にどれくらいの充足を与えることができるかということが焦点となり、この中間層の半分を越える人々に充足が与えられるならば、当の価値はその可能な結果において一定の優先性を持つこととなる。例えば、そこでは消極的自由の保護が結果としてもたらす社会的な望ましさとコミュニケーションの活性化がもたらす社会的な望ましさとが相互に比較されることになるであろう。そして、以上のような二種類の価値の考量は最終的には統合されることになるのであり、その際には、当の問題において関連する諸価値の帰結よりもその内在的意義を重視するか、あるいは逆に内在的意義よりも帰結を重視するかのいずれかが定められなければならない。そして、内的考量と外的考量とが共に一方の要求を支持するならばその要求が全面的に支持されることになるであろうし、この二つの考量が相反する要求をそれぞれに支持するような場合には一定の高次価値規準によってさらなる考慮が必要となるであろう。いずれにしても、法的判断における概括的考慮はこのようにして価値の考量に依拠しながら行われ、具体的なケースをめぐる法思考の全体の基礎となる保護すべき価値や利益のあり方を概括的に規定することで、その思考の一般的指針を示すことになる。

その一方で、方略的な正当化の論理的構成に関する具体的考慮もまた法思考においては独自の意義を有している。そこでは、具体的なケースの事実認定、関連する原理や政策、立法趣旨や社会情勢、法律上の解釈規準などが同定され勘案されながら一つの論理的な関係が形づくられる。それらは具体的な結論を支持することに向けられた言明の論理的連鎖を成している。そして、それらの連鎖的な言明群の中には幾つかの支点言明が存在して連鎖の結節点となり、この連鎖の実質的な価値的特徴を示している。(50)これらの支点言明には、直接に規範的なものと間接に規範的なものとが存在する。直接に規範的なものとはその根拠に実質的な価値規準を持つ言明群であり、間接に規範的なものとは法律や先例あるいはその他の確立された法的規準を含むような言明群である。また、このような法的正当化の論理的構成は、多くは既にかなりの程度まで確立されたスキーマに従って形づくられ、その際には先に述べた概括的考慮の問題はあくまでこのスキーマによる判断や論理的構成を補完するものとして位置づけられることになる。しかしながら、このような正当化の論理的構成に関する独自の位置づけは相対的なものにすぎない。この論理的構成はやはり概括的考慮による境界規整を受けており、論理的構成における種々の規準は最終的には問題解決のための高次の価値規準の働きに服している。そこでは、とりわけ支点言明群がこの連鎖の価値的な方向を間接的に表現しており、これらの支点言明の根拠が概括的考慮によって与えられている。つまり、概括的考慮との一貫性は具体的な結論を先取りする形で正当化の論理的な連鎖を方向づけているのである。

最後に、個別判断の層に関して付け加えるならば、この層においては、それぞれのケースの事情に則した事実の確定とそれに関連する法的特徴とが拾い上げられ、それらの個別的条件に対して価値評価が加えられることがある。その場合、特にスポット的考慮と呼ぶことのできる個別的な省略判断が行われることが多い。(51)個別判断の層では、正当化における論理的単位となる個々の言明に関してそれぞれ個別的な価値判断が行われる。例えば、当該ケースにおける個人が一般市民であるならばその私生活をマスコミが興味本位に覗いてはならないといったような、ある一点に関してそれ自体でほとんど自明な常識的判断である。このようなスポット的考慮は、具体的なケースの条件に則したものであるだけに、それ自体として十分な根拠を持った判断であるように見える。そしてこの個別判断の次元では、このような考慮の集積によって正当化が進んでいるように見える。スポット的考慮は予め慣行的に設定されている法的要件の検討事項に則しながら、その要件ごとの判断と推論を或る種の暗黙の常識として支えているのである。

しかし、この次元での種々のスポット的考慮もやはり概括的考慮に矛盾するものではあり得ない。確かにこれらの考慮には個別性の度合いにおいて差異があるが、このことはこれらの考慮が論理的に全く独立のものであることを意味しない。むしろ、スポット的考慮においては確かに一定の判断の幅があるものの、それはあくまで概括的考慮からの境界規整の範囲内にあると考えられる。このことは言い換えれば、個別的な次元での判断や推論は常に概括的な次元での価値的な考慮を前提あるいは予想しながら、それと整合するように行われるという広い負のフィードバック関係の下にあるということである。法思考は、いかなるレヴェルであれ、究極的な結論の正当化のために広い意味で目的指向的に形づくられ、個々の言明群は種々の論理的技法を介しながら、究極的な結論の正当化へと向かっている。そしてその目的を規定するのは正義のあり方に関する価値的な考慮である。

このようにして、法思考のあり方は概括的な価値的考慮と方略的な正当化という二つの条件を通じて、その内に正義との関わりを伏在させている。ここに見られる正義との関わりは、法思考に内属的なものであり、法思考そのものが正義との関わりから独立して存在するわけでは決してない。法思考とは、正義という価値と解釈的な形で内在的に不可分の関係にあると言える。このような相互作用において現れる正義と法思考との結合は、全体として、解釈的法と呼ばれるダイナミックかつ成長的な法形成へとつながっている。[52] そして、私の考えでは、公正の理念こそがその要である。

（1） cf. Kagan, *Normative Ethics*, p. 189 ff.
（2） Rawls, *A Theory of Justice*（*Rev. ed.*）, p. 52 ff.
（3） Dworkin, *Taking Rights Seriously*, p. 232 ff., p. 272 ff., do., *A Matter of Principle*, p. 198 f., p. 359 ff., do., *Law's Empire*, p. 222 ff.
（4） Nagel, *Equality and Partiality*, p. 63 ff.
（5） Michael Walzer, *Spheres of Justice*（Basic Books, 1983）, esp. ch. 1, p. 17 ff.
（6） Rawls, *op. cit.*, p. 54.
（7） Dworkin, *Taking Rights Seriously*, p. 236 ff. 尚、自由と平等との関係に関して、参照、H・L・A・ハート（小林・森村訳）、権利・功利・自由（木鐸社、一九八七）、一九八頁以下。cf. Dworkin, *A Matter of Principle*, p. 365 ff.
（8） cf. Nagel, *op. cit.*, p. 130 ff., p. 154 ff.
（9） Walzer, *op. cit.*, p. 6 ff., do., *Interpretation and Social Criticism*, p. 17 ff.
（10） Norman Daniels, "An Argument about the Relativity of Justice"（in : *Revue Internationale de Philosophie*, No. 170, 1989）, p. 363 ff.
（11） Dworkin, *A Matter of Principle*, p. 216 f., cf. Warnke, *op. cit.*, p. 207 ff., cf. Amy Gutmann, "Justice across the Spheres"（in : David Miller and Michael Walzer, eds., *Pluralism, Justice, and Equality*, Oxford U. P., 1995）, p. 102 ff.
（12） Gutmann, *op. cit.*, p. 114 ff.
（13） cf. Dworkin, *op. cit.*, p. 219, Gutmann, *op. cit.*, p. 111 ff., Richard Arneson, "Against Complex Equality"（in : Miller and Walzer, *op. cit.*）, p. 230 ff., p. 249 ff.

(14) cf. Michael J. Loux, *Metaphysics* (Routledge, 1998), p. 23 ff.
(15) cf. Elaine Scarry, *On Beauty and Being Just* (Princeton U. P., 1999), p. 93 ff.
(16) 法の領域で説かれる場合の例として、参照、磯村哲、「法解釈方法論の諸問題」(同編、現代法学講義、有斐閣、一九七八)、一〇六頁以下。また、参照、青井秀夫、法思考とパタン（創文社、二〇〇〇)、第九章。
(17) cf. Richard Posner, *The Problems of Jurisprudence* (Harvard U. P., 1990), chs. 2, 3, 6, 7, 14, Dworkin, *Law's Empire*, p. 154 ff., Stanley Fish, "Almost Pragmatism" (in : Michael Brint and William Weaver, eds., *Pragmatism in Law and Society*, Westview Press, 1991), p. 47 ff.
(18) cf. Kagan, *op. cit.*, p. 280 ff.
(19) 法の領域での一例として、参照、吉田克己、現代市民社会と民法学（日本評論社、一九九九)、第二章、特に一三四頁以下、および一四九頁以下。
(20) cf. Kagan, *op. cit.*, p. 281f.
(21) アリストテレス、ニコマコス倫理学、1131a10。ただし、この均等の概念には幅があることについて、cf. Gregory Vlastos, "Justice and Equality" (in : Jeremy Waldron ed., *Theories of Rights*, Oxford U. P., 1984), p. 41 ff., p. 49 ff. また、参照、岩田、アリストテレスの倫理思想、第六、七章。
(22) 本書、第I部第二章、四五頁以下。
(23) 参照、長谷川、解釈と法思考、第七章、特に一八五頁以下。
(24) 参照、プラトン、国家、433a 以下。アリストテレス、ニコマコス倫理学、1129a 以下。cf. Julia Annas, *The Morality of Happiness* (Oxford U. P., 1993), chs. 1, 2 また、参照、大川正彦、正義（岩波書店、一九九九)、特に四〇頁以下。
(25) Alan Ryan, "Introduction" (in : do., *Justice*, Oxford U. P., 1993), p. 3 ff. 尚、ケアと正義との関わりはこの点で重要であるが、それらは一応別個の問題であると考えられる。cf. Kymlicka, *Contemporary Political Philosophy*, p. 262 ff., Robin West, *Caring for Justice* (New York Univ. Press, 1997), ch. 1

（26）Ryan, *op. cit.*, p. 4. また、参照、井上、他者への自由、九八頁以下。

（27）cf. Nagel, *The View from Nowhere*, p. 195 ff., p. 198 ff.

（28）アリストテレス、ニコマコス倫理学、1130b30以下。また、参照、岩田、前掲書、二五五頁以下。

（29）参照、リンド&タイラー、フェアネスと手続きの社会心理学、第四、五、六章。cf. Tyler, Boeckmann, Smith and Huo, *Social Justice in a Diverse Society*, p. 84 ff., cf. Benhabib, *Situating the Self*, p. 38 ff., Dworkin, *A Matter of Principle*, p. 94 ff.

（30）参照、H・L・A・ハート（矢崎監訳）、法の概念（みすず書房、一九七六）、一七四頁以下、二二四頁以下。

（31）cf. David Miller, *Social Justice*（Oxford U. P., 1976）, ch. Ⅷ

（32）自由モデルに近い例として、cf. Friedlich Hayek, *Law, Legislation and Liberty*, Vol. 2 : The Mirage of Social Justice（Univ. of Chicago Press, 1976）, esp. ch. 8 連帯モデルに近い例として、cf. Philip Selznick, *The Moral Commonwealth*（Univ. of California Press, 1992）, esp. chs. 7, 8, 14, 15 またリベラル・モデルに近い例として、cf. Dworkin, *Sovereign Virtue*, chs. 4, 5

（33）参照、長谷川、権利・価値・共同体、一四六頁以下、一五八頁以下、一七三頁以下。

（34）参照、長谷川、前掲書、一二三頁以下、一八八頁以下。

（35）参照、長谷川、前掲書、一〇七頁以下。cf. Hochschild, *What's Fair*, ch. 2 また参照、ハート、前掲書、一七三頁。cf. J. R. Lucas, *On Justice*（Oxford U. P., 1980）, ch. 1

（36）cf. Lucas, *op. cit.*, p. 17 ff.

（37）Hayek, *op. cit.*, ch. 9, Robert Nozick, *Anarchy, State and Utopia*（Basic Books, 1974）, ch. 7 また、この発想を自己所有権論として展開した重要な議論として、参照。森村進、財産権の理論（弘文堂、一九九五）、特に第二、三章。

（38）cf. Dworkin, *op. cit.*, p. 131 ff.

（39）長谷川、前掲書、一一七頁以下。

（40）長谷川、解釈と法思考、一六頁以下。

(41) cf. Cooter, "Liberty, Efficiency, and Law", p. 150 ff.

(42) 本書、第I部第一章、八頁以下。

(43) 長谷川、前掲書、二二頁以下。cf. Karl Popper, *Objective Knowledge* (Oxford U. P., 1972), p. 230 ff., Michael Polanyi, *The Tacit Dimension* (Anchor Books, 1966), p. 40 ff.

(44) Rawls, *op. cit.*, p. 171 ff. また、参照、井上達夫、「法の支配」(井上達夫・嶋津格・松浦好治編、法の臨界[I]法的思考の再定位、東京大学出版会、一九九九)、二二八頁以下。

(45) cf. Nozick, *op. cit.*, p. 150 ff., Serge-Christophe Kolm, "Distributive Justice" (in : Robert Goodin and Philip Pettit, eds., *A Companion to Contemporary Political Philosophy*, Blackwell, 1993), p. 452 ff.

(46) 参照、長谷川、前掲書、一八六頁以下。

(47) 参照、本書、第III部第二章、二七六頁以下。

(48) 参照、山本敬三、「民法における法的思考」(田中成明編、現代理論法学入門、法律文化社、一九九三)、二二四頁以下、二四〇頁以下。また、同、「法的思考の構造と特質」(岩波講座現代の法一五、現代法学の思想と方法、一九九七)、二五三頁以下。

(49) 参照、本書、第I部第一章、八頁以下。また、本章、二二三頁以下。

(50) 参照、長谷川、解釈と法思考、二三三頁以下。また、参照、山本、「民法における法的思考」、二四一頁以下。

(51) 参照、本書、第I部第一章、一八頁。cf. Cass Sunstein, *Legal Reasoning and Political Conflict* (Oxford U. P., 1996), ch. 6, esp. p. 143 ff., Cass Sunstein and Edna Ullman-Margalit, "Second-Order Decisions" (in : *Ethics*, Vol. 110, 1999), p. 9 f.

(52) 参照、長谷川、前掲書、一八八頁以下。

[正義の考慮の射程に関する補遺]

正義の考慮の射程は包括的であり、個人から集団、そして全体社会にまで及びうる。特に後二者に関しては、それぞれのレヴェルでの共同的な善がその対象となる。集団に関する共同の善を局所善（local good）、全体社会に関する共同の善を共通善（common good）と呼ぶならば、正義の考慮は、個人、集団、全体社会と同心円上に並ぶ社会的ユニットに応じて、個人善を核とし、局所善、共通善とやはり同心円上に並ぶ各種の善の保障に向けられる。ただし、この場合、これらの社会的ユニットの関係は個人を囲繞する一元的な包摂関係にあるわけではは必ずしもないし、それぞれに対応する善のあり方も同様に一元的な包摂関係にあるとは限らず、ここには解釈の余地がある。つまり、この同心円的なユニットや善に対する正義の考慮の視角は、幾つかの方向から規定可能なのであって、個人とその善を軸として見る場合と、全体社会と共通善を軸として見る場合、あるいは集団と局所善を軸として見る場合とでは、それぞれの軸以外の他の二つのユニットおよび善との関係や比重の捉え方が変化するのである。

ここでいかなる捉え方をするかは、結局、個人、集団、全体社会という社会ユニットのあり方やそこでの善の関係についての理論によって定まってくる。正義としての公正の理念という私の理論においては、個々人の保護の普遍性という想定がとられ、正義の考慮の基本視角は個人のあり方と個人善の適切な保障に軸を置いている。ただし、このことは、社会的ユニットとしての個人が現実には集団や全体社会に依拠して活動し、従ってまた個人の善が局所善や共通善に依拠しながら存立していることを否定するものではない。ここで言われていることは、個人やその善が他の社会的ユニットやその善といかなる関係にあるかという問題はあくまで正義の対象のあり方の問題であって、正義の考慮の視角の問題ではなく、そこには論理的次元の相異があるということである。そして、後者の問題を考える際には、正義の考慮の究極的な目的としては個人の保護が要になるはずだということである。というのも、局所善や共通善の保障は共に個々人の活動の背景を支えるはずのものであって、個々人の活動を無視した形での保障に意義があるとは、少なくともヒューマニズムの見地からは考えられないからである。

　かくして、この個人とその善の保障を軸とする視角からするならば、それぞれの社会的ユニット相互の間における利害対立は、一般的には、

	個人善	局所善	共通善
個人善	〈拮抗〉	相対的に弱い 境界被制限	相対的に強い 境界被制限
局所善	相対的に弱い 境界制限	〈拮抗〉	相対的に強い 境界被制限
共通善	相対的に強い 境界制限	相対的に強い 境界制限	〈拮抗〉

という関係にあると言える。

　尚、ここで言う境界制限とは、ｘがｙの容力の範囲内で十分な自由を有するときのｙのｘに対する一般

的な関係を言うものであるが（境界被制限とは同じ事柄をｘのｙに対する関係として見た場合である）、その相対的な強弱の関係（相対的に強い境界制限とは最終的にはｙが凌駕され得ない場合であり、相対的に弱い境界制限とはｙが凌駕されてしまうこともしばしばある場合を指している）には、問題となっている局所善や共通善の種類によって相異が生ずる。

ここで、一般に共同的な善とは個人活動の背景的条件たる活動の場であると言える。そのような場には、とりあえず、次の三種類のものが区別できるであろう。第一は環境の場であり、それは天然資源や居住環境など自然の生活条件を指す。第二は文化の場であり、それは国や地域における生活様式や言語などの人間的な生活条件を指す。第三は規範の場であり、それは市場、信頼関係、あるいはコミュニティの目的などの社会的な生活条件を指す。これらの場が共同的な善であるということの基本的な意義は、それらが全き状態で人々の利用に等しく供されていることにあり、そのことによって人々に活動の等しい基盤が生み出されることにある。ただし、個人との関わりでは、これら三つの場の意義には若干の相異がある。そのことは、とりわけ、これらの場が人々の自由な活動によって利用されまた毀損される可能性との関係で明らかになる。換言すれば、これらの共同的な善の全き供給状態を保全するためには、それらの場の有り様を維持してゆく必要があるが、一方で環境のような自然的生活条件は人々の自由な活動によって変容を蒙ると同時にその資源希少性の故に最終的には機能不全を起こすものであるから、人々の自由な活動に関しては一定の負担の平等を確保すると同時に機能不全に関しては全面的な回復措置を必要とする。他方、文化的生活条件や社会的生活条件の場合には、前者の条件は自由な活動による変容そのものは条件の一部であって資源的希少性の問題がほとんど起きないし、また後者の条件はルールの適正な遵守が問題であるために逆に一定の違反規制と緩和が求められているという特徴を持つので、前者の条件については負担の平等のみが、後者の条件については一定程度の機能維持措置がそれぞれに必要となるであろう。このような意味で、自然的生活条件は二重の保全措置を要する一方で、文化的あるいは社会的生活条件は相対的に単純な保全措置で足りる点に特徴があると言える。そして、これらの保全は共に人々への等しい尊重と考慮を確保し、人々の自由で多様な活動の両立を確保する、いわばユニヴァーサル・セーフティ・ネットの維持の一環でもある。

以上のような場合、正義の考慮は、典型的には同じ位相に存在する善に関して働くものであることは明らかである。すなわち、先の図で言えば、個人善どうし、局所善どうし、そして共通善どうしの拮抗という状態を示す場面においててである。というのも、善の位相が同じであるときには、正義の考慮は等質的なものとしてなされうるものだからである。しかし、善の位相が異なるときには性格を異にする善の間での先後関係が生じ、問題が錯綜してくる。そして、これらの善の間にいかなる関係を見出すかに応じて、正義の考慮のあり方は異なってくる。

先に触れたように、公正の理念の視角からは個人の保障こそが軸であるから、個人善、局所善、そして共通善の間の関係は、そこでのユニット間の関係に相応した境界(被)制限の関係として捉えられることになる。つまり、局所善は個人善に対して、個人善の実現を相対的に促進する形で意義を持ちうる一方で、共通善は個人善の実現を可能な限り考慮に入れつつも、それが逆に個人善の基盤を狭める点では個人善に制限を課することにもなる点で、正義の考慮に入ってくるからである。また、先の例においても、自然的生活条件に関しては、二重の保全措置は相対的に強い境界制限を個人に与える一方で、文化的あるいは社会的生活条件は、局所的な善として相対的に弱い境界制限を与えるにとどまるわけである。

第Ⅲ部　正義と法秩序

第一章　正義はいかに受容されるか

「自然は人間の傾向そのものにそなわる機構を通じて、永遠平和を保証する。なるほどこの保証は、永遠平和の到来を予言するのに十分な確実さは持たないけれども、しかし実践的見地では十分な確実さをもち、この目的に向かって努力することをわれわれに義務づけるのである。」（カント「永遠平和のために」）(1)

一　はじめに――問題とアプローチ

ある社会の規範秩序はどのようにして確立されるのか？　この問題は社会のあり方を探ろうとするすべての理論的考察にとっての根本問題である。その一方、正義はそのような規範秩序の要である。それ故、正義がいかに受容されて社会秩序を導くことになるのか、それは社会のあり方にとって最も根本的な問題であり、本章のテーマである。

この問題の重要性を知るには、価値相対主義の問題を考えてみればよい。多くの人々は道徳や倫理に関わる価値観は個々人それぞれに異なると考えている。人々のライフ・スタイル、好悪、あるいは宗教的信条などの多様性や相異は歴然たる事実である。この認識を押し進めれば、法や道徳に関わる正義も当然人によって異なると考えられるだろう。ましてや異国あるいは異文化の間では共通なものはほとんどないとさえ言える。そこで、もしも正義がこのように相対的であるとするならば、社会において広く確立され受容されている正義など存在するのだろうか？　一つの帰結は勿論、存在しない、であり、そうだとすると、人はそれぞれ価値観が違い互いに論難することはできないのだから、殺人や強盗や傷害、あるいは権利侵害なども許されることになるようにみえる。しかし、それで我々は納得できるだろうか。殺人や強盗の禁止だけではない。ハンディキャップを持つ人への援助や貧困にあえぐ人々の救済なども含めて、それは社会の誰もが擁護すべき価値ではないのだろうか。多くの人はこれに同意するであろう。が、ここで、先の問題が現れる。では、そのような社会的な価値はいかにして人々に受容されていると言えるのか？　この問題に十分に答えられなければ、相変わらず正義は適切な価値的位置づけを得られないであろう。

この正義の受容のあり方を的確に説明するという問題、すなわち正義の受容条件の問題は、社会の内外を問わず常に生じてくる問題である。

一つの社会内では、正義やその他の価値は広く社会の基本原理として機能し、一定の安定的な秩序を保っているが、にもかかわらずそれらの原理の具体的適用についてはなお争いが多い。例えば、近代以降の様々な自由権の保障を典型とする権利保護は既にいかなる社会でも秩序の要の一つであるが、現在では、生存権、社会権、あるいは自己決定権、平等権、さらには集団の権利など、新たな範疇の権利が続々と提唱され、その意義や射程が論争の的となっている。また、それと同時に別の側面では、多様な権利主張の衝突が問題となり、種々の権利にいかに序列をつけ、範囲を確定して権利実現を安定させることができるのか、その規準が重要になっている。付け加えるならば、現代では、権利の過剰とそれに伴う個人の突出に対する批判も同時に起こっており、共同性の追求や義務の再考など、権利の主張に代わる新たな公共道徳のあり方も模索されている。(2)

その一方で、社会の外では、今日グローバルな規模で民族集団、国家、国連あるいは地域連合、さらにはNGOなどの国際的連合体といった多様な秩序主体が形成されつつあり、それに伴って、社会統合の形態や人々のアイデンティティが多元化してきている。(3) それは、ある意味で人間社会のグローバルな発展を示しているが、その一方でこの動向は、様々な次元での分裂や対立へ向かってもいる。すなわち、このような変化によって人々の間の文化的価値の相異が表面化し、平等意識の拡大や経済的な生活圏の流動化などと相俟って、宗教対立、人種差別、その他の民族紛争など、既存の国民国家的秩序との間の摩擦や衝突も出現しているのである。この動きのなかでは、国を超えて保護されるべき人々の価値や利益は何であるのか、そしてそれはいかにして多くの人々に受容されうるのかが問題となっている。

このような社会の内と外の大きな変動のなかで、法と政治の理論には、多様な秩序主体の共存の枠組みをいかに作り上げることができるのかという新たな課題が現れている。そこでは、個人的権利の再考や、集団的権利の認知といった問題や、積極的優遇措置の正当性、さらには連邦制、分権主義、主権連合などの国家体制の再構築などの問題が含まれているが、これらに相通ずる一つの根本的な問題は、約言すれば、現代における正義とは何かという問題である。それは、様々な権限や資源を誰にどのように分配することが人間社会の最も適切な基盤となるのか、という問題である。

その問題への答えは、最終的には正義の価値の実質的内容として与えられなければならない。だが、このことが本章の直接の課題ではない。私がここで考えたいのは、むしろそこに不可避的に随伴しているメタ理論的問題である。すなわち、それは、多様な人々の間に成り立つべき正義はいかにして人々の価値観や文化の相異を超えて自らを受容させてゆくことができるのか、という問題である。換言すれば、その問題は、あらゆる社会秩序においてはなにがしかの形で正義という価値が主張されるのではあるが、それが特定の個人や集団固有の考えにとどまらず社会全体に拡大して機能してゆくということはどのようにして可能なのか、という問題である。これが、正義の受容条件という問題である(4)。この正義の受容条件の問題は、先に述べたように、あらゆる次元での相対主義的な現実を我々はどう克服して正義を社会に浸透させることができるのかという、まさに正義の展開の可能性についての問題である。この意味で、それは、正義の内容そのものの問題と並んで、いや場合によってはむしろそれ以上に重要なものであると言える。正義の受容条件が理論的に証示されなければ、いかなる内容の正義が説かれようと、それは相対主義の疑義の渦の中に埋没してしまうからである。

さて、正義の受容条件の問題と一口に言っても、誰もがただちに予想するように、そこには、政治、経済、心理、論理、価値などの様々な側面が存在しており、しかもそれらの側面はきわめて複雑に絡み合っている。その複雑な絡み合いのすべてに関して、本章で完全な見通しを与えることは到底不可能である。それ故、私はまず最初に、本章では何を扱い、何を扱わないかということを、明確にしておきたいと思う。

最初に、同じ規範秩序であっても、正義の秩序と法の秩序との区別をしておく必要があるだろう。私の考えではこの二つの間には、秩序そのものの存在性格として、包括的／限定的、抽象的／具体的、権威依存的／強制依存的、慣行的／設計的といった相異がある。このような秩序の存在性格の相異は、それぞれの秩序の展開のプロセスにおいて考えられるべき条件の相異をも意味しているはずである(5)。勿論、そこには、従来、法と道徳あるいは倫理との関わり方として論じられてきたような、複雑な連関がみてとれるであろう。しかし、ここではその複雑な動態に踏み込むことはできない。むしろここで考えたいのは、その複雑な動態のなかにあって、法の秩序の基盤となるはずの正義の秩序の受容において深奥の要となる働きをすると思われる、いくつかの条件である。

正義の秩序の展開に関しては、正義原理の次元と正義の機能の次元とを区別することができる。正義原理の次元とは言うまでもなく特定の正義原理、例えばJ・ロールズ（J. Rawls）が示したような正義の二原理のセットそのもののことである。換言すれば、それは特定の実質的内容をもった正義の観念の次元である。これに対して、正義の機能の次元は、一定の内容をもった正義原理が、法－政治制度の設計や人々の倫理観念の内化の過程を通じて具体的に実現されてゆく場面である。以下の議論において重要なのは、正義の機能の次元であり、その中でも、特定の内容を有する正義原理が社会に広く受容されるようになってゆく端緒となる一般的条件の問題である。この端緒となる条件の充足がなければ、正義という社会秩序の基本となる価値原理が広く受容され法や社会慣行の形で展開してゆく一般的な可能性は存在しないであろう。

このような問題設定のもとで正義の機能のあり方についての考察を進めるためには、さらに次のような見方をとる必要があると、私は考える。

正義のみならず一般に秩序の理論に関しては、従来コンヴェンション論や社会契約論、あるいは進化論などが提示されてきており、また最近ではそれらの再解釈も含めてゲーム理論などもクローズ・アップされている。しかし、これらの議論のすべてにわたってその主張を整理し検討するということはここではできないので、以下では私自身が重要だと思う視角に関わる議論に焦点を絞ってゆく。その際の私の基本的なパースペクティヴとは次のようなものである。正義の秩序は、そこで守られ維持されるべき価値を一方の極とし、他方でそれを浸透させる、個々人と、定立されている価値内容の確認と、集団全体への拡散過程という三つの単位の相互作用によって支えられていると思われる。そして、このように考えた場合、正義の受容ということでただちに念頭に浮かぶのは、次の三つのポイントであるだろう。すなわち、個人の精神的能力、そして確立されている価値原理それ自体の理解プロセス、そしてそのような個々人の集合的な相互活動の過程である(6)。これらは協働して正義の受容を可能にし、全体の秩序形成に働いているに違いない。それ故、各単位のあり方と協働作用を見通すことによって、正義の受容の基本条件を探ることができるであろう。もっとも、それらの間の相互作用のありようそれ自体を明確にするということは一朝一夕には困難である。ここではむしろ、今あげた三つの単位のそれぞれにおいて、従来の議論では見逃されていたと思われる重要なファクターを析出し、正義の展開におけるそれらの意義を確認してゆくことに主眼をおきたいと思う。

そのためにはどのような考察を行ってゆくべきなのか。私はここで、上記の三つの単位の構造の分析のために、それぞれ、社会心理学、価値解釈の理論、そしてゲーム理論に言及し、かつそれを批判的に再構成しながら考えてゆくことにしたい。その際のポイントは、それぞれ、〈共鳴〉、〈闡明〉、〈協同〉と私が呼ぶ、価値受容における根源的事態の意義を確認し、それらの複合として正義の受容条件を説明することにある。それは、社会心理学あるいは道徳心理学の領域で主として展開されてきた共感の理論を再構成し、哲学や文学の領域で展開されてきた解釈の理論を洗練し、そしてゲーム理論において展開されてきた協調行動の理論を補完することに依拠した、正義の受容条件の有機的把握である。

このようなパースペクティヴの狙いは二つある。第一は、従来この種の研究では一般的に言って経験的なメカニズムは研究されてもそのメカニズムが価値や規範と結びつく態様が十分には明らかにされてこなかった。詳細は改めて後節で論ずるが、例えば共感の心理学においては、共感という心理現象がいかにして規範を伝達し相互に内化させることになるのかという最も重要な点については十分な考察がないように見受けられる。また、価値解釈の理論は従来から十分な考察がなされてきているとは思われない領域である。さらに、ゲーム理論においては、合理的個人どうしの一定の戦略的行動による協調の可能性は種々論じられてきたが、そこで成立する協調の規範的な意義については等閑視されてきた。私は、これらの議論を批判的に再検討することで、それぞれに欠けていたと思われるもの、すなわち〈共鳴〉、〈闡明〉、そして〈協同〉の観念によって明確にされる事態の存在を示し、そのことによって従来の議論をいっそう生産的な形で正義の展開の機序の解明へと結びつけてゆく。

第二は、およそ社会秩序における正義の受容の可能性を示すことによって、価値としての正義原理が社会を規整することの意義を側面から支持する議論を提供することである。既に述べたように、国内秩序においては一定の正義原理が確立されているとはいえ、その展開の可能性が十分に保障されなければ正義の主張が安定的に機能することはできないし、国際秩序においてはそもそも一定の正義原理の確立自体が問題視されている。本章での議論は、秩序一般における正義の機能の一面を解明することが目的であるが、その一般的な考察において一定の連続する段階に着目することで、国内、国際双方の秩序に共通する正義の展開についての見通しを与えることがもくろまれている。

私の考えでは、一般に正義の秩序の成立と展開に関しては、大別すると五つの段階を考えることができる。第一は暴力的対決、第二は共存下でのイデオロギー対立、第三はイデオロギー対立下での部分的競争あるいは同調、第四は価値の共有の中での解釈的な争い、そして第五は価値の全面的浸透である。もちろん最後の段階は正義にとっての理想状態であるが、それは特に第四の段階の発展的解消として、つまり解釈の争いの極小化の過程の到達点として考えられるものである。だが、この区別自体が今重要なのではない。重要なのは、一般に第一の段階から第四の段階への移行過程の機序である。一定の範囲での秩序、例えば小さな地域社会あるいは大きくとも安定した国民国家においては既に第四、あるいは場合によっては第五の段階に達しているものもあるだろう。しかし、それよりも広範な秩序、例えば分裂状況下にある国家や、地域連合あるいは全体国際社会は、第一あるいは第二の段階にとどまっていることが多く、第三段階にまで達している場合は稀であるだろう。ここで重要なことは、あくまで、国内社会も国際社会も今ここで示した五段階の抽象的スケールのいずれかのうちに位置づけられるものであり、その意味では、それぞれ連続した社会秩序の形成過程の一アスペクトを示すものとして相対化してとらえることができるということである。(7) この意味で、私の関心は、社会秩序の形成一般の中で正義の受容が果たす、第三段階から第四段階への秩序のいわばゲシュタルト・チェンジの条件の解明にあり、その段階依存的な具体的場面の問題として、国内社会や国際社会における正義の可能性を論ずることができるということなのである。

もちろん、以下で明確にされる正義の受容条件が具体的にどのように展開して特定の国内的あるいは国際的秩序を安定させてゆくことになるのかは、秩序の初期条件の与えられ方に依存した経験的観察に依拠することなしには明確にしえない問題であり、しかもその際にはきわめて多様な要因が複雑に絡み合ってくることになるであろう。だが、本章での探究は遺憾ながらそこまでは及びえない。ここでの探究はそのような正義の機能の端緒となる基本条件の析出と素描とにあり、先の問題はその延長線上に考えられるべきものである。

正義の受容条件は、正義という価値そのものに協働して導き、またそこから求められて社会の動態のうちに正義を実現してゆく機序を形成するはずの通路となるものである。正義の価値とこれらの構成原理は相互に支え合いながら秩序の基礎を形づくる。その協働は、ちょうど三脚架が一定の独立した物体を支える関係に類似していると言ってもよいかもしれない。当該の物体はそれ自体として三脚架とは独立した存在であり、その内質も三脚架とは関係がない。しかしながら、三脚架はその上にある物体をいただくことなしにはその目的を果たしえない一方で、その物体は三脚架なしには地面に安定して立ち続けることはできない。つまり、物体はこの三脚それぞれにその重みを伝え、三脚架のそれぞれの足は上面にまとまることで独立した物体の底面と接触し、相互に支え合うのである。そして、その限りでは、物体そのものと三脚架との間には何らかの相互連関が成り立つことにもなるだろう。私が、一方の極で正義という固有の価値を考え、他方で個人的能力、価値内容の理解の過程、そして集団全体の動態を思い描くときに考えているのは、このアナロジーである。(8) 正義の価値は、〈共鳴〉、〈闡明〉、そして〈協同〉それぞれを介して伝達され、人間の思考と行動の内と外とを規整し、またそれらの相互作用によって維持されてもゆく。そして、それはまた価値とそれを伝達する人間の社会的動態のありようを示唆するアナロジーでもあり、その意味で、善き人間社会の基本条件を抽象的に示すものともなるであろう。

もとより、このようなアナロジーは一つの発見的仮説にとどまり、それがどこまで適切であるかということはさらなる吟味に委ねられなければならない。しかも、変動する現実社会における正義の展開が決してたやすい道ではないことは明らかである。しかし、ここで重要な哲学的課題はこれらの現実を前にして懐疑や諦念にふけることではない。それはむしろ、いかに狭くまた細くとも人間の思考と活動のうちに潜む価値との通路に光を当て、その作用をわれわれの言語と概念にもたらすことである。正義の受容の基本条件を素描することはその手がかりをつかむ一つの試みである。

二　トリガー

正義の受容は、人間社会におけるある理想の浸透である。しかし、それは、明らかに人間社会の現実と衝突し、相剋する。自由の実現、平等の実現、そして友愛の実現などは、過去の歴史において決して容易な道ではなかったし、現在でもなおそうではない。人々は現実には様々な社会的関係のうちで、抑圧され、差別され、そして他者の利己的行動に翻弄されて生きている。それらの現実は人間生活に常につきまとっており、正義の理想を簡単には実現させない。複雑な現実は、正義の受容に執拗につきまとう障害である。

正義の受容の障害となる現実の構造は、いろいろな角度から考えることができる。例えば、分配の正義、特に権利の等しい保障の理想にとっては人種や性などによる差別的な社会実践の存在が大きな障害となるが、その場合には、個々の社会生活の場面でいかなる形で人種や性による差別が行われているかを逐一検証してゆくことも一つの理解の仕方である。また、富の適正な分配の理想にとっては雇用機会の不均等や所得の格差がやはり大きな障害となるが、その場合には、経済活動の実態や所得格差発生の経済的メカニズムなどが解明される必要があるだろう。これらの検証や解明によって正義にとっての障害が具体的に明確にされることで、我々は正義の実現のためにどのような実践的改革を行わなければならないかを知ることができる。

しかし、本章において考察しようとするのは、種々の現実問題の詳細とその解決の可能性そのものではない。ここで考察しようとするのは、その前提として重要な問題、すなわち、一定の正義の理想がそれに対立する種々の現実に抗して社会の人々に浸透しうる基本的な条件は何か、という問題である。この問題は、具体的現実の解決以前に、規準となる一定の正義の観念を人々がいかにして保有することになるのか、というものである。それ故、ここで考察すべき現実とは、様々な社会実践の背後において人々の思考や行動を規定し、それらを正義の受容の障害たらしめているところの、実践の根本的態様である。私は、このような意味での人々の現実を根源的現実と呼び、種々の抑圧や差別、あるいは機会や富の不平等などの個別的現実から区別する。

そこで、正義の受容にとって障害となる根源的現実として私が注目したいのは、ローカリティ、パワー、モードゥス・ヴィヴェンディの三つである。これらは内生因としてさまざまな個別的現実の背後に通底し正義の受容を阻止している、人間の思考と行動の様式である。

ここでいうローカリティとは、個人や集団などの社会的ユニットが抱えている価値観がそれぞれのユニットに応じて多様であり、相互に共約不可能であると考えられることである。およそ社会に存在する種々のユニットは、常にそれ固有の価値的なまとまりを持つことによってのみ存立する。このことによって、個人や集団それぞれの凝集性は硬化し、他のユニットとの間の融和の可能性は減殺される。つまり、ユニットが異なるならば価値観も異なるのであり、相互にコミュニケートすることはできないし、またその必要もない。それは個人相互であろうと、集団相互であろうと、あるいは国家間であろうと、全く同様である。そうであるならば、個人の思想や行動の深奥にはいかなる他人も立ち入ることはできないのと同様に、集団の固有の社会実践や、国家の境界線の内側には、その集団や国家の外部の人々が立ち入ることができないことは明らかとなる(9)。

このことは、個人や集団において一定の正義の観念が通用することになったとしてもなお、正義が拡大して他の個人や集団をも規整してゆく通路を遮断する要因となる。それぞれのユニットが独立し固有の価値を抱懐しているとき、その価値観は独自の論理構造をもって体系化されるために、それらは相互に十分に翻訳できるものとはならないし、さらにそれ以外の価値がそこに立ち入ることは不当な干渉あるいは侵略となる。

次に、パワーとは、実際に存在する抑圧的かつ差別的な権力関係や裸の暴力を指している。人間社会においては、様々な次元において必然的に力の従属関係が発生し、またそこには偏見や嫌悪、嫉妬などがつきものである。これらの権力的および心理的なアマルガムは、人間社会の中に複雑な従属と差別の網の目を形成する。(10) そして、個人や集団の対立がその極致にいたるとき、そこにはホロコーストを頂点とする暴力的支配の世界が現れる。そして、それを支える価値はイデオロギーと化し、すべての対抗価値を抹殺しようとする。

これらのパワーの現象を透徹した眼でとらえるのは、いわゆる政治的リアリズムである。政治的リアリズムの観点からみれば、法や政治が個人や集団の権力や利害の関係によって揺れ動いてゆくとき、正義に体現されるような価値とその規整力などは実際には幻想にすぎない。また、その一方で、世界の争乱には常に何らかのイデオロギーがつきまとっており、まさに正義や自由、あるいは自己決定などの名において戦争やクーデター、内乱、虐殺などが行われることがあるのであって、価値の主張などは恣意的な詭弁にすぎない。このようなリアリズムからすれば、価値は極めて排他的な機能をもつことになる。つまり、価値は、それにもとると判断される人々を社会的に排除し抑圧する手段以外の何物でもない。ある価値が絶対的な妥当性をもつとは認められない限りは、そのような価値の強要はむしろ不正でさえある。そして、この点では、リアリズムは価値相対主義の唱道へと結びつく。そこで重要とされるのは個々人の価値感覚である。個人の有する価値感覚が直ちに社会全体における価値と一致すると考えるのは楽観的であり、価値のあり方が論じられていること自体社会には価値が存在していないことを示すのであって、さらに、この点で、誰か特定の人間によって論じられる価値はそれ自身と合致しない他人の価値感覚を社会的に排除する働きをするのである。それ故、すべての可能な個人の価値感覚と合致するようなある単一の価値を構想することは不可能であり、それはたかだか社会の多数者に支持されているものにとどまるのであって、普遍的で相互に了解可能な価値というものはただ数の上でのみ成り立っているにすぎない。

このことは、さらに、価値に関する相互了解がたんなる便宜的な協定、すなわちモードゥス・ヴィヴェンディ（modus vivendi）であることにつながる。個人であれ、集団であれ、一定の価値をそれぞれに奉ずる人々は実際には決して相互に譲歩し合うことはないのであって、常に自分自身のコミットした価値と利害に関心をもち、その拡張に努める。それ故、それらの価値が衝突するとき、そこに現れるのは、人々の間の一時的な妥協でしかありえない。その妥協がそれぞれの利害にとって意味をもちうる間は価値も表面的には安定する。しかし、いったん事情が変化するならば、この妥協は反古になり、そこでは、また当の妥協以前に起こっていた価値の不安定状態が顔を出し、人々はまた別の安定を求めて争うのである。このような角度からみれば、価値の相互了解は歴史的・社会的事情に応じてつねに流動的な状態にある。ある個人や集団が一定の権力的な事情によって優位に立つならば、そこでは当然今までになかった新たな価値が優勢になるであろう。そして、そのときには旧勢力との間で争いが起き、そこには価値と価値との衝突が繰り返されることとなり、最終的には力において優る者が当該社会の価値を形成してゆくことになる。このような人間の活動が続く限り、そこには安定と不安定とが不断に交錯しており、すべての秩序はただ一時的な妥協の産物以上に出るものではない(11)。

モードゥス・ヴィヴェンディそのものは、ルール・オブ・サムとして、ゲーム論的戦略の均衡点でもある。それは相互に活動しあう個人や集団が一定の戦略を通じて自己利益の拡張に努める際に、それによって自らの利益が最も多く得られるという均衡点を可能にする便宜的ルールである。それ故、モードゥス・ヴィヴェンディ自体は純粋に道徳的なものではなく、人々の利害を超越した絶対的拘束力をもつものではない。人々は自己の利益のためにいつでもそれを破ることができ、破ってもかまわない。モードゥス・ヴィヴェンディは、破られれば消滅するだけのことである。そしてその際には、新たな状況に照らして、新たなモードゥス・ヴィヴェンディが求められる。社会の秩序を形作る法律や規則はすべからくこのような妥協の産物たるモードゥス・ヴィヴェンディである。とりわけ、社会の基本法と考えられる憲法や主要な法律もそうであり、さらには慣習や社会道徳、そして個人倫理もまた次元を異にするものの、本質的にはルール・オブ・サムにとどまる。

人間社会の現実が以上のような障害に満ち満ちていることは、否定し難い事柄であるだろう。それだけに、そのなかに巻き込まれる正義の価値もまた、ローカリティやパワーに制約され、そしてモードゥス・ヴィヴェンディたる性格を免れないようにみえる。しかしながら、もしそうであるならば、前節で触れた問題が現れる。つまり、殺人や強盗の禁止だけではなく、ハンディキャップをもつ人への援助や貧困にあえぐ人々の救済なども含めて、社会の誰もが支持すべき正義の価値はいかにして人々に受容され、少なからず安定的に遵守されると言えるのか、という問題である。この場合、正義は独自の道徳的な拘束力をもって現れるはずである。正義の重要性を考える者は、前述した様々な現実のプルにもかかわらず、なおそれと並んで正義の独自の位置づけを可能にするプッシュを見出さなければならない。では、そのようなプッシュは何であるのか？

まず、上で述べられたローカリティ、パワー、モードゥス・ヴィヴェンディにはそれぞれある間歇が存在している。ローカリティによって思考と行動を貫こうとするならば、そこには論理的な難点が現れる。(12) つまり、この考えは明らかに自己論駁的である。局所性の強調は結局は自らの主張さえも局所化してしまうことになる。それ故その主張が自らはローカリティを超える真実を語っていると言うのであれば、それは自己矛盾である。また、自己矛盾ではないというのであれば、そのときこの主張はローカリティを超えた真実の存在の可能性を認めることになる。これは大きなディレンマである。また、まさに事実の問題として、価値は異なる文化の間でかなりの程度共通であり、またかなりの程度まで共有されうることもある。その端的な例は基本的人権である。それ故、完全な、強い意味でのローカリティは事実としても誤りであり、結局は、弱い意味での、つまり部分的なローカリティしか妥当する可能性はない。さらに、ローカリティを盾にしたヘッジングは、個人の場合でももしその思想が極端なテロリズムの実践を帰結する場合には干渉制限から除外されるのと同様に、一ユニットの政治実践が正義の観点からみて大きな問題をはらむ場合には批判を免れない。そこでは確かに批判可能性を超えた権力的介入の是非の問題は残るが、しかし、極めて重大な状況下ではそのような介入もその状況打開の限度において許容されるであろう。実質的な人間的利益の擁護の問題は社会のユニットを横断して重要であり、そのユニットの独立性を凌駕する場合もある。逆に、むしろそのような独立性はあくまで実質的な利益をまず充たす限りにおいて初めて有意義なものとなるのである。

パワーとの関わりでは、しばしば正義は既存の権力構造を利用してより上位の権力から下位の権力に対する強制を行い、社会の中で力の弱い者を屈伏させるという抑圧的なものであるととらえられてしまいがちである。しかし、正義が権力構造と不即不離の関係にあることは確かではあるが、正義はそれ自体が価値として存在していることによって、たんに既存の権力構造を温存するのではなく、場合に応じて権力構造を逆転させもすることに注意する必要がある。社会が本来種々の権力関係に満ちていることは不可避の事柄であり、あらゆる言説が何らかの形でこの権力の網の目に絡まるものであることは言うまでもない。問題はむしろ、既存の権力関係をあるがままに肯定するのかそれとも修正したり否定したりするのかという権力の批判にあるのであり、正義はそれ自身の規範的観点から既存の権力構造の正当性を精査するものである[13]。そして、ここで注意する必要があるのは、正義それ自体は常に権力のあるバランスを指示しているのであってそれ自体はいわばメタ権力であり、そのような形で働くときには、対象レヴェルにある既存の権力構造に対して批判的な距離を保っているということである。これらのことによって、正義は権力の単純な従者ではないことがわかるはずである。

モードゥス・ヴィヴェンディに関しては、価値の歴史的な堆積という現象の意義をあらためて考える必要がある。例えば基本的人権は近代以来各社会においてその射程を拡大し、文化を超えて広範に受容されるようになってきており、今やいかなる法－政治体制といえどもそれを無視することはできない基本的な原則として定着しつつある。このことは、我々の社会制度には多くのヴァラエティがあるとはいっても、その根本においては普遍的で永続的な規整力を有する原則が確立されうることを示している。これはモードゥス・ヴィヴェンディとは言えない、社会一般の要をなす道徳的条件である(14)。このような基本的人権の保障はまさに正義の要諦の一つであるがゆえに、この意味では正義をモードゥス・ヴィヴェンディととらえることはできないであろう。基本的人権の擁護や正義の観念の独自性は、人間の非利己的で普遍的な動機づけの力を捕捉しうる、或る高次の共通な力に存している。このような理想的な力に対抗して、確かに我々人間には、利己的で抑圧的な力も働いている。しかし、そこではどちらか一方だけが現実なのではなく、いずれも存在し、相争っているのである。そして、この種の争いは、我々が常に理想を求めるがゆえに生ずるのであり、それがいかに困難な事態を招くことがあるにしてもなお、その理想の追求がなされ、それが積み重ねられ不動の原則として確立されてゆくことがなければ、人間の生の全体は導きの糸を失うであろう。

このようにして、人間と社会の根源的事実には実は一定の間歇が存在している。では、これらの間歇は何によって生じているのであろうか？　ここで私は、これらの間歇の背後には正義の受容にとってのプッシュを生み出す根源的条件が潜在していると考える。それは、すなわち、様々な現実の背後で、それらの現実を超えて正義の価値を把握し実現しようとするあるダイナミズムを生み出すトリガーである。それは、よりよき秩序の実現を志向する人間と社会の潜在能力である。そして、そのようなトリガーとして、〈共鳴〉、〈闡明〉、そして〈協同〉と呼ぶことのできる正義の受容条件が存在している、と私は考えるのである。

これらのトリガーは、正義の価値を現実世界に導入する通路として、そのうちに潜んでいるものである。日常の経験においては、それらのトリガーはなかなか気づかれることはないかもしれない。また、複雑な人間と社会の現実の前にはそれらのトリガーは微々たる位置づけしかもたないようにみえるかもしれない。しかしながら、後節で仔細にみるように、我々はしばしばこれらの現実には尽くされない生活場面を経験しうるのであって、そこにこそ正義の顔が垣間見られるのである。私はそれらの経験が人間に確かに存在していることの意味をあらためて問う必要があると思う。ここで示唆されるトリガーは、正義への通路としてそれぞれに働くことで、全体として人々の間にシンクロナイゼーションを起こしてゆくことができるのではないだろうか。そして、それによって正義は社会において広まりをみせることになるのではないだろうか。

三　共　鳴

正義のような価値規範を確立してゆくうえでの個人的能力の問題として、従来しばしば論じられてきたのは共感の重要性である。多くの人が他の人々の不正や悲運に心を動かされ、憤りを覚え、またその境遇を思いやるとき、そこには共感の絆が現れる。もっとも、共感には同情（empathy）と同感（sympathy）とが一応区別され、前者は感情的な自他融合であり、後者は複数人の間の一定の認知的な思考や感情の共有状態である。[15] 共感という概念はこれらの双方を含む意味で広く使用されうるが、ここでは前者の段階から後者の段階へと発達するものとして、最終的にはこれら双方の要素が構造化されたものとしてとらえておくのがよいであろう。

共感をめぐる心理学的研究の進展は著しいが、それによれば、共感の過程では感情的な交流と同時に他人の痛みや苦境の状態を的確に判断する認知的能力も重要である。つまり、人と人との間の感情的な融合のために、互いの表情、声、姿勢、動作、そして言葉などさまざまな与件の意味理解もまた必要になる。これらの与件を総合する能力がいかにして獲得され、発達し、また具体的に発揮されるかというプロセスについての説明は心理学的には重要な問題であるが、ここでは措く。ただ、ここで重要だと思われるのは、「役割取得」(role-taking)と呼ばれる条件である。この役割取得は、共感の前提として必要な他者の立場への想像的な自己移管であるが、心理学的には、このような役割取得によって痛みや苦境のうちにある他者への同情が高まり、またそれによって他者への援助行動が促進されると言われる。この場合、心理学的に重要な問題は、そのような共感反応の生成が純粋に他者の苦境への反応なのかそれともそこから生ずる当人の個人的苦痛の軽減のためであるかという問題だが、それは一応二つの別個の現象として区別されている。

さて、ここで注目すべきことは、このような役割取得が共感の認知的な前提条件であるとしても、当の個人の特性としての共感反応そのものとは必ずしも直接的な関係がないと考えられる点である。このことは、ある角度からみれば、共感において結局のところ重要なのは同情的な反応であって、認知的な役割取得はその一つの誘導路にすぎないととらえられるかもしれない。そして、このことは、一般的にも、共感が究極的には個人間の感情的同一性の達成によって成就するものと予想されていることを意味するだろう。しかしながら、ここにみられる相互同化の希求の重要性そのものには全く争いがないとしても、それを人間本性の事柄として受け取ることには問題があるように思われる。

確かに、共感の理想は相互理解にあり、そのようにして人と人との関係が深化してゆくことは人間生活の精神的な豊かさをもたらすと共に、社会的な紐帯をも安定させる。しかし、このような理想を要請することができまた実現もできるのは、極めて身近な人間関係の領域に限られるのではないだろうか。一見そのような理想が実現されるようにみえる友人や家族、あるいは自発的共同体においてさえ、しばしば感情的な対立が生ずるものであるし、ましてやより大規模な集団や組織、そして社会全体においては全く共感の成立は決して容易ではない。例えば、純粋な恋愛は自他の融合さえ可能にするかもしれないが、その一方では相手の内心の自由や自己決定を尊重しなければならないこともある。家族は、それに加えてさらにある種の緊張関係をも要求する。親は子供を養育する中で、ある理想を子供に強制しなければならないこともあるからである。また、自発的共同体は、それが集団組織である以上様々な来歴の人間が所属するのであり、いくら連帯を旨としたところで、現実には家族の場合と同等の結合関係を求めることはできないであろう。そこでは処罰のような、家族の場合よりも強い強制関係が必要になることもあるからである。そして、いっそう大規模な集団や組織、社会においては、相互に無関係で異質な人々がそこで活動するが故に、自発的集団以上の強制的関係が必要になるのが常である。このような人間関係の諸領域の心理的様態の多元性を無視して、すべてを相互同化のプロセスによって結合できると考えることは不可能である。

これらの事例が示しているように、共感的な反応の最終的な達成は必ずしも常に起こることではない。むしろ多くの場合は、共感的達成は一定の限度を超ええないのである。[16] そうだとすると、問題は、このようなある意味では不確定的で不安定な共感現象によって人々における一定の価値原理の道徳的受容が説明されるのか、ということであるだろう。というのも、正義がその最も大きな威力を発揮するのは、まさに共感が不可能な他者に対してもなお尊重と配慮を行うことが求められるときだからである。

実際、正義が多くの場合に共感に反するような態度決定を我々に求めるということは、様々な事例によって確かめることができる。例えば、表現の自由の問題や平等な富の分配の問題がそうである。表現の自由の問題で言えば、仮にポルノグラフィーが人間の根源的な生への衝動を表現する最も適切な手段だと考えている個人がいて、私的なサークルでそれを交換し合っているという場合、多くの人は、人間の赤裸々な表現は美的に問題があるばかりでなく、不道徳であるとさえ考えるかもしれない。それ故、ここには共感の余地はそれほど多くはない。しかし、このような不快は、自由な表現を求める人々との間の関係を遮断するようなものではない。たとえ不快で理解の余地など全くないような場合であっても、自己の表現活動を行おうとする人々の自由を尊重し、不当な干渉を控えることを正義は要請するのである。一方、平等な富の分配の場合はどうであろうか。例えば、心身のハンディキャップや、治療法が全くない難病のゆえに生活に多大の困難をきたしている人がいるとする。その人に相応の公的援助、例えばハンディキャップをカヴァーするための機器の提供、あるいは医学的治療のための資力補助が行われるべきことには多くの人がまさに正義の名において支持を与えるであろう。しかし、このとき、この援助を支持する人のすべてがこの困窮する個人に共感するであろうか。そうではない。ある人は心から苦痛を分かち合おうとするかもしれないが、他の人は距離を置いた醒めた感覚をもつかもしれないし、さらに自助努力を重んじる人は援助を苦々しくさえ思うかもしれない。だが、それにもかかわらず、正義はこれらの困窮する人に対して一定の援助を求めるのである。

このように正義は感情や知性、そして意志などを全く異にする諸個人の間でもなお成立するような公共的秩序を支える価値である。そうであるとすると、正義を生み出すプロセスにおいて必要となる個人的能力の条件としては、単純に共感を考えることはできないであろう。確かに共感が多くの人の間に幅広く成立するに越したことはない。しかし、共感が達成されなくとも、そして場合によっては共感がまったく存在しなくともなお、正義の要請を受容する条件がそこにはなければならないのである。それ故、ここでもう一度、先に触れた役割取得の認知的な意義について再考する必要がある。そして、私は共感に代えて、共鳴とでも呼ぶべき事態の存在に注意を喚起したい。

一般に、共鳴とは、種々の物体の間での音響上の共振現象を指し、ある物体から発せられた特定の周波数の音が別の物体の有する固有振動数の一つに合致し、後者が激しく振動することであるが、この概念は他に量子力学や化学においても、原子や分子のエネルギー状態や内部構造に一定の差異を保ったままでの近似があることを示すものでもある(17)。このような共鳴の概念を、今ここで論じている人間相互の関係にも当てはめることの意義は、それが、互いに相互了解し合うものの特定の人格の内部構造の一致を要請するものではなく、それらの外的関係におけるあるパタンの相同性によって一定の関係に入ることを示すことによる。つまり、先ほどから問題にしてきている個人間の相互関係においては、互いの人格の内質の一致までは要求されずに、その外的関係における一定の態度決定の共有を行うことが重要であり、そのような種類の共感は特別に共鳴と呼ばれるのが適切であると考えられるのである。

このような共鳴は、先の共感では説明されえないものであり、また共感の見方において暗黙のうちに想定されている人格の観念にも修正を迫るものである。共感を考える際の人格に関しての見方は、最終的には常に情動的部分の一致によって相互了解が説明され、それ以外の知性的あるいは意志的な部分の働きはその誘導路かあるいは共感の達成に続く次の行動段階のためのステップとなるというものであるだろう。しかし、この見方によっては、正義のような、共感から半独立的な価値の受容は説明できない。むしろ、そこでは、いかなる情動的反応にもかかわらず、それと同時に、一定の冷静な態度を貫いて他者の立場を判断し、そこから必要な行動指針を得るという我々の能力が説明されなければならないのである。そして、その場合には、見知らぬ他人に対しても一定の原則に基づいて判断や行動がなされることが要求され、それを原型として、場合に応じて身近な人間にも同様に対処することが要求されてもいる。多くの場合、それは利他的な感情に発するものでさえもないかもしれない。そこでは、同時多元的で距離非関連的な態度決定が重要なのである。このような同時多元的で距離非関連的な形での態度保持は、一定の認知的な条件に支えられた共鳴によってこそ可能であり、その事態の特質は、一方では新たな人格の観念を必要とする。

その新たな人格の観念のために、ここではまず人格の構造が三つの次元でとらえられることを確認しよう。第一の次元は、人格そのものの核をなす構造であり、私はそれを三部分的（tripartite）構造と呼ぶ。それは、情動的反応を中心とする部分、知性的判断を中心とする部分、そして意志的態度を中心とする部分から成っている。これらはただし、しばしば考えられがちであるのとは異なって、必ずしも常に知性的な部分によって統御されているわけではない。各部分は場合に応じてイニシアティヴをとりうるのであり、いずれが優位することで個人の思考や行為を規定するかはそれらのトータルな作用に依存している。もっとも、こういったからといって、それぞれの部分が対立的に活動しているとは私は考えない。なぜなら、これらの部分が通常は適正なバランスのもとに作用することができ、その際にはこれらの部分をバランスさせるある統合的な力がそれ自体として自律的に働いていると考えられるからである(18)。精神病のような例外時は別であるが、たとえ種々の葛藤があったとしても、それが統合されるのでなければ我々が精神的な安定を保つことは難しいであろう。ただ、法や道徳の問題に関する限り、知性的判断の部分が大きな比重をもって作用するのであり、このことは三部分の統合作用としての一定の判断力の存在に依拠していると私は考える。

第二の次元は、先のような核構造を有する人格が、他者との関係で生み出す反応文脈である。これは、最も近親のものに対する反応文脈（それはしばしば無意識的な情動的反応であることが多いと思われるが）から、一定の縁によってあるいは自発的に所属する集団、そして見知らぬ他人へと同心円的に移行し反応の性質を異にしてゆく次元である。上記の核構造は、様々な思考や行為の場面で一定のパタンを生み出すが、それはまたここで述べている反応文脈によってもいわば外側から規定されている(19)。ただし、この場合、同心円の中心ほど情動的な反応が優位するというわけではない。近親の場合においてもなお知性的判断は不可能ではない。逆に、見知らぬ他人に対しては常に知性的判断が強く働くわけでもない。見知らぬ他人だからこそ、極めて強い情動的反応（しばしばそれは全く常軌を逸することさえある）が現れることがある。また、ここには思考や行為の目的となっている問題の性質も影響してくることには注意しておくべきであろう。利害計算的な判断を要する問題であればどの文脈でも知性的判断が重要となるであろうし、逆に直観的反応を要求される問題ではいかなる文脈でも情動的反応が大きな意味をもつこともあるのである。しかし、正義が問題である場合、それはこれらの反応文脈を横断してすべての関係において等しい反応を要求されることになる。

第三の次元は、先の二つの次元を統合する判断力の存在である。この判断力は、核構造と反応文脈で様々に変化する我々の心理的動態から離れ、個々の心理的動態をいわば脱中心化して、個々人を一定の普遍的相のもとでとらえ直すという概念的転換を可能にする力である。実際、我々は、自己のありようを今述べたような形であれ、あるいはそれ以外の形であれ、把握しているときには、この判断力の次元に移行している。勿論、人によっては、この次元に移行していることが気づかれないこともある。しかしながら、人々が日常生活においてなにがしかの自己反省を行うとき、そこには既にこの判断力が働いている。それ故、この次元は実際には気づかれることが少ないにしても、なお厳然として存在している人格の一次元である(20)。

これら三つの次元の想定が含意する人格の説明の問題に関してはこれ以上立ち入ることは避けよう。ここでの問題は、それらの説明そのものよりも、共感という現象が道徳的な反応能力として決して十分な説明にはならず、むしろ多元的な人格の統合作用のレヴェルでの共鳴ということが考えられるべきであるということである。共鳴とは単純な共感ではなく、ある場合には部分的に反共感的でさえあるものの、しかし同時にある角度においてはそのような他者をもひとりの人間として生きていることを認めるというものであり、このような人格内部での軋轢を一定の統合的な判断力を最終的な拠り所として維持し、その相同性を相互に承認する態度である。この点で、既に触れられた役割取得は非常に重要な意味をもつ。それはたんに相手の立場を想像することで同情を帰結させるような前提条件ではなく、むしろ同情を惹起することがなくとも相手への注視を維持させるような、一定の相互的なコミットメントを生み出すはずのものだからである。それは単純な他者の外面的認知の問題ではなく、他者の相互尊重という道徳的視点の保持を可能にする道徳的想像力を示すものである。この他者の相互尊重は、道徳理論において他人の立場に立つこと、黄金律、あるいは普遍化可能性などといった形で様々に語られることでもあり、多くの場合利己主義を脱して一定の道徳的超越性を確保するために言われることにも関係している。心理学的にみた場合、これらのことが意味するのは、たんなる同情ではなく、一定のコミットメントにほかならない。それは、仮に自己の情動や意志が強く否定してもなお、またそれによって知性が揺り動かされてもなお、統合的な判断力によって、一定の価値を受容し、実現するという規範的な態度である[21]。

我々がもしこのような態度をもちえないとすれば、社会における我々と他者との関係はたとえ個々には深いものであるとしても、全体としては偶然的なものにしかなりえないであろう。人間はしばしば傲慢で、移り気であり、しかも意志薄弱な存在である。それにもかかわらず我々が正義という価値を希求することができるとすれば、それはとりもなおさずここで述べている共鳴の可能性なしには不可能なことではなかろうか。

我々が、異質でさえある個々人の個性を尊重し、しかし同時に連帯感を共有できるときとは、相互の自律性を受容しあう、この共鳴においてでしかありえない。逆説的ではあるが、このような一見分裂ともみえる事態を人が背負えるようになるときこそ、そこにはたんなる共感だけでは感知されえない、個性を有する人間相互の公共的な紐帯が生まれるのではなかろうか。

四　闡明

正義の受容にとっては、共鳴を内容的に充足し、そして拡張してゆく方途が必要になる。共鳴は、正義の重要性に関して直観的に起こる心理的過程である。しかし、いったんそれが言語的に反省されるならば、実際には人々は価値観や背景となる文化を異にしており、それに則しながら正義の内容を理解してゆく必要に迫られるであろう。では、現実には異質な人々の間での共鳴が一定の内実を伴った形で拡充されてゆくのは、いかにして可能なのだろうか。私はここで解釈ということの意義に改めて注目し、そこから闡明と私が呼ぶ構成的な相互了解の条件の意義を確認したいと思う。ただし、勿論、相互了解が可能であるためには一定の対話のチャンネルが既に存在していなくてはならない。このこと自体のありようについても論議の余地はあるが、ここではこの条件は満たされていると仮定しよう(22)。重要な問題は、この条件が充たされた後の問題、すなわち、いかにして人々の正義理解が収斂しうるのか、ということだからである。

まず、相互了解を媒介するのは、我々の解釈の営為である。解釈とは一般的に言えばある物事たるテクストを一定の観点から意味を付与しつつ理解することであり、人間の思考や行動全般に通底する営為である。また、解釈はテクストとその読解との間での不断の相互作用である。そこでは、テクストが読まれる際には先行了解が存在し、その先行了解は具体的なテクストに適用されることによって明確化されるが、それによって同時にテクストはその了解のうちに同化され、この同化がまた一定の先行了解となってさらに理解が進められることになる。テクストの意味はこの不断の循環のうちで分節化され、しかも、そこでは常に一定の解釈仮説が前提されている。

この見地からするならば、価値をめぐる解釈は、様々な実践において我々の判断を形づくっている概念群の反省的な明確化である。それは、眼前で問題となっている実践をそのうちに含むところの当該社会の価値の内容を不断に明確化し、またそのことによって当の社会の価値を形成してゆく営為である。価値の解釈を行うということは実践における規準を同定すると同時に、それを当該の事例を通じて明確化することである。問題となっている価値は実践における様々な主張の争いを不断に裁決しつつ豊かになってきているテクストであり、今なされようとする解釈はそれ自体がその過程をさらに受け継ぎ、当のテクストに厚みを加えてゆく。我々の素朴な価値了解は生活の様々な場面における価値の衝突や分裂によって問題化され、より深い理解が要求されることになるが、価値の解釈はまさにそこにおいて、諸価値の錯綜したありようを解きほぐし、その適正な関係を模索する試みである。この意味ではまた、価値の解釈とは、必ずしも既存の価値の内容をそのまま肯定するものではなく、それを批判的に再構成する試みでもある(23)。

しかしながら、このような解釈という営為の重要性を認めるとき、そこには解釈の多元性という問題が現れる。すべての解釈は、一定の観点に依拠してはじめて行われるが、このことが意味するのは、観点の切換えに応じて解釈はそれぞれが独自の意義を有するということである。そして、それは解釈の端緒となるテクストの把握にさえもあてはまる。このような見方を徹底して展開するS・フィッシュ（Fish）の言を借りるならば(24)、解釈の多元性は解釈戦略の多様性の結果であり、そして解釈戦略の多様性は我々の解釈実践の中に多様な形で既に埋め込まれている暗黙知の産物である。フィッシュによれば、すべての解釈がテクスト理解を全く異にしていてもなお、そのテクストの意義はすべての文脈において真正に定まるものである。

このような解釈の多元性の肯定は、とりわけ価値に関わる解釈の場合に大きな混乱を招く可能性がある。社会を統合すべき価値をめぐって様々な理解が対立するとき、その分だけその価値の統合力は減殺され、そして秩序は乱れるであろう。もっとも、この場合には、ある解釈問題が既に共有されている場合と、問題が戦略的にずらされてゆく場合とを区別する必要がある。(25) 問題共有の場合は、実質的問題次元とメタ問題次元とに関わる解釈が多様に現れるが、いずれも、一定の共通問題をめぐるものであることに変わりはない。ある価値の適正な内容をめぐって多くの人が真摯に議論をしている場合、当の内容をどう実質的に理解するかはそれぞれ異なりうることに加えて、それぞれの理解の仕方のどこがどう違うかについてさらに解釈が異なるとしても、そこには常に一定の論議領域が成立しているのである。しかし、ここに戦略的な問題変更が加えられると事態は複雑になる。この場合には、その変更が当該の問題次元のうちにとどまる場合と、問題そのものを完全に変更してしまう場合とが区別される。この後者が、最もラディカルな解釈のカオスを招くことは明らかである。全体としては、これらの四つの場合は複合的であろうが、混乱の加速の度合いは、これら四つのケースではおそらく異なり、最後の場合が最も大きな加速要因になるだろう。そしてその場合、解釈の営為の不断の拡散によって、当初の価値の問題は極端に分解してゆくことになろう。

それでは、我々の解釈という営為は、結局のところ、時には全く恣意的な曲解の蓄積を通じた、カオスへの途でしかないのであろうか。ここでフィッシュは、解釈の多元性にもおのずと限界はあり、それは一定のテクストをその意味理解に結びつけるような解釈形式が現に実践の中で存在していないことによる、と言う。すべての解釈が真正でありうるとしても、フィッシュの考えでは、現実の解釈実践の中に埋め込まれている戦略のありようのゆえに、本来カオスと呼ぶべき事態は生じない。可能な解釈はすべてまさに実際に可能だと許容されており、そのことによってこそそれぞれの意味で正しいのである。もっとも、この考えのもとでは、すべての言説はいかなる論理的レヴェルのものであれ解釈的であるため、一定の共通尺度を媒介としながら種々の言説を比較し、その優劣や論理的位置づけを計ることはできない。フィッシュによれば、解釈そのものの根源的な働きのほかにはもはや人間のプラグマティックな実践活動があるのみである。それゆえ、一見カオスのようにみえる多元的な解釈も我々の実践において許容されているのであり、真のカオスを引き起こしているわけではない。それゆえまた、解釈実践全体の理論的構造化という形でのメタ理論による解釈の統御は不可能である。解釈はなされること自体において既に正しく、同時に多元的なのである。[26]

このようなフィッシュの主張は、解釈という営為の特徴的な一面を見事にとらえ、それを一貫する点で極めて鋭く、魅惑的である。そしてこの考えを押し進めるならば、正義のような価値の解釈が一定の収斂を起こすことはほとんどないし、あってもそれは実践の硬化によるたんなる偶然でしかない。だが、本当にそうであろうか。確かに、我々の解釈は多様であり、そこでは解釈の争いが不可避である。しかし、そこではまた、解釈の不一致の理解や、合理的修正があることも事実である。解釈の不一致の理解や合理的修正は、問題となっている複数の解釈をさらに高次の論理的次元において同一平面上でとらえ、その次元で共通のコアを見出すことを行うことで可能になる。そしてこのときこの共通言語が根源的であるならば、この作業はさらなる多元化の営みではなく、むしろ多元性の収斂の試みとなるであろう。ここでは、解釈を行う者の間で、より適切な解釈がありうるというメタ・レヴェルの信念が共有されていることは勿論であるが、後述するように、それに加えてより適切な解釈を生み出すための規準となる背景的知識も共有されているはずである。

このことは既にフィッシュ自身の主張のうちに含意されている。フィッシュのような多元性の主張はそれ自体が解釈に関する高次レヴェルでの解釈であり、その点では他の解釈形式を許すものとなるであろう。そうであるとすると、解釈における理解や修正について、解釈は究極的にはある事態へのセマンティックな指示を含むことなしには成り立ちえない、それゆえ解釈といえども何ごとかに正しく言及することが前提条件となっている、という実在論的な解釈を与えるとしても、それはただちに誤りではないことになる。そして、このこと自体はフィッシュが論難する理論的構造化ではなく、フィッシュ自身も行っている解釈学的反省である。しかもこの主張をもとにして、だからこそ低次レヴェルでの解釈はこの制約に従わなければならないという主張をしたとしても、そこには理論的構造化としてフィッシュが論難する事態が現れるわけではなく、ただそのようなコミットメントの適否が問われるだけのことである。結局、フィッシュもこの意味での理論的構造化の必要性は否定しえないであろう。それゆえ、問題はむしろ、この理論的構造化を許すような解釈形式がフィッシュが提示する解釈形式よりも豊かなものであるかどうかということである。ここで、フィッシュはその問題は生活実践の中でどちらが役立っているかというプラグマティックな問題となるのだと言う。だが、そのことは適切な解釈形式が実践に存在しているという解釈を通じてしか主張されえないことであり、それに対抗する解釈とそこで明らかにされる実践のあり方とが一義的に排除されることにはならない。そして、それらの解釈形式が日常の実践の中で有意義に用いられているかぎり、そのプラグマティックな適切性を否定することは簡単にはできないであろう。

加えて、フィッシュのこのような主張の含意は自己破壊的である。つまり、もしフィッシュの、解釈についてのメタ理論的主張——すべての思考や行動は解釈という営為の一環であり、かつその点ですべての主張はそれぞれに正しい——が正しいとすれば、その他のいかなる主張もまた一つの解釈として正しいこととなり、フィッシュにはその解釈は誤りであるという批判はできない。フィッシュもまた、あるレヴェルで自己の主張が非解釈的な意味で正しいことを前提しなければならないはずである。もっとも、ここでフィッシュが当の解釈を全く恣意的に解釈するという態度をとっているとすれば、この疑問はそこでいわば氷結してしまう。しかし、それはレトリカルなポーズとしては可能であっても、原理的には不可能な命題的態度である。いずれにせよ、どこかの論理的次元では、我々は物事のありように関して直接に語ることを前提していなければならない。このことは、結局われわれは解釈形式からは論理的に独立した、しかも解釈に内在する条件のもとで思考していることを示しているであろう[27]。すべての解釈的な言説は、解釈と同時に、あることを語らなければならない。それは、眼が物事を把握するときに眼それ自体は確実に働いていなければならないのと同じことであり、言語はこの二つの働きを同時に行っている。そこでは、論理学的に区別される対象言語レヴェルとメタ言語レヴェルとが同時に作用している。この二つの次元に移行する以前に、言語はそれ自体としてこの二重性を有しているのである。そうであるならば、ある言説の真理性が必然であるとすると、一定のテクストをめぐって行われる可能なすべての解釈の、いわば内側をつないでいる真理性の絆があるはずである。

このような、解釈の内在的歯止めが存在することによって、我々は人が何を解釈的に語っているかを了解することができる。そして、我々はここでいわばカオスの引き戻しと整序とを行うことができる。前者、すなわち解釈を用いたあらゆる戦略的な問題変更の引き戻しのためには、我々は異なる種々の解釈を有効に用いることができる。つまり、ラディカルに問題を変更しようとする言説に対して、その含意、裏、逆などの論理的な方途を駆使して、主張の読み替えを行い、カオスに新たな方向を与えることができる。そして、そのようにして方向を与えられた解釈の争いの中で、我々は一定の直観的判断を駆使しながら、後者、すなわち解釈の整序という問題次元で価値によりよくフィットする解釈をとらえることができるであろう。このような解釈の重合化によって、解釈の多元性という問題は、よりラディカルなものから問題共有型のものへと移行してゆくことができる。なぜなら、我々はこの解釈の連鎖の中で何を語っているかについてのある了解を共有することになるからである。

ここで、たんなる解釈、それも相対的かつ多元的な含みを有する解釈を超えて、一定のテクストの共有を把握し、そのあり方を様々にとらえようとすることを、私は特に闡明と呼びたいと思う。闡明は解釈の一種であるが、テクストに一定の形で制約された解釈であり、そのことによって議論の収斂の可能性を保持する営為である。ここでいう闡明の実践は、フィッシュが考えるような多元的な解釈実践に比してプラグマティックな意味で豊かでもある。

いま、Fという集団のルールは一定の道徳を背景にして医師による身体への傷害を禁じており、その一方で、Fとは全く異質な文化をもつFの部分集団Sにおいては割礼が宗教的儀式として一般に行われているとしよう。ここでFとSとの間では、FがルールによってSの割礼を全面的に禁止することによって紛争が生ずる。この問題の解決のためにはFとSにおける二つの価値観が一定の共通問題に変換されなければならない。その共通問題とは、ここでは、当の社会集団における〈個人の生の重要性〉ということに関わるように思われる。つまり、ここでは、対立する二つの価値観がともに一つの集団内で論議されるべき部分的な事柄であることの肯認と、それが双方の価値観にそれぞれ潜在的に埋め込まれているある共通の価値のあり方の問題であることが了解されるのである。このことがクリアーされるならばそこから歩を進めることで、例えば、FはSの割礼への要求をちょうど入れ墨の場合のように容認しなければならないが、同時にSに対して割礼を決して望まない人への強制を行わないことを要求することができ、他方、Sは割礼を望まない人への処置は個人の身体に対する不当な侵害であることを認めるが、同時にFに対して割礼を望む人に対するFの寛容とFにおける自由な処置の許容とを要求できる、といった形での相補的な解決の方向が開かれるであろう。[28] このような問題の解決の可能性は、解釈の多元性を肯認するならば困難である。

ここで生じている闡明のプロセスは、その端緒において、相互の基本的な価値了解を獲得し、問題を共有するための根源的な過程を前提している。この基本過程そのものがいかにして起動されるかという条件は、既に触れたように、おそらく複雑なものであろう。それは少なくとも、対話状況におけるゲシュタルト・チェンジによって、対話者相互の排他的パースペクティヴを脱した共同的パースペクティヴの獲得という条件をクリアーするものでなければならないだろう。[29] このゲシュタルト・チェンジは忽然と起こるかもしれないが、このとき、その一環として先に論じた共鳴が介在していることは明らかである。闡明は両者が共鳴の条件の下で同等の平面に立つことを前提している。

また、この闡明において重要なのは変容という条件である。ある価値観が別の価値観に受容される際には、そのことによってある価値観が別の価値観の視点から争われることになる。そして、その場合には問題となりうる価値のコアは複数の価値観において完全に共有される。勿論、このような共有が成り立つには、当該の価値のコアがある程度まで複数の価値観の間で潜在的にであれ事実上機能しており、一定のポテンシャルを有しているはずであることが前提されている。価値観は、決して硬直した体系ではなく、様々な解釈と変容を受けつけるものであり、それは闡明の文脈において、批判的に争われ、より適切な方向へと向かう。先の例で言えば、闡明の文脈に入るならば、身体への侵害か宗教儀式かという問題はその基軸となる〈個人の生の重要性〉という共有されたコンセプトの解釈の問題にほかならなくなり、それは誰であれ同等に問いうる問題となって、ある人々の見解が対立してもそれだけが唯一の解釈状況ではなく別レヴェルでの合意の可能性も存在する。〈個人の生の重要性〉ということも確かに多様な解釈を受けつけるものであり、問題は身体の一部を切り取るという事態の意義がそれぞれの〈個人の生の重要性〉の解釈からしていかにして正当化されるかということである。そこでは単純にどちらが適切であるかということが問題であるのではない。もしも個人の事情がどうであれ儀式にただ従って処置をすることが〈個人の生の重要性〉の帰結であるということにしか割礼の理由がないとすれば、そのとき初めてそのような解釈は貧困でありうることになる(30)。

価値の解釈は現実には自由になされるが、それが真に実りあるものとなるのは、その営為がめざすテクストのポイントを共有するときである。とくに、正義のような基本的価値の問題は、自由な人間活動の動態をその基盤において馴致するメタ価値であり、その内容的拡充は一定の相互帰依を前提として果たされる。そして、各々の解釈どうしが共有する一定の実質的原理の創出、換言すれば多様な価値の解釈が相互に了解し受容しあう実質的価値の具体的構想によってこそ、価値の解釈は有意義な広がりをもつことができる。その不断の試みが闡明である。この闡明のもとで、我々は、紛争の相補的な解決を志向しながら、よりよき正義の了解を積み重ねそれを拡張してゆくことができるのである。

五　協　同

人間の社会全体を見渡した場合、正義という価値の闡明は社会の様々な領域において行われ、それぞれの場所でそれぞれに正義の共有を生み出すだろう。そして、それらの正義の多様な了解はそれぞれの規模を異にするだろう。そうであるとすると、これらの局所的な了解の成立は、なおいかにして社会全体へと広がり、正義の受容を可能にするのだろうか。

このときに生じてくる重要な問題は、ある価値理念に基づく規範秩序の主張が社会のどの範囲において普遍的たりうるかという問題、換言すれば、当の価値と規範秩序の主張が社会全体において互いに相争う他の可能な立場に対して普遍性を確立するということはいかにして可能なのか、ということである。

この問題は、しばしば展開される素朴な形態の価値相対主義とは異なった、いわば洗練された価値相対主義の問題でもある(31)。この問題は、普遍性自体が原理的に成り立ちえないとか、個人や一定の集団内において普遍性了解が成り立ちそれに従って規範的な行動をとる者が存在するなどということはありえない、といった陳腐なものではない。個人の内では、たんなるエゴイズムに走らず、道徳的に普遍化されるような主張をすることは可能であり、またそのような道徳的主張を共有する人々が局所的にであれ集団的に当の主張を普遍的なものとして受容し、それに従って極めて道徳的な生活を送ることがある。従って、問題は個人や集団はエゴイストではないかということでもなければ、価値観は個人や集団によって異なるのではないかといったことでもない。この種の単純な疑問については、個人や集団は道徳的に純粋な集団たりうることや、個人や集団が様々な形で特定の価値観を共有しうることが経験的に示されれば十分な答えがなされるからである。

むしろ、ここで重要なのは、局所的には確かに成り立つ個人や一定の集団内での道徳的普遍性要求も、さらにその局所性を超えて社会領域全体においても果たして成り立つか否か、成り立つとしてそれはいかにしてであるか、ということである。この問題は、価値自体の成立可能性ではなく、価値の拡張可能性ないしは射程に関わるものである。それ故、この問題に関して、局所的に成立している価値がある条件によって正当な形で拡張され全体的にも成立するということが示されないならば、正義という価値も社会内でより強力な実現可能性をもつことにはならない。

このような新たな次元の問題に関して、局所的に妥当している価値の闡明とそれにもとづく規範体系は一定の条件によって全体的な普遍性を有するものへと拡張されるというのであるならば、それは、局所的に成立している価値そのものによってではなく、それとは別種の条件によって当該の闡明が全体的な射程を有するに至るということを意味しているはずである。通常は、価値自体が有する妥当性要求がそのままで全体的な通用力を与えると思われていることが多いが、これは前述の洗練された価値相対主義の見方の前には無力である。局所的に成立している価値の闡明がそこで通用力を有するのは、その射程範囲内に超えなければならない垣根が存在していないからである。しかし、それが全体的にも通用力をもつといえるためには、他の価値闡明との間に生じてくる相剋を超えなければならず、そこでは闡明を拡張するための新たな条件が必要である。

ここで、このような価値の拡張には、二つの面を区別しなければならないと私は考える。すなわち、人間行動の次元と価値内容の次元である。

このうち、人間行動の次元に関しては、既にゲーム理論の領域で重要な考察がなされてきた(32)。ゲーム理論は、周知のように、合理的に行動する個々人の間に協調関係が生まれるのは、その関係が個々人にとって衝突やディレンマをもたらすことなく、各自に最大の自己利益をもたらす場合であると考える。当事者の利害が対立する場合にはいわゆる囚人のディレンマが生ずるが、それでも、繰り返しゲームが行われることによって、そこにはしっぺ返しという安定的な行動戦略をとる者が支配的になり、個々人の協調が安定的に生成する可能性が開かれる。この場合には、相手が裏切りの行動をする場合にのみ報復を行うだけでそれ以外のときには協調に努めるという行動戦略を誰もがとるようになるのである。裏切りの頻度をどこまで許容するかにはなおヴァリエーションがあるが、許容のタイム・スパンを中長期的なところにまで拡張できるような行動戦略は協調関係をより強固なものとする可能性を含む。そして、このような安定的な協調関係は、ゲームの典型例である二者間だけの交渉の場合に限らず、多人数の間の交渉関係にも拡張されるものである(33)。

かくして、人間行動のレヴェルでみた場合、局所的な社会的ユニットにおける価値の受容が他のユニットにも拡張されるのは、ユニット間のゲーム論的な安定戦略の進化に基づく協調関係の生成によって、当該のユニットの全体がさらに安定的に活動できるようになるがゆえに他ならない。

このようなゲーム理論の洞察は、人間や集団がその自己利益のみを追求するとしてもなお、長期的に可能な利益最大化の範囲において安定的な協調行動をとるようになり、それが社会全体に拡張することを示唆した点で大きな意義がある。しかし、ここで注意しなければならないことは、このプロセスにおいては、集団全体の成員において一定の閾値以上の協力傾向者が実際に現れないことには協調関係の安定が得られないことである。[34] それゆえ、この次元では、価値の受容は常に人間の数に依存することになる。

しかしながら、人間の合理的な協調行動そのものと一定の内容をもつ価値の受容とは基本的に別次元の問題である。[35] 確かに、価値は人間に担われることによって意味をもち、人間によって合意されることで実現に移される。この場合、価値はそれらを活用する人間によって戦略的に体系化され、人間にとっては恣意的な行動戦略そのものとして現れることもある。しかし、このことは価値や規範そのものが戦略的であることを意味するわけではない。ゲーム理論では、人間の思考や行動の目的は常に自己利益の拡大であるから、価値や規範もまた戦略に従属するものととらえられるが、価値の次元においては事態はむしろ逆である。人間自身がその価値に順応することが完全にはないとしてもなお、正当な価値とその闡明は独自の意義をもち、それに従わない人々に対してもその遵守を要求することができる。人間には、たんなる共感を超えた、正当な価値との間の共鳴と関係する行動が存在しうることは既に論じたが、そのことは、別の角度から言えば、人間の行動そのものは正当な価値の闡明に従い、またそれによって導かれるものであることを意味している。

多くの歴史的事例が示すように、正義に関連する価値闡明の拡張は多く社会的少数派の正当な主張から始まった。例えば、一九六〇年代アメリカの公民権運動は、それまで社会的多数派に通用していた〈分離すれど平等〉という一つの正義の解釈に対して異を唱え、分離自体が平等に反するというより適切な正義の解釈を提示しながら、それを社会に通用させるに至ったと言える。このような形での少数派から発する価値の広がりそのものは、人間の合理的な協調行動によっては説明できない。なぜなら、そのような場合には社会的多数派がそれによって多くの利益を得るとは限らず、むしろ当の少数の主張を抑圧する方が合理的でありうるからである。しかし、この少数派の主張が広がりを見せたのは、抵抗運動の拡大そのものもさることながら、まさにその主張に多数派の正義解釈以上の適切さが含まれていたがゆえであり、このことは価値の拡張が、たんなる協調行動以上に、当の価値とその闡明によって方向づけられていることを示している。

さらに付け加えるべきことは、一旦なされた協調行動でもそれはしばしば一定の合理的な条件において解消されるものであるのに対して、価値の受容に関わる我々の行動は堆積的であり、強い道徳的規整力をもつものとなるということである。価値の受容は、その後に続く合理的な協調行動にとっては、所与として当の行動を制約するものとなっている[36]。実際、近代以来の基本的人権の発展の歴史はそのことを雄弁に物語っているし、公民権運動の成果はもはや否定することのできない政治道徳の根幹となっていることも同様である。現在では、いかなる合理的な取り決めもはやそれらの権利の保護を根幹に据えることなしには不可能なのであって、決してその逆ではありえない。このことを、現在ではそれらの権利を基本的に遵守するのが自己利益に適っているとして説明することは適切ではない。この見方は、これらの権利が自己利益の観点から全面否定されることを排除できないのであるが、それはいまやグローバルなものともなった権利の根本的重要性に対する人々の直観を的確にとらえるものではないからである。

かくして、正義は、多数派の利益に反する場合や一見合理的な取り決めの解消が存在するような場合にもなおその妥当性を要求する。それ故、価値のレヴェルでの受容の拡張には内生的な独自の条件があると考える必要がある。

ここで示唆に富むのは、N・レッシャー（Rescher）の示した価値の拡散や融合過程の整理である。[37] レッシャーによれば、価値は三つの方向において社会的に広がってゆく。それは、領域拡散、射程深化、規準変更である。価値は社会的少数者の集団から発しても、その内容の広汎性あるいは一般性のゆえに他の集団にも拡張されて当該の社会全体の価値となってゆくことができるし、また、一旦社会的に受容された価値が当初有していた適用射程は、その潜在的な論理的可能性が発見されるにつれて広がり、当初は適用が想定されてはいなかった集団や個人にも適用されてゆくようになり、そして、さらに、既に適用されている価値の実現のための規準はその価値のより適切な実現のために洗練されてゆくことで、社会における価値の浸透がいっそう高まるのである。我々が価値の衝突を考える場合、それは堅固な核どうしの衝突であり、いずれが他を排するかという問題であると考えることが多い。しかし、論理的に見るならば、価値にはそれぞれに核と保護体が存在し、特に保護体の変化によって相互受容の可能性が増加してゆくという形で、価値の拡散と融合を考えることができる。[38] 価値は、つねに、原理、その解釈、事実認定、その他の付帯条件などのセットを通じて主張されるため、価値の対立は幾つかのレヴェルで相互に両立可能なように整序されるのである。ある価値の見地からすると、他のすべての価値は当の価値を支持するかあるいは従属するものとして位置づけられるが、そこでは当の価値は他の価値に対してその領域支配性において相対的な優位だけをもっているのであり、他の価値は当の価値の領域内でその価値に統御されるという関係が編み出されてゆく。例えば、〈リベラルな平等〉論は、しばしば対立すると考えられている自由と平等とが価値論的に両立すると主張するが、その場合には、平等は自由という人間活動の資源を人々にあまねく保障する役割を担い、自由は平等を損なわない限り最大限に尊重されるのである。ただし、相互にギャップを有する価値や規範がどのような形で内在的に整合化されるのかについては、解釈の余地が多く残されているのであるが。

以上のことは人間の合理的な協調行動と併せて考えるとき、何を意味するであろうか。既に述べたように、人間行動のレヴェルでみた場合に、局所的な価値の受容が他の集団にも拡張されるのは、その受容によって当該の集団がさらに安定的に行動できるようになるがゆえに他ならないが、そのような安定性は集団間の便宜的な合意によってのみ確保されるものではない。当該集団が他の集団と安定的に協調を拡張する際には、その協調が価値的観点からして理に適ったものであることによって、すなわち、当該集団における正義の闡明可能性以上の社会秩序の保障を含む、より広汎な正義を保障するものであることによってはじめて、協調行動が安定したものとなるのである。正義は本来、様々な利害の均衡点を求めて展開する協調的な人間行動を一定の正当な方向へと導くような制約条件を与えている。従って、ここで起こってくる正義の受容は、まさに一定の正義の遵守の責務を引き受けるところの規範的な行動の生起である。つまり、一定の協調行動が確立するとき、そこには社会を統御しうる正義観念の受容が同時に起こらなければならないのであり、このことによってその協調行動は社会全体に及ぶ推進力を与えられるのである。このような事態は、たんなる合理的協調ではなく、それに代えて協同と呼ばれるべき事態である。

この意味での協同とは、正当な正義の闡明に従って人々が協力関係へと入る可能性を指すものである。正当な正義の闡明は、自己利益に発する協調関係が不可能な場合にそこに現れる利害のマトリックスを変更する力をもつともいえるであろう。この意味では正義の観念の独自性はそのヒューマニティに存するといってよい。それは、換言すれば、人間の非利己的で普遍的な動機づけの力を生み出す、ある高次の力であり、それは人間の限界状況において最も強く発揮される人間的な崇高さを可能にし、また社会全体を律してゆく規範を生み出してゆくものである。このような理想的な力は、人間が不可避的に有する利己性によって翻弄されることもあり、それらの争いはある意味では永遠に続くものであるだろう。しかし、非利己的な動機づけと自己利益の追求とは決して調和しえないものではない。人間がつねに理想を求める存在であるかぎり、そこではおのずと利己的な力も抑制されるであろう(39)。

しかし、残された問題は、相剋しあう価値の闡明の優劣の規準いかんという問題である。争いあう価値を超えたメタ－レヴェルにおいて傍観するならば、これらの価値は一定の進化論的プロセスにおいて変容するかもしれない。すなわち、多くの支持者が得られるようなより安定的な内容を有する価値が残ってゆくのである。だが、それはある種の観察と説明にとどまる。より重要なのは、いかなる内容によってある価値が多くの人の支持を得られるのか、換言すれば、実践的に価値の争いがいかにして解決されるかというコミットした問題への解決である。だが、正義の闡明に発するこのような価値の拡張のプロセスにおいて、いかなる正義の観念が支配的でありうるかの論究は別の機会に委ねたい。

六　おわりに

本章での試みは、正義の受容の軸となる三つの基本的な条件を示し、それによって、理想と現実との狭間にあってしばしば見逃されがちな概念的通路を、あらためて明確にすることであった。共鳴、闡明、そして協同という形で述べられたことは、我々の思考や行動において可能かつ有意義な経験とその概念化であり、その存在に気づくことによって、正義の受容はいっそう容易に行われるであろうというのが、ここでの主張の要諦である。

このような主張は哲学的なものではあるが、しかし、そこにはさらに次のような実践的意義が見出せると私は考える。

現今、市民社会の復権ということがいわれ、国内的にも国際的にも新たな人間的秩序への胎動が始まっている。肥大化し硬直化した政府や地方自治体への疑問、あるいは既存の国民国家に代わる地域連合や民族の再統合、さらには種々のＮＰＯとその連帯などの広汎な社会変動の中で新たな秩序主体として市民の重要性が説かれ、そしてその市民を中心的な担い手とする新たな法－政治秩序が模索されるようになっている。しかしながら、その半面では、そこでの議論は市民という存在自体の善性があまりに自明視され、そのような市民が担うものであれば秩序もまたそれ自体で善であるという幻想さえ生まれがちであるようにみえる。だが、我々はここでもまた人間の理想と現実との間の緊張関係に留意しなければならない。市民の秩序が適切な形で実現される場合には、そこに現れる人間活動の逆説の統御の条件が同時に必要なのである。

この意味で、市民的秩序には一定のモラルとその受容が必要である。そのモラルに関して、私は、尊重と配慮と普遍性との結合としての市民的相互性のモラルという形で論じたことがある(40)。相互に異質である他人の思考や行動を理解、寛容し、その理解を踏まえながら種々の人間的困窮に関して可能なかぎりそれを救済しようとする態度を保持し、そしてその際には、相互に共有することのできる価値や利益をともに志向し、そこからお互いがそれぞれの位置を確認すべきことが、そこでは求められるのである。問題はそのようなモラルの確立の可能性である。特定の社会の具体的現実のありようによっては、その余地はかなり少ないこともあるであろう。しかしながら、私は、その可能性は現実として潜在的にあるといえると考える。そのひとつの表現が、本章で論じてきた正義の受容条件である。これらは、市民的秩序のメタ－レヴェルでの根本条件であり、そのような社会への転成の基本条件であるといってよいであろう。

正義を志向する共鳴、闡明、そして協同のスパイラルが機能するなかで、市民的秩序は正義実現のためのより適切な形を求めて展開するに違いない。そして、このことを踏まえたうえではじめて、そのような市民的秩序がいかなる内容のものであるのかを論ずることができるであろう。その問題の基本部分とはとりもなおさず、現代社会における正義とは何か、その実質的内容はどのようなものであるのかという問題である。市民的秩序の形成に参与するすべての人はこれらの問題の重要性を意識し、それに関して様々な形で答えようとしているはずなのであり、また答えなければならない。

（1）　I・カント、宇都宮芳明訳『永遠平和のために』（岩波文庫、一九八五年）七一頁。なお、本章のもととなった研究は、一九九五年一二月に催された北大文学部の公開シンポジウム「正義は異文化の壁を乗り越えられるか」での招聘報告を契機とし、その後九六年度における北大法学部での演習（テーマ「グローバル・ジャスティス」）を通じて行われた。公開シンポジウムにおいて多くの示唆に富む意見をお聞かせいただいた文学部の関係の諸先生方や参加者の方々、また演習に出席し啓発的な質問や議論をしてくれた法学部の学生・院生・助手の皆さんにお礼を申し上げたい。

（2）　権利保障の動態に関しては、とりあえず、参照、樋口陽一編『講座憲法学三　権利の保障㈠』および同『講座憲法学四　権利の保障㈡』（日本評論社、一九九四年）。

（3）　参照、梶田孝道編『国際社会学（第二版）』（名古屋大学出版会、一九九六年）とくに第Ⅱ部、L・ヘンキン、小川水尾訳『人権の時代』（有信堂、一九九六年）とくにⅠ編。

（4）　正義の受容条件とここで呼んでいる問題は、現代正義論の古典であるJ・ロールズの議論でもその重要な一部分であった。しかし、それにもかかわらず、この問題が十分に取り上げられてきたとはいえない。cf. J. Rawls, *A Theory of Justice*, Harvard U. P., 1971, Part 3, esp. ch. VIII

（5）　参照、H・L・A・ハート、矢崎光圀監訳『法の概念』（みすず書房、一九七六年）第八章、長谷川晃『解釈

と法思考』（日本評論社、一九九六年）第七章。

（6）cf. L. Lomasky, *Persons, Rights, and the Moral Community*, Oxford U. P., 1987, ch. 4, esp. p. 62 ff.

（7）参照、大橋良介編『文化の翻訳可能性』（人文書院、一九九三年）SECTION 1、梶田孝道『国際社会学のパースペクティブ』（東京大学出版会、一九九六年）とくに二、三章。

（8）正義という価値とその受容条件をこのようなアナロジーによってとらえる可能性に関して、cf. T. Nagel, *The View from Nowhere*, Oxford U. P., 1986, p. 138 ff., p. 185 ff.; Lomasky, *supra* note 6. なお、ロールズの議論との相異は、彼の議論が正義を実現しうる道徳的人格の問題に主眼を置いているのに対して、私の議論は正義が公共的に受容されるための社会的条件群を考えようとするところにある。

（9）このことに関連して重要なのは、いわゆる通約不可能性（incommensurability）の問題である。cf. D. Wong, "Three Kinds of Incommensurability" in : M. Krausz, ed., *Relativism*, Univ. of Notre Dame Press, 1989.

（10）パワーに関して、cf. D. Beetham, *The Legitimation of Power*, Macmillan, 1991, ch. 2

（11）モードゥス・ヴィヴェンディに関しては、cf. Rawls, "The Idea of an Overlapping Consensus", in : *Oxford Journal of Legal Studies*, 7-1, 1987, p. 10 ff.

（12）cf. T. Nagel, *The Last Word*, Oxford U. P., 1997, chs. 4, 6

（13）cf. Beetham, *supra* note 10, ch. 3

（14）価値が人間の活動を導いているという見方に関して、cf. Nagel, *supra* note 8, chs. VIII, X ; G. F. Gaus, *Value and Justification*, Cambridge U. P., 1990, Part 1.

（15）同情と同感の相異について、T. Honderich（ed.）, *The Oxford Companion to Philosophy*, Oxford U. P., 1995, p. 862. 参照、春木豊・岩下豊彦編著『共感の心理学』（川島書店、一九七五年）三頁以下。澤田瑞也『共感の心理学』（世界思想社、一九九二年）二二頁以下、八七頁以下。また、役割取得の意義については、春木・岩下、前掲書、一二八頁以下、澤田、前掲書、一七三頁以下を参照。

（16）共感の限界に関して、春木・前掲注（15）二頁、一五三頁、一六五頁。正義との相異に関しては、J. R. Lucas, *The*

Principles of Politics, Oxford U.P., 1966, p. 233 ff.

（17）平凡社大百科事典（平凡社、一九八四年）第四巻二七二頁以下。

（18）この種の人格構造の議論は、cf. S. Hampshire, ***Innocence and Experience***, Harvard U.P., 1989, ch. 1 ; M. Walzer, ***Thick and Thin***, Univ. of Notre Dame Press, 1994, Five ; G. Watson, "Free Agency", in : *Journal of Philosophy*, 72, 1975, p. 207 ff.

（19）道徳的距離（moral distance）に関しては、cf. J. Glover, *Causing Death and Saving Lives*, Penguin Books, 1977, ch. 20

（20）参照、I・カント、波多野精一ほか訳『実践理性批判』（岩波文庫、一九七九年）一五三頁以下。cf. Nagel, *supra* note 8, ch. IV

（21）J. Deigh, "Empathy and Universalizability" in : L. May et al., eds., ***Mind and Morals***, The MIT Press, 1996, esp. p. 213 ff.　カント・前掲注（20）一六〇頁以下。

（22）対話の意義について、参照、長谷川・前掲注（5）第六章。なお、正義論との関連で、参照、島亜紀「対話的人格と正義論」（北大法学研究科ジュニア・リサーチ・ジャーナル、四号（一九九七年）一七三頁以下。

（23）この点につき、参照、長谷川・前掲注（5）第五章。

（24）S・フィッシュ、小林昌夫『このクラスにテクストはありますか』（みすず書房、一九九二年）一一章以下。S. Fish, *Doing What Comes Naturally*, Duke University Press, 1989, chs. 4, 5, 6, 7

（25）この問題は、尾崎一郎氏との私的対話において示唆を受けた。なお、cf. Fish, *There's No Such Thing as Free Speech...and It's a Good Thing, Too*, Oxford U.P., 1994, chs. 11, 12

（26）参照、フィッシュ・前掲注（24）一五章。Fish, *supra* note 24, ch. 21

（27）R・ドゥオーキンは、解釈の日常的な実践のあり方を根拠としながら、フィッシュのような解釈的相対主義を批判するが（小林公訳『法の帝国』、未来社、一九九五年、一一三頁以下）、それにはさらにここで触れられているようなメタ理論的裏づけが必要であるだろう。なお、cf. Dworkin, "Objectivity and Truth : You'd Better Believe

If", in : *Philosophy and Public Affairs*, 25-2, 1996はこの種のメタ理論を背景としながら、価値相対主義や道徳的リアリズムの批判的検討を行っている。また、この問題をめぐる争点の有益な整理として、参照、狩野道徳「法における〈解釈的転回〉の一局面（二・完）」早稲田大学大学院法研論集八四号（一九九七年）二九頁以下。

（28）このような相互了解の可能性を示唆するものとして、cf. J. Kekes, "Pluralism and the Value of Life" in : E. F. Paul et. al, eds., *Cultural Pluralism and Moral Knowledge*, Cambridge U. P., 1994.

（29）参照、J・ハーバーマス、三島憲一ほか訳『道徳意識とコミュニケーション行為』（岩波書店、一九九一年）第四章。尚、共鳴はその自己超越的な側面において対話関係のゲシュタルト・チェンジと連動しているといえよう。

（30）このような相補的決定の解釈は明らかにリベラルな価値観の優位を前提としている。そこには一定の論理的循環が存在するが、しかし、内的視点においてはそれは不可避である。参照、ドゥオーキン・前掲注（27）第七章。cf. Dworkin, *supra* note 27, p. 12c ff. 尚、ここで示唆されているような形で普遍的な正義の内容が可能であると私は考えている。すなわち、私は正義の普遍的内容を三つの次元において考える。まず第一は、異文化間における基本的価値の共通性であり、第二は種々の価値的コンセプトの共有であり、そして第三に種々の価値的コンセプションの融合ということである。最初の二つは現に存在し、それらに導かれつつ第三の融合が起こりつつあると私は考える。基本的価値の共通性としては、キリスト教の十戒、イスラム教の重要な戒律、仏教の五戒などにおける共通価値に注目する。そこでは、殺人、嘘、窃盗あるいは姦淫などが禁止されたり、あるいは避けた方がよいものとして示されている。また、子供への配慮なども共通であり、これらはさらに儒教においても看取される。価値的コンセプトの共有とは、自由や平等の権利、あるいは勤労、教育、福祉などの社会的権利が、多くの国の基本的な法において承認されていることに示されている。このことは、日本を含む欧米諸国はもちろんのこと、インド、中国あるいはアラブ諸国でもあてはまり、さらに世界人権宣言や国際人権規約その他の国際的条約の批准によって世界中の国々で近・現代の中心的政治価値が受容されていることは、自由や平等といった価値のコンセプトが広く支持されつつあることを示している。勿論、これらの基本的価値の共通性やコンセプトの共有は、価値全体のうちではなお部分的なものであり、かつ抽象的な次元でのものであって、それらの具体的な内容やその実現の程度については文化の間の相異が存在している。また、そのような共有された価値があるとしても、各文化にとってその受容の背景的理由は異なっていることもある。さらに、これらの価値の多くが歴史的には西欧起源であるという事情もある。しかし、私は、価値の具体的な内容については、本文で示唆されたような形でコンセプションの融合が起こると考えるし、背景的理由の相異については、その相異の一部はコンセプションの融合の過程で解消されてゆき、さらにそのことによって価値の歴史的起源の問題もますます希薄化されると考える。価値のコンセプションの対立は、特定の社会のうちでも起こっていることである。日本社会においても、例えば思想・信条の自由は様々な考え方の人々の間で共有され、そこでの論議を通じて、その保護内容が少しずつ確定されてきている。異文化間の場合にはこのような融合が起こらないと考えることは、現実的ではないであろう。たしかに、そこでもなお価値的相異は残存するかもしれないが、しかし、そこでは諸価値を奉ずる人々の間での公共的空間と個別的空間との分離が生じ、価値的相異の問題は後者に限局されるものとしてのみ意義をもつにとどまるであろう。最後に、これらの共通価値、あるいは共有価値の拡大は何によって可能になっているのかに注意する必要がある。それはたんなる歴史的偶然によるのではない。むしろ、それは、すべての人間にとって重要なある正義の普遍的核心が存在しているがゆえである。すなわち、私の考えではそれは自立への配慮のゆえである。

（31）　価値相対主義の基本的な整理については、cf. D. Wong, "Relativism", in : P. Singer, ed., *A Companion to Ethics*, Blackwell, 1991.

（32）　参照、盛山和夫『制度論の構図』（創文社、一九九五年）とくに第三、四章。山岸俊男「社会的交換と社会的ジレンマ」盛山和夫・海野道郎編『秩序問題と社会的ジレンマ』（ハーベスト社、一九九一年）、R・アクセルロッド、松田裕之訳『つきあい方の科学』（HBJ出版局、一九八七年）とくに第Ⅱ部。cf. J. S. Coleman, *Foundations of Social Theory*, Harvard U. P., 1990, ch. 10

（33）　参照、盛山・前掲注（32）『制度論の構図』七六頁以下。山岸・前掲注（32）二三二頁以下。A・デキシット＝B・ネイルバフ、菅野隆ほか訳『戦略的思考とは何か』（TBSブリタニカ、一九九一年）とくに第四章。M・テイラー、松原望訳『協力の可能性』（木鐸社、一九九五年）とくに第三、四章。cf. Coleman, *supra* note 32, p. 249

ff.

（34）参照、山岸・前掲注（32）二四五頁以下。同『社会的ジレンマのしくみ』（サイエンス社、一九九〇年）二一七頁以下。

（35）参照、盛山・前掲注（32）『制度論の構図』第五章以下は理念的実在としての制度の意義を再確認しようとする。私が価値と呼ぶものは、そのような制度の中核的条件であるといってもよい。cf. Bryan Wilson, "Value and Society", in: B. Almond et.al. eds., *Values*, Humanities Press, 1988. また、それ自体は人間の合理的行動様式によっては説明できないものである。cf. Coleman, *supra* note 32, ch. 11, esp. p. 287 ff., p. 292 ff. 尚、正義とも関連の深い利他主義に関して、政治心理学の観点から利他主義の独自性を示すものとして、K. Monroe, *The Heart of Alruism*, Princeton U. P., 1996 が非常に興味深い。

（36）このような価値の堆積性に関しては、ドゥオーキン・前掲注（27）三五七頁以下が示唆に富んでいる。

（37）N. Rescher, *Introduction to Value Theory*, Univ. Press of America, 1982, ch. IX, p. 115 ff.

（38）理論的構造体としての価値のとらえ方を示唆するものとして、I・ラカトシュ、村上陽一郎ほか訳『方法の擁護』（新曜社、一九八六年）第一章、とくに第三節を参照。また、長谷川・前掲注（5）一四七頁以下も参照。

（39）cf. Nagel, *supra* note 8, ch. X, esp. p. 195 ff.; do., *Equality and Partiality*, Oxford U. P., 1991, ch. 4

（40）本書、第Ⅲ部第三章、三二六頁以下。

第二章　アジア社会における普遍的法の形成*

一　はじめに

西洋近代に発する立憲主義の法‐政治制度は、様々な問題を抱えながらも世界的規模で広がりつつあり、このアジア社会全体もその例に洩れない。しかしながら、アジア社会においては西洋に発する近代的価値との間での地理的・歴史的・文化的相異が大きく、立憲主義的法‐政治制度の受容とその実効化の問題を単純に考えることができないのは周知のとおりである。だが、私の考えでは、アジア的特殊性の強調によってこのような法‐政治的相異の問題が解消するわけではない。その点では西洋の諸社会もそれぞれに特殊な条件を抱えており、自らが生み出した自由や平等などの抽象的価値の含意するところに対しては、アジア社会と異ならない、その適切な実現の問題を有しているのである。それ故、重要なのは、アジア社会が西洋に比して特殊で固有の様々な特徴を有していることそのものではなく、むしろその固有の特徴の内で西洋に発した立憲主義的法‐政治制度を広く受容し、適応させ、社会の中に有意義に定着させる契機を内包しているはずだということである。

このような基本的見地から、私は、本章では法概念論上の問題として、アジア社会における立憲主義の契機のあり方をまず一般的に法実践の層構造と社会の領域区分との複合的条件において捉え、それがアジア社会の多元的な状況にも通貫しうるものであり、アジア社会においても西洋に発する立憲主義を西洋自身とはまた異なった形でより豊かに転成し、一つの普遍的な法を形成してゆくことができるであろうという角度での考察を試みたい。その場合のキー・コンセプトは、〈ハイブリッドな法〉ということである。本章での議論は二つのパートに分けられ、第一には法と社会との間の一般的な相互作用関係についての理解が提示され、〈ハイブリッドな法〉の基本条件が提示される。そして第二には、西洋に発する立憲主義のアジア社会における受容可能性に関して論じられ、アジア社会における〈ハイブリッドな法〉の成立可能性とその普遍的可能性が論じられる。

尚、付け加えるならば、本章での法概念論的な問題設定は、〈ハイブリッドな法〉と連動するはずの価値原理の問題を無視するものではない。むしろその逆である。私は、一般に法を広狭二つの意味で理解する。狭い意味での法とは制定法であり、それが社会の秩序形成において重要な意義を有することは言うまでもない。しかし、制定法はしばしば悪法であったりその運用において不適切な機能を果たすこともあり、それはまさに法の名によって是正されなければならない。それ故、私はさらに広い意味での法(Recht, droit, the law)を区別し、かつそれは制定法、公共的価値、そして社会慣行の適切な複合体であると捉え、さらにこの適切な複合体を成り立たせる基軸が正義という包括的な価値に存すると考える。従って、〈ハイブリッドな法〉の観念そのものもまた、一定の正義観念と結合することで成立しているものである。この正義観念は、私の解釈では公正という形で分節化されるものであり、それ自体として一定の自由と平等および効率性のベスト・ミックスを与えるという実質的内容を有するものである。また、その限りでは、〈ハイブリッドな法〉は単純にアジア社会における法のあり方の記述にとどまらず、その再構成をも含む点において、法のありうべき姿の構想でもある。(1)しかしながら、本章では正義観念としての公正の問題それ自体には立ち入らず、そのような正義観念が以下で論じられる〈ハイブリッドな法〉という見方に内在的に結合しているということだけを確認しておきたい。

二　法と社会との相互作用

(一)　法原理・制定法・法運用

一般に法と社会とは秩序の生成と維持をめぐって相互作用を有しているが、その場合、法の側では規範的統御の諸層を区別し、また社会の側では統御対象となる諸領域を区別して、その間の連関を把握することが重要である。

まず最初に、規範的統御の層構造として、私は法原理・制定法・法運用の三つの次元を区別したい。法原理とは、例えば自由や平等のような、文化の垣根を超えて受容されるようになっている抽象的な政治道徳上の価値原理であって、制定法を構築する際の基本原則となるものであり、その多くは、特に一国の憲法において確認されるものである。制定法とは、広義には憲法を頂点とする諸々の一般法あるいは特別法の体系をさすが、特に効力上憲法よりも下位にあり、その基本原則を具体的な問題文脈において法律的に具現している、民法、刑法、あるいは独禁法のような種々の法律群を指している。法運用とは、制定法の存在を承けて、行政や司法、あるいは一般市民が行うところの個別具体的な法の適用と解釈による問題解決の集積である。この場合、法の適用と解釈は社会において様々な形で行われ、全体としては種々の適用解釈の可能性が模索され続けることとなる。これらの三つの次元は規範的統御の抽象度において相異があると言える。すなわち、法原理は抽象的でありその程度において普遍的である一方で、制定法は一般的ではあるがその内容はより具体的でその分だけ個別的な社会状況に規定されるようになり、さらに法運用は個々の具体的なケースに則して行われることによって常に個別的な問題状況との関連で統御を行うこととなる。

また、これらの三つの次元は、人為的に作り出される法において典型的に見出されるものであるが、慣習的な法においては必ずしもそうではない。慣習的な法においては、法原理や制定法は判然とした形で提示されてはおらず、法運用の蓄積だけが一定の緩やかな体系性をもった秩序を形成しているからである。しかしながら、一定の理論的整序によって慣習的な法の内に基本原則が探索され、拘束力ある先例が示されるのであれば、先の法原理と制定法に準ずる次元が看取されることになるであろう。

(二)　政治領域・経済領域・文化領域

次に行っておきたいのは、一般に社会における活動領域の区別である。全体社会は様々な種類の人間活動を含んでいるが、ここでは大きく、権力体制の形成や変更に関わる政治的活動、財の生産や消費、あるいはその基本条件となる労働に関わる経済的活動、そして、家族、教育、あるいは福祉医療サービスなどに関わる文化的な活動を区別し、それぞれを中心とする問題領域として、政治領域、経済領域、そして文化領域の三つを区分しておきたいと思う。換言すれば、いかなる社会であれ、人間の種々の活動はこれらの三つの領域のいずれかに区分されうることとなる。

これらの領域の区分は、一つには、上で述べたようにそこで扱われる財の性質によるものであるが、それに加えて、それぞれにおいて発生する秩序の問題の性質が異なることにもよる。すなわち、政治は権力体制のあり方に、経済は物質的な富のあり方に、そして文化は精神面を含む個々人の生活基盤のあり方に関わっている。政治においては、権力的行動に対する規範的な制約が問題となり、そこでは人権の保障や一定の政治制度の確立が求められる。経済においては、市場における個々人や企業の行動のあり方とそこでもたらされる成果の分配に関して一定の指針とコントロールが必要とされる。そして、文化においては、社会の構成員全員が教育や福祉サービスなどを通じて生活の基盤となる資源を等しく享受することが希求される。これらの領域における秩序においては、そこで扱われる財の性質の相異に応じて規範的統御の課題も自ずと異なってくる。

尚、これらの区分は、社会学において近・現代社会の基本ユニットとされている、政府、企業、家族とも対応している。この場合にも、勿論、ある社会においてこれらの基本単位が明確な分離を伴ってはいないこともありうるが、その際にも、基本的には種々の活動の内において、政治的な部分、経済的な部分、あるいは文化的な部分が区別されることになるであろう。

(三)　〈ハイブリッドな法〉の形成

以上のような法実践の層構造と社会の問題領域の区分とを前提とするならば、一般に法と社会との相互作用を次のようなトリマトリックス（trimatrix）の形で捉えることができよう。すなわち、横軸に領域の区分、縦軸に法の層構造を取ることで、一定の法体系が社会全体に対して有する統御機能のあり方、特により理念的かより現実的か、を多次元的に把握することができるようになる。

	法原理	制定法	法運用
政治領域	理念的	理念的	理念／現実的
経済領域	理念的	理念／現実的	現実的
文化領域	理念／現実的	現実的	現実的

このことは、別の角度から言えば、特に価値的に複雑な社会において法の統合機能は多次元的に変化することを示唆するものであり、ある法が社会を全く一元的に、すなわち上のトリマトリックスにおける九つのセルのすべてにおいて均質で一貫した統御を行っているという場合から、逆にある法が社会をほとんど個別的な慣行的変容に委ねている、すなわち上のトリマトリックスにおける九つのセルのそれぞれにおいてそれぞれの問題状況に応じた異なった統御形態を許容しているような場合に至るまで、様々な状態のスペクトラムが存在していることを示唆している。

そして、特にアジア社会における西洋法との緊張関係や受容関係という問題を考える場合には、しばしば想定されがちな、西洋的価値による純粋な一元的統御かそれともアジア的な特殊個別的な慣行による混沌とした独自の統御か、というオルターナティヴとは異なって、それらの中間形としての多次元的な統御の可能性を考えることができる。このような多次元的な法のあり方を概念化したものが、〈ハイブリッドな法〉である。この〈ハイブリッドな法〉の観念は、法実証主義が示す一元的な階層的法体系とは勿論のこと、個別法の集合としての離散的な法体系の観念とも異なる。それは強い意味での法体系の論理的完結性は持っておらず、しかしその一方で完全に無関係な法の集まりでもない、多元的な形での一定の整合性を有するはずのものである。

かくして、この見方のもとでは、西洋法のアジア社会への受容に関する一つの仮説として、次のようなハイブリッドを考えることができるであろう。すなわち、

	法原理	制定法	法運用
政治領域	西洋的（自由・平等など）	西洋的（憲法など）	西洋／アジア的
経済領域	西洋的（市場原理など）	西洋／アジア的（契約法、独禁法など）	アジア的
文化領域	西洋／アジア的（家族原理など）	アジア的（家族法、福祉法など）	アジア的

というものである。

この見方は、アジア社会における民主的政治体制の確立、経済システムの一定程度の合理化の必要性、文化領域における社会的慣行の尊重という条件のベスト・ミックスを社会の法において模索するという意味でハイブリッドを考えるものである。勿論、このことは、ある社会におけるすべての法が適切な関係の内にハ

イブリッドをすでに構成しているということを意味しているわけではない。むしろ、事態は逆であって、ベスト・ミックスはあらゆる次元で試行錯誤的に追求されているものであり、そこには種々の緊張関係や拮抗・対立のダイナミズムが存在しているはずである。そしてそのダイナミズムは既に冒頭で触れたように、広い意味での法を統括すると考えられる一定の正義観念、すなわち公正によって統合されてゆくはずである。ここで示されたトリマトリックスは、そのような問題を捉えてゆくための端緒である。

とまれ、以下では、この視角から、幾つかの具体的な問題に関して考察をしてみたい。

三　西洋法の受容と普遍的な法の形成

(一)　アジア社会における多元性

アジア社会においては、社会の政治的形態、経済的形態そして文化的形態に関して、地域ごとに多種多様な相異が見出されることは言うまでもない。政治面では、近代における一定の植民地化あるいは文化的衝撃の故に、社会の上層部分においては多分に西洋の影響が大きく、また思考行動様式もかなりの程度まで西洋化された部分が少なからずあるものの、その一方では、伝統的な権威主義的政治体制が王政、寡頭制、あるいは軍事独裁制のように様々に形を変えながら広範に存在していることも事実である。また、経済面では、日本の〈和魂洋才〉に象徴されるように西洋の資本主義が各国固有の状況との相互作用の内で修正されて展開し、とりわけ日本が牽引車となってアジア社会全体も類似の経済的発展を示してきたということがある。もっともその半面では、伝統的な農耕中心の生活様式も広く残っており、都市部における資本主義の発展と農村部における伝統的生活様式との乖離も大きく、社会問題化しているところもある。さらに文化面では、仏教、儒教、イスラム教、キリスト教などの多様な宗教の混在、多種の民族やそれに固有の言語の混在、そしてそれに即応した多様な家族形態などが広く見られ、これらの複雑性がまたそれぞれの国に応じて政治、経済、文化の事情を大きく異ならせている。勿論、西洋の場合にも、西ヨーロッパや東ヨーロッパあるいは北米と、それぞれの地域ごとにこの種の事情は異なるのであるが、おそらく政治と経済の面での多様性はアジア社会の場合ほど大きくはなく、その程度においてはアジア社会は西洋よりもいっそう複雑であると言えよう。

しかし、その複雑性を検証することがここでの目的ではない。ここでは議論に必要な限りで、次のことを確認するにとどめたい。すなわち、アジア社会においては、特に、政治面では権威主義的体制と民主化要求との緊張関係、経済面では伝統的経済生活と資本主義的発展の緊張関係、そして文化面では集団主義的な要求と個人主義化との緊張関係が、それぞれの社会における具体的な事情を通貫して存在しているということである。以下では、この基本認識をもとに、アジア社会の現実に対して法がいかに関わってゆくのかということを考えてみたい。

(二)　社会的な価値のコンフリクトと法的統合の可能性――特に日本の場合――

アジア社会において伝統的に存在してきた権威主義的政治体制、農耕的な生活様式、集団主義的な文化が、現在、それに対抗するところの民主化要求、資本主義的な経済の発展、社会生活の個人主義化など（西洋に発する）に直面しているのは、好むと好まざるとに拘わらず不可避の事実である。この認識をもとにするならば、アジア社会における法の課題とは、これらの一見相容れざる価値をどのように調停してゆくかというところに求められよう。つまり、一方では人々の固有の生活のあり方のよき面を保護しつつ、他方ではその悪しき面を西洋的価値のよき面に基づきながら修正して、全体としてよりバランスの取れた社会を実現することが重要なのである。このような角度から見れば、アジア社会における法の課題は、すでに示唆したように、政治、経済、文化の各領域でそれぞれ異なると考える必要があると思われる。

政治領域においては権威主義的体制の欠陥は余りに大きい。一定の形の寡頭支配によって、批判勢力の抑圧、種々の利益の独占、癒着や汚職などが蔓延する傾向は強く、それが人々全体の利益になることは決してない。それ故、ここでは西洋的な価値である立憲主義、すなわち人権保護、国民主権、あるいは法治主義の確立などは極めて重要な意義を有しており、このとき、伝統的な権力体制のあり方は大きく制限される方向へ進むことになる。経済領域においては、グローバルな資本主義的発展の圧力が極めて大きいため、好むと好まざるとに拘わらず、それに対応してゆく必要にアジア社会は迫られている。この場合の問題は、市場経済化を円滑に行うためのルールを既存の社会に適合的な形で整備してゆくことであり、市場行動のルールを確立すると共に、当該社会の伝統的な経済活動の様式の豊かな機能をも保護することである。ここでは西洋的な合理的ルールと伝統的な生産様式、あるいはモラルとの融和が適切に図られなければならないことになるだろう。この経済領域に関しては最近のアジア全体の通貨危機および経済の低迷が大きな問題であるが、ここでも問題の焦点の一つは西洋を中心として標準化されつつある経済活動のあり方に対してアジアの国々がどのようにその論理を修正しまた適応するか、ということである。その一方で、文化領域においては、むしろアジア社会のよき固有性をどのように保全してゆくか、ということが重要だと思われる。多様な宗教感覚や言語、またユニークな伝統的生活様式の存在それ自体はまさにアジア社会のアイデンティティであり、いずれ自然に変化してゆくとしても、西洋的な価値によって直接に変更させられるものではない。政治や経済の面ではどうしても強まるであろう法による西洋化の圧力は、この面では一定の形で抑制される必要が出てくると思われる。

しかし、このような複雑な課題を法が体系的に解決することは決して容易くはない。それ故、そこでは法原理・制定法・法運用の次元の区別とも相俟って、法実践の全体を一定の複合性の内で柔軟に形成する必要が生じてくると思われる。そこで、このような法のハイブリッド化の例を、とりあえず日本の場合から考えてみよう。ただし、ここでの趣旨は日本の経験をアジア社会における法受容のモデルとするわけでもなければ、日本における一定の受容の仕方がそれ自体として適切なものであるということを意味するものでもない。ここで触れることは、あくまでハイブリッド化の一つの可能性の確認にすぎない。

まず、政治領域での例は象徴天皇制である。国民主権を前提とする日本国憲法のもとで旧来の天皇制は形式的にも実質的にも大きな修正を受けたことは言うまでもない。勿論、天皇制の残存ということそれ自体はまだ議論の余地があるが、民主化を基本とする旧来の政治原理の転倒と制限が、政治領域におけるハイブリッド化の一つの可能性であることは言えるであろう。また、このことは半面では国民の基本的人権の保障の確立とも相俟っているが、公共の福祉との調和という点にはいろいろと問題もあるものの、旧来の法律による留保を転倒させて、前者が基本原理となり後者があくまでもその例外的制限事由となったことは、西洋に発する法原理を受容したうえで日本の制定法にもたらされた変容の例であり、これが法運用においても徐々に浸透してゆく方向にあることに重要な意味があることを疑う人はいないであろう。

次に、経済領域での例の一つは大型店舗の規制である。いわゆる大店法は、当初、スーパーなどの大型店舗が地域に出店する場合に既存の中小の店舗に打撃を与えないようにするために、事前の届出と審議による規制を設けるものであった。その基本的な趣旨は、大型の店舗が持つ経済的競争力が中小の店舗を圧迫しないようにするものであったが、しかし、事前の調整をめぐって既存の業者の利益保全の要素が強くなりかえって競争制限的になってしまったため、現在ではこの法律は廃止され、交通渋滞や環境保全などに関する弱い立地規制のみに焦点が絞られるようになっている。しかし、その一方では、独禁法上の規制によって、公正な競争状況の確保として中小の店舗の活動条件も保護されており、これらの複合によって、グローバライズする経済と地域密着型の伝統的な経済活動の様式のバランスが追求されていると見ることもできるであろう。また、例えば農業問題に関しては、農業生産物の流通過程が一方では様々な主体による自由な販売という資本主義の原則と、他方では旧来の農村共同体に根づいた中間組織を媒介とする流通という、緊張関係にある二つの活動のバランスが模索されている。

最後に、文化的な領域の例としては、家族における選択的夫婦別姓制度の導入の是非の問題、あるいは外国人の参政権の問題、先住民の権利保障の問題などがある。これらの場合は、法がそれぞれの社会的実践の現状に相即するように、その保護範囲を広くする、もしくは既存の規制をゆるめるという問題である。日本の場合は、この領域では従来の制定法がそもそも法原理に十分に即応するものではなく、その分だけ法運用も狭隘化されていたために、問題は制定法や法運用が基本的な法原理によりいっそう従うような形のものになるべきだと考えられているところもある。しかし、ここでの問題は半面では文化の進展に対し法が文化独自の動態を尊重して、その変化を法的規制の内に反映させるということでもあると言える。ともあれ、この文化的な問題場面は、伝統的な社会的価値と変化する社会的価値に対して法がどのような構えを取るかが特に争われる領域であり、一定の西洋的な法原理を採用している法体系が対立し合う価値観に対して適切な中立的立場を取ることは難しいが、逆に言えば、西洋的な個人主義原理はこの領域では政治や経済の場合以上の制限や修正を受ける可能性が高いことには違いない。それ故、ここでの問題は、時には一定の社会実践を保護するためにあえて法原理や制定法の修正を図ることもありうるとしても（最近の韓国における相続不均等化の例など）、旧来の伝統的な社会実践において問題を生じさせている部分――性的あるいは身分的な差別が特に顕著であるような部分――を是正しながら、伝統的な生活様式の新たな展開を図るということなのではないだろうか。

(三)〈ハイブリッドな法〉におけるダイナミズムの問題(2)

しかし、〈ハイブリッドな法〉においては、種々の異質な価値が互いに緊張関係に立つこともありうる。実際、特に文化領域、とりわけ家族関係の規律に関しては、その西洋的な個人主義・平等主義とアジア社会の伝統的家族観、また一定の経済合理性の要請などがせめぎ合うことが多いであろう。例えば日本における夫婦別姓の問題の場合に問題となっている男女平等は、同時に、政治におけるポストモダン的な価値の再考の問題でもあるし、また経済的には労働のアイデンティティの問題でもある。このような〈ハイブリッドな法〉の内部における西洋的あるいはアジア的な諸価値の間の緊張関係とそれらの間のダイナミズムに関しては、どのような見方ができるのだろうか。

まず最初に、例えば家族関係の規律のような個々の具体的問題に関して、政治的、経済的あるいは文化的な諸価値のせめぎ合いが現れるということは、或る意味では自明の事実である。上記のトリマトリックスでは、法概念の複合性の指摘と擁護に力点が置かれているために、そこから先に現実的に生じてくるはずの、具体的な価値のせめぎ合いと法との関わりをどう捉えるかという問題については、必ずしも明確ではない面もある。しかし、この点は、諸価値のせめぎ合いに直面して法がその規範的立場からどのように構えるか、換言すれば、どの価値の保護に重点を置くのか、という問題に一応変形できるであろう。そして、その限りでは、例えば相続不均等を基本原則とする韓国法が、悪しき経済合理性に基づいた擬似倫理行動を排除するために、判例などで親孝行の態様を判断規準に組み込むような法運用を行う中で問題を解決する可能性を考えたり、また長子の行動が実質的な親孝行を果たさない場合には弟妹がその地位に取って代わることを許すような形で一種の平等主義を法運用で実現することができれば、ひとまずは十分ではないかと思われる。

もっとも、このような問題設定そのもの、すなわち法と社会とを基本的に独立したユニットと捉えることの問題性もあるかもしれない。この想定とは異なって、法が社会の中で変容を蒙ってゆくというリアルな想定のうえに立ってみれば、法の規範性を強く捉え、それ故にまた相互作用とは言うものの、規範が実現されてゆくという方向での静態的な見方を生みがちな視座には限界があるかもしれない。この点で一つ注意すべきことは、法と諸価値との異同である。社会において相剋しているのは基本的に諸価値の方であり、その社会の法はそれらの価値の中から一定のものを選択的に取り上げ強制的条件を付加するわけであるが、この選択に際しては法は一定の高次価値を前提する必要がある。この高次価値は当該社会の立憲体制の構築の際に設定されているもので、そこでも伝統的価値とのせめぎ合いがあるだろうと思われる（種々の憲法革命を考えればよい）。ただし、私自身は、上記のトリマトリックスに現れているように、この次元での価値の設定は一定の正義観念である公正の受容として前提する。

さて、さらに重要な問題は、先のトリマトリックスによって表現される〈ハイブリッドな法〉がその中に含まれる個々の法律や判例などを全体として統合している、ということの意義である。可能的にはかなり異なりうる九つのセルの間には、法としてのいかなる整合性がありうるのか、あるいは逆に、かなり異質な制定法や法運用のあり方がこのような整合性と対立・浸食する可能性をどのように考えるか、これは法の変容において根本的な理論的問題である。

確かに、異質な価値規準や判断原理、あるいはその運用の混在それ自体が法のリアルな姿ではないかという見方もあるだろう。しかし、私自身は、法は全体として最終的には一定の正義観念を基軸としながら、法原理をめぐる解釈を通じてその法原理の許容範囲に従って統合されてゆく傾向にあり、アジア社会の法の場合もそれは同様であると考える。もっとも、その場合に、それと併存する諸価値がどのような形の、いかなる規整力を持つものになるのか、あるいはいかにして拮抗する価値群を排除あるいは整理してゆくのかは、まだ必ずしもよくわかっているわけではない。ただ、この点に関して、私は解釈的な重合化というプロセスを示唆する。それは、抽象的な原理の個別具体的な解釈を通じて、制定法や法運用のレヴェルにおいても一定の抽象的原理の具現がめざされるということである。先の韓国の相続不均等の例も、相続における平等儒教的家族倫理を経由して解釈される一つの結果だというように考えることもできるであろう。この解釈的な重合化を試みるとき、特に基軸となる価値解釈と必ずしも整合しない価値解釈を重ね合わせる場合には一定の論理的方途があると思われる。それはひとまず、例外化、領域化、包含の三つに区分される。例外化とは、対立する価値解釈が例えば一方の価値における等事情の仮定が成り立たない場合に初めて他方の価値が妥当するという補助条件によって、後者の価値が前者に対して位置づけられることを指す。領域化とは、対立する価値が本来妥当領域を異にするものとしてそれぞれ独立に価値的意義と機能条件とが割り当てられることを指す。そして包含とは、対立する価値が共に相対的に上位の価値である第三の価値の解釈による一事例であることが示されることを指す。そして、これらの方途の適否それ自体は、当該の解釈全体と連動してその解釈がどこまで適切たりうるかの批判的検討に付されることによって規定される。

ただし、先の相続不均等の問題の場合には、明らかに西洋的な法原理がまず解釈の指針を与えているという想定がある。それに対して、事態はむしろ儒教的倫理が平等原理に制限を与えているかもしれないのではあるが、ここでの理論的把握においては一定の正義観念へのコミットメントが避け難い。そのコミットメントの適否はともあれ、少なくとも一つ明らかなことは、次の二つの価値のセットが区別されるべきであるということである。すなわちまず、特に法原理と制定法のレヴェルでそれらを支える形で現れ、法運用のレヴェルでではその指針として働くような法原理適合的な価値のセットと、次に、特に制定法や法運用のレヴェルにおいて現れ（法原理に比してローカルな性格をより強く持ちやすい）、法原理に対しては拮抗するような価値のセットとは位相が異なっているのである。私は基本的に前者の重要性を考えているのである。しかしながら、確かに、後者のセットの広がりも重要なことであろう。このことをどう受けとめるかは重要な問題である。勿論、これら二つの価値のセットはとりあえず位相を異にするという指摘は簡単であるが、しかし、先にも触れたように、前者だけを重視することは、法の全体が諸価値の拮抗の中で変容してゆくというまさに法現実と切り離して法概念を語ることの規範主義的な偏りの問題性を含みうるものである。

解釈的な重合化は、ある高次価値を中心にしながら漸次的に法原理や制定法あるいは法運用の全体をより整合的なものにしてゆく。もっとも、社会内で拮抗する諸価値のうちでいかなるものが優越してくるかということ自体は見方が分かれてしまうであろう。このこととの関わりで、アジア社会における価値の拮抗に関して特徴的であると思われることは、次のような価値群の緊張関係、すなわち、第一に個人化価値対集団化価値の拮抗、第二に垂直化価値対水平化価値の拮抗が存在することである。第一の拮抗は、自由や自律のような個人主義的な含意を有する価値と、社会的利益や連帯のような集団主義的価値との間のそれであり、第二の拮抗は、忠誠や順応のような権威的な含意を強く持つ価値と、市場化や自治のような反権威的な含意を持つ価値との拮抗である。西洋においては、多く、個人化と水平化、そして集団化と垂直化との相応関係が見られると言えるが、アジア社会の場合、例えば日本を念頭においてみると、個人化価値が垂直的に働き（自由の理念性など）、集団化価値が水平的に働く（いわゆる悪平等等の例）こともある。このことは、西洋的な価値が有している背景状況がアジア社会のそれとは異なることに由来するであろうが、そのことによって、アジア社会の中で種々の価値を実現しようとする場合には、微妙な解釈が要求されることになるのである。

これらの価値の拮抗が複雑な解釈過程のなかでどのように変移するのかについてはまだ議論の余地があるが、しかし、私は、おそらく普遍的な通用力をより強くもつものの比重が高まってゆくのではないかと推測する。これ自体は一つの普遍主義的な想定ではあるが、このことが直ちにアジア的な価値の否定につながるという見方は短絡にすぎる。政治や経済のような領域では西洋的な価値の通用力が強いが、文化の領域でのこのような価値の役割は当該社会の文化が抑圧的に働いてしまう場合に対する切札のようなものである。稠密な集団的関係において個人とその自立への圧迫が高まるならば、それを開放するためにはより普遍性を有する価値が必要になるはずである。

尚、付言するならば、法原理適合的な価値のセットに関し、西洋的な法原理ということでは政治的には自由と平等など、経済的には市場原理（ただし、これは公正な自由競争として理解される）などが考えられるのであるが、この見方には、公正の理念が政治と経済に通底する（そしてまた文化領域における諸問題に対しても基本的な指針となる――べきである――）ということが既に含まれている。他方で、法原理対立的な価値のセットが現れる場合、制定法の次元では、象徴天皇制や全体的な公共の福祉論などがなお保守的に働いて国民主権を害なうことがあるわけであるが、法運用の次元ではこれらは解釈的に批判されうる。また、男女平等原則が実際の法運用の中で男性や夫優位に制限的に適用されてゆく場合にも、差別的な現実への解釈的な批判はまた同様の意義を有すると思われる。法運用における、このような原理適合的な方向での解釈的批判の蓄積を通じて、制定法の内容も新しい立法の形でより原理適合的に変更されてゆくであろうし、また法運用そのものも多々争われつつもしかし原理適合的な方向へと変化してゆくであろう。

このように考えることは、メタ－レヴェルでは、既に触れているように、諸価値のせめぎ合いに関して、一定の高次価値がそれらの価値を統御するはずであるという前提も働いている。西洋的あるいはアジア的双方の価値の相剋に対する連接原理を法が提供するはずだということも、その前提のうえで考えられている。もっとも、既に触れたように、文化領域の中にも政治や経済に関わる価値が入り込んでくるような場合もありうる。このような複雑さはしばしば見られることであろうが、私が示唆した政治、経済、文化の領域区分に関しては公法、私法・経済法・労働法、家族法その他社会法といった法領域の区分が対応させられている。それは、法そのものは領域ごとに独自の規範的観点を基本に据えることで、そこで直面する異質の価値に対しては必要に応じて対応するのではないか、ということである。ただし、既に触れたように、法領域の区分を貫通して機能しているはずの価値のセットという問題は確かに存在している。私はそこには核となる価値（自由・平等など）を通じたネットワーク的な連携関係が存在していると考える。それは、憲法上の原則が民法の基本原則に現れたり、公法上の基本原則になっていたり、あるいは経済法の隠れた原則になっていたり、といったことである。法原理適合的な価値のセットは、それが逆説的な結果を決してもたらさないとは言い切れないにしても、具体的な問題において種々の価値が相剋し合うという場合についての一定の統御を試みることができるであろう。

(四)　〈ハイブリッドな法〉の適切性と普遍性

以上のように考えられる〈ハイブリッドな法〉のあり方にとってさらに重要な問題は、それぞれの領域における異なった統御の間の整合性のあり方と、この法全体が有するはずの普遍性の意味である。これらは重要なメタ理論的問題であるが、ここでは詳しく論ずる余裕がないので、とりあえずは次のことを指摘しておきたい。

まず、〈ハイブリッドな法〉の全体が有するゆるやかな整合性とは、抽象的な法原理の解釈とそこから開かれる種々の制定法による重層的な社会統御、各制定法の解釈とそれに基づく統御領域の分担、そして個別具体的な問題の解決における柔軟な説明と正当化などの複合の内で、先に述べた解釈的な重合化の結果として現れるものである。このような法のあり方は法実証主義が想定するような法の論理的完結性とは全く異なるものであるが、現実に存在する法は先のトリマトリックスに即しつつも一部分では異質な内容の法原理や制定法、あるいは法運用を不連続的に抱え込んでいるはずであり、そこに現れるのは、全体としては当該社会において蓄積されている一定の背景的文化伝統によって囲繞された、ゆるやかな整合性であるはずである。そして、そのとき〈ハイブリッドな法〉が有する適切性とは、理念的な核となる一定の高次価値やその表現である法原理に関して法実践の全体がより矛盾が少ない状態にあることであろう。

また、このような〈ハイブリッドな法〉の全体が有しうる普遍性とは、そのハイブリッドな内容そのものよりであるよりも、むしろ法の眼前において対立緊張関係にある様々な価値の間で適切な連接原理を探索するということそのものの内に見出されると思われる。そして、この場合には本章の冒頭で触れた、広い意味における法の基軸としての一定の正義観念が重要な意義を持ってくることは言うまでもない。しかも、このような正義観念の構想——私はそれを公正という形で与えるのであるが——が重要であり、しかもそれ自体は、諸価値の連接原理として必ずしも特定の文化に依存しない形で示されかつ正当化されうるものであるだろう。(3) かくして、或る社会で形成されてくる法が内容的には不断に変化するものであるとしても、種々のファクターのベスト・ミックスが追求されること自体は、西洋の場合もアジア社会の場合も変わりがないはずである。このような意味で、アジア社会における〈ハイブリッドな法〉は、西洋に発する自由と平等の法原理の転成的な解釈を与えることそのものにおいて普遍的なのである。

＊　この論考は、一九九八年一〇月二七日韓国ソウル特別市の延世大学において開かれた第二回東アジア法哲学・社会哲学会における報告原稿に加筆修正を加えたものである。シンポジウムにおいてコメンテーターの労を取られ、示唆に富む批判をくださった、韓国梨花女子大学の朴恩正教授ならびに高麗大学の李相暾教授に感謝申し上げる。

（1）　ここで言う〈ハイブリッドな法〉の観念は、千葉正士氏の言う「法の三ダイコトミー」とは異なる。この「法の三ダイコトミー」は、公式法と非公式法、法規則と法前提、固有法と移植法という三つの概念対から成り、その統合原理として当該社会における「アイデンティティ法原理」が存するものとされ、しかも、国家法、国家内諸法に加えて世界法から成る三元的な多元的法体制を予想するものとされている。（参照、千葉正士、「非西欧的法理論研究の現在的意義」、北大法学論集、四四巻四号、一九九三年。同、「アイデンティティ法原理の探究」、北大法学論集、四六巻一号、一九九五年。同、アジア法の多元的構造、成文堂、一九九八年、第三・四章）この見方は或る社会における法の形態分化を法文化との関連で文化相対的に捉えようとする点では大きな意義があると思われる。その一方で、〈ハイブリッドな法〉の観念はこれらの形態分化よりもむしろ当該社会の法の機能分化に焦点を合わせており、しかもその分化を統合する原理を一定の正義観念の存立に看取しようとしている点で、普遍性への志向を有している。これら二つの法観念は、同じく多元的な法のあり方に着目しながらも、文化の相対性あるいは普遍性の認識において志向を異にすると言ってよいであろう。とりわけ、ここでの相異は、西洋法の受容の意義についての把握にあるだろう。前者の考えでは、移植法、特に西洋法は「アイデンティティ法原理」に従いつつ、その他のダイコトミーの内に埋め込まれ、形態分化をしているものである。しかし、〈ハイブリッドな法〉は一定の正義観念を解釈的な基軸としながら、移植法のイニシァティヴと諸規範の相互浸透関係を評価する。尚、このような正義観念に関しては、本書第Ⅰ部第二、三章、第Ⅱ部などを参照。また、このような正義の位置づけ方は、井上達夫「リベラル・デモクラシーとアジア的オリエンタリズム」（今井・森際・井上編、変容するアジアの法と哲学、有斐閣、一九九九年）第二節以下に連なるものでもあると同時に、法観念の動態の面では、金昌禄「韓国の法体系はどこへ向かって行くのか」（今井・森際・井上編、上掲書）が韓国の法の歴史を辿りながら検証しているアジア法の一つの現実にも連なっている。

（2）本節での議論は、尾崎一郎氏の批判に負うものである。

（3）私はこの点を価値解釈の構想という形で示したい。或る社会WにおいてF_1、F_2、……、Fnという類似の価値解釈の集積が存在する場合には解釈的統合はかなりの程度まで一貫性を有することができるが、他の社会Aにおける価値解釈の集積がG、H、……、Lといったようにある程度分裂している場合には解釈的統合は些か別の様相を呈するように見える。すなわち、それはいずれかの価値解釈を引き継ぐ形で行われ、その結果として他の価値解釈を過誤として廃棄する可能性が出てくるからである。しかし、この二つの解釈的統合の有りようには原理的な差異は存在しない。いずれの場合においても或る価値解釈を基軸として再構成が進められ、それ以外の価値解釈は基軸的解釈に相対的にそれぞれの位置が定められること自体に変わりはないからである。問題は、再構成において基軸的な役割を果たすべき価値解釈の集積がほとんど存在しない場合である。このとき、その質と量に関する二つの点が重要となる。まず質の面においては、基軸的な価値解釈の基礎がほとんど存在しない場合にはその価値解釈はそれに多少なりともレレヴァントな他の価値解釈の深層構造を探ることによって既存の価値解釈に新たな光を当てるものとならなければならない。また量の面においては、その解釈は当該の深層構造を探る点において、可能な限り最大限に他の価値解釈を統合できなければならないであろう。すなわち新たに構想されうる価値解釈Φは可能な限り他の価値解釈をΦ_1、Φ_2、……、Φnとして位置づけることができることを必要とする。この場合の解釈的な方略が少なくとも三つ存在することは本文で触れたとおりであるが、ことこの問題場面に限っては包含はかなり困難であり、また残る例外化と領域化においても、前者の試みは例外化されるべき価値が多数に及びうる故に後者に帰着せざるを得ないであろう。この意味において、この問題文脈では一定の領域化が非常に重要になってくると言える。尚、その際、Φは当該社会において局所的にであれ存在している価値観を解釈的にすくい上げその意義を拡張するものである。このような価値解釈Φとして私が主張するのが、自由と平等そしてさらには効率性のベスト・ミックスを生み出しうるところの、公正の理念である。

第三章　市民の時代の公共哲学——〈市民のパラドックス〉をめぐって——

一　はじめに——現代における市民の問題の意義について

私なりの観点から現代における市民の意義をめぐって論ずる前に、まず二つの点を改めて確認しておきたいと思います。

一つは、思想史的な脈絡です。古代ギリシャで言われた市民のあり方は、現在私たちが市民というものを考える際とは異なり、ポリスという都市国家の規模や、市民としての資格を持っている人の身分などが非常に限定されたものでした。しかし、中世、ルネッサンス、そして近代の市民革命の時代を経て、ギリシャ的な市民の観念はかなり変質しました。特にキリスト教の影響を受けて、神と直接対峙する個人の存在という自覚が強くなったことから、個人は神のもとで平等な位置づけを持つことになり、財産や身分などによって限定された市民からより一般的な市民へと範囲が広がる素地ができてきたのです。これは大きな思想的変化ですが、この動きの延長線上において、現代の市民はどういう位置づけを有しているかということについて注意をしておく必要があるでしょう。というのは、少なくとも日本や欧米のように発展した国を念頭に置いて考えると、今日市民と呼ぶべき人びとはその社会の構成員すべてであるということです。つまり一定の財産や身分、あるいは人種や性差などによって市民の資格が限定されるということは現代ではもはや基本的にあり得ないことであって、社会の構成員であれば誰もが普遍的に市民であるのです。これはある意味では当然のことなのですが、思想史的あるいは歴史的な脈絡から見ると、まず押さえておくべき重要な点でしょう。百年ほど前までは現在私たちが常識とするような市民のあり方は決して当然のことではなかったのです。例えば女性や子供、あるいは外国での黒人の地位といったことを考えてみると、それは明らかでしょう。その意味では現代において市民の観念が非常に広くなっているということ自体が驚くべき事実なのだと言えます。

そのような目で見ると、現代社会における市民の問題を考える場合には、日本や西欧先進国の社会においては、その問題はトータルな社会問題であるということをまず認識する必要があります。また、市民という概念が限定されたものから普遍的なものへと拡張していると言えるとすると、いわゆる発展途上国では西欧先進国が経験しているような市民のあり方がまだ十分に根づいていないという状況があるとしても、将来的にはそういう社会でもこの普遍的な市民の観念が浸透していくでしょう。

二つめに確認しておきたい点は、特にアメリカの市民と日本の市民との比較という脈絡で、そこに看取される一つのコントラストに注目する必要があるということです。アメリカにおいては、今日では、社会全体をまとめる公共善よりもむしろ個人、自律、自己決定といった価値が重視されるようになってきており、このような変化に直面して、社会をどのように秩序づけていけばよいのかということが大きな問題になっています。公共善が喪失するということは、集団をまとめ上げる絆となる社会的な共通価値が崩れていくということであるので、それによって孤立した個人が生み出される傾向が強くなってきます。現代のアメリカでは、家族の崩壊、貧富の差、あるいは地域的な発展の差、更に麻薬、性犯罪といった種々の問題があるのですが、それは集団として維持されるべき価値が崩壊していった結果であると見られています。そこで、それらの問題を解決するためにいかにして公共善や社会的価値を回復することができるのかということを考える方向に、アメリカは向かっているわけです。

それに対して日本の場合はどうでしょうか。現代に至るまでの日本社会の歴史的変化の道筋はともかく、ことアメリカとの比較という点では、いくつかの相違点が自然に浮かび上がってくるように思います。アメリカはある意味で特殊な社会です。つまり、建国時に移民をしてきた白人たちは、一方ではインディアンを排除しながら、自らの手で未開の地を開拓することで国を築き上げていきました。アメリカは、移民たちがそれぞれの形で社会の中に自分たちの生活を持ち込みつつ、しかも、契約を通じて様々な社会的関係を取り結び、新たに社会を作り上げていったという特徴を持っています。それに対して日本はどちらかというと静態的な社会であったように思えます。つまり、歴史的に大きな節目はあったものの、基本的にはアメリカとは違って長期間にわたっていろいろな条件が融合することで自然に社会を作り上げてきたように見えます。特に、近代化が始まる一九世紀の半ば以降は、それ以前に比して確かに大きな社会変化が日本に起こったわけですが、そこでもすでに作り上げられた様々な社会的枠組みを基盤としながら、それを組み替えることで、西欧先進国に追いつくような社会を作り上げようとしてきたと言えるでしょう。

そこで問題は、このようなアメリカと日本を比較してみた場合、それぞれの社会の原則はいかなるものであり、そこにはいかなる相違があるのか、ということです。アメリカで新しく社会を作り出したときの原則はジョン・ロックが市民政府論の中で明確に定式化したような、個人とその権利の保護ということを中心とした考えでした。現実にはそこに奴隷制や貧富の差が存在したとはいうものの、アメリカ社会にとっての基本原則は常にこのロック的な個人、その自由な権利、そしてそれを保護するはずの政府のあり方であり、契約によって政府を樹立し、そしてもしその契約に政府が違反するのであればそれに対して抵抗する権利を留保するという原則であったのです。

これに対して日本という社会は、必ずしもそういう明確な原則の下に作り上げられた社会であるとは言えないでしょう。勿論明治以降の近代化の過程の中で、特にドイツ、当時のプロイセンに主として学ぶことによって、一見ヨーロッパ近代という形を取った様々な法＝政治制度が導入されたのですが、しかしそれは古来の天皇制を核心とする制度であって、個人とその権利といった思想から発するものではなかったのです。ところが敗戦以後、今度はアメリカに発するいろいろな制度がさらに導入され、既存の枠組みの上に積み重ねられることになりました。私たちはここで真の民主主義を手にしたと考えているわけですが、しかし大きな歴史の流れから見てみると、果たしてアメリカにおいて考えられてきたような、そして現在では日本国憲法に体現されているような、個人とその権利、それを保護する政府のあり方といった原則が本当に日本の出発点であったのかと考えてみると、必ずしもそうではないと思われるのです。日本の社会は基本的には村あるいは家共同体というものを中心としてできあがってきたということが言われます。もしそれが正しければ、その中で個人は常に共同性に埋没する存在であったのであって、そういう意味ではアメリカとは全く違って、日本はそもそも個人から出発した社会ではなく、むしろある種の集団性から出発した社会であることになります。この意味では、仮に欧米の観点から考えた場合、日本における個人主義は欧米とは異なった意味をもつものである可能性があります。

しかしながら、戦後五〇数年という時期は国際的にも国内的にも大きな変換期で、特に日本の場合には、高度成長の時期を経てからは経済水準あるいは生活水準といった点で欧米を追い越してしまったという面も多くなりました。日本は非常に速い速度で大きな社会変化を遂げているわけですが、このことは当然精神面でも大きな変化をもたらしています。核家族や個人の自由なライフ・スタイル、価値観の多様化といった個人主義の表現はもはや自明のことになりつつあります。従って、日本という社会では、伝統的歴史的な制約の下で必ずしも個人や市民という概念が充分には発展してこなかったという特徴を持っている一方で、他方ではこの五〇数年のうちにドラスティックな社会変化によって急速にその制約を抜け出しつつあるように見えます。このような個人にまつわる歴史状況の複雑さは、注意深く考えていく必要があるでしょう。

二　人間がつくる社会秩序の一般的パタン

さて、今まで述べてきたこととは別に、人間の作り出す社会秩序というものを一般的に眺めてみた場合に、その秩序が多かれ少なかれ持っているいくつかの基本的パタンというものがあります。そして、そのパタンを、先に述べた日本社会の歴史的な脈絡と重ね合わせると、さらに考えるべき問題が現れるでしょう。そこで、少し話の角度を変えて、およそ一般的に社会秩序というものを考える場合に注意しなければならないいくつかの特徴に目を向けることにしたいと思います。

しばしば言われるように、人間は天使でもなければ悪魔でもありません。換言すれば、人間という存在は様々な関心から様々な形で行動するものだということです。ある場合には、人間は他人を利するために自己を犠牲にしても行動する場合がありますが、別の場合には、他人を犠牲にしても自己の利益をはかる行動をするという場合もあります。他人のために利他的な行動をするか、自分の利益をはかる利己的な行動をするか、その理由はそれぞれ人によって違うでしょう。例えば、家族のためであれば、ほとんどの人が自己を犠牲にしてもよいという行動をとることが多いでしょうし、逆に、もし自分の生死が関わるということがあれば、他人を犠牲にしてもまず自分が助かるように行動する場合も当然出てくるでしょう。どういうときにどちらの行動をとりがちであるかということは社会学上の課題ですが、少なくともここで重要なのは、どのような行動をとるのであれ、それは個々人や状況に応じて異なるということであり、このこと自体は、良い悪いの問題ではなくて、厳然たる事実の問題だということです。

このような事実はいくつかの意味を持っています。第一は、人間の知識は限られているということです。例えば、法哲学の問題に関しては私は皆さんよりも多く知識を持っているでしょうが、日常生活について、あるいはそれぞれが仕事の中で蓄積してきたいろいろな知識、実用的な知識などについては、皆さんの方が私よりも多く持っているでしょう。とすると、全体としてみた場合には、いろいろな人が知識をそれぞれ別の形で持っているが、お互いに知らないこともたくさんあることになります。このことは、社会的に見た場合、知識というものは社会の構成員に分散しているということを示しています。知識は個々の人びとにいろいろな形で分けられているのです。結局、人間は多様な形で知識を分け持っており、社会はそういう人たちが多数集まって行動し合っているマクロな全体なのです。先に述べた利他的な行動や利己的な行動ももちろん知識ということの中に含まれており、どのような人がどのような利他的な行動や利己的な行動をとるのかということはそれぞれ違うわけです。そういう多様な人が多数集まって社会を作っていて、しかも、現代では、それは何百万、何千万、あるいは何億という規模で、展開しているのです。

このことを前提にして考えてみるならば、第二に次のことに気づくでしょう。つまり、一人一人の人が行う行動は、その人にとっては非常に重要な意味を持っていても、しかし他の人にとっては重要な意味を持っているかどうかは必ずしも明らかではないということです。全く同じ考え方、全く同じ価値観の人どうしであれば、その行動の重要性は大いに理解し合えるでしょう。しかし、社会においてはそうではない場合が大半なのです。そうだとすると、どういうことが起きてくるでしょうか。人が自分自身が重要だと考えて行動しても、他の人びとがその行動をしない、あるいは他の人びとに無視されるということも生ずるでしょう。社会全体として見れば、自分自身が重要だと思ったことが必ずしも社会全体としても起こってくるわけではないし、逆に自分がさほど重要だとは思わない行動が、社会全体を支配するということもあるということがわかるはずです。これもまた、好むと好まざるとに関わらず、やはり一つの厳然たる社会的事実、まさに人間が多様であり多数いるからこそ現れる事実です。私は、このことをミクロな行動とマクロな運動との乖離と呼ぶことにします。

一番卑近な例は、交通渋滞です。皆さんが車を運転して郊外から都心部にやってくるときは、当然自分が都心部へ行くという目的だけを考え、家族を乗せて快適にドライブをしようとし、そして早く目的地に近い駐車場に入って、買い物をしようと考えるでしょう。しかし、実はこのとき、その人自身は知らないとしても、別の考えを持って同じようにして都心に向かってくる多くの人がいます。ある人は、公園へ行くために、ある人は美術館へ行くために、そしてまたある人は食事をするために。一人一人は自分の目的だけを考えて、他人がどうかということは一切考えてはいません。しかし、それを鳥瞰することができるならば、私たちは直ちに、この行動の集積が非常に皮肉なことに、そしてある場合には滑稽にも、たいへんな交通渋滞を生み出しているのが見えるでしょう。多くのマイ・カーがそれぞれの目的に応じて走ろうとすることから、かえって全体としては非常に大きな交通渋滞が起こってしまうわけです。これは一人一人の行動とは全然かけ離れた結果です。

社会秩序の特徴に関してさらに一つ気をつけておかなければならないのは、秩序という問題に関しては、治者の視点と被治者の視点とが存在し、その二つには本質的にずれがあるということです。このことは、皆さんが日常生活で多く経験されることでしょう。自分が目上の立場の人に何か要求をするときにはいろいろな事柄を求めるものであり、ある意味では利己的に要求することさえあるでしょう。しかし、いったん要求を聞く方の視点に立つならば、今度は、いろいろな要求が出される中でそれらの間にどうバランスを取るかという問題に悩まされることになるでしょう。このことは、自分が被治者の視点に立っている場合には、人間は自分自身の要求を他人を省みることなく提出する傾向があるのに対して、治者の視点に立つとそうはいかなくなり、様々な個人の要求の中で選択を迫られるということを意味しています。これは、およそいかなる場合でも、例えばサークルを作るときに自分がリーダーになった場合やあるいは逆に一般のメンバーであった場合など、様々な生活場面に応じて現れることであり、一般にどんな場合でもそこに治者と被治者の関係が生ずる場合には必ず生じてくることなのです。

三　〈市民のパラドックス〉

そこで、社会秩序におけるこれらの一般的な特徴を踏まえた上で、本章のテーマである〈市民のパラドックス〉と私が呼ぶ問題の話に移ることにしましょう。このパラドックスとは、先ほど述べたミクロな行動とマクロな運動との乖離、視点のずれということに関わるものです。

問題を簡単にして考えていくために、ここでは、私たちの社会が完全に自立した個人、そういう市民からなる社会であると一応想定します。これは必ずしも夢想的な想定ではありません。おそらく、日本の社会は徐々にであれそういう方向に向かってゆき、いずれはそのような市民の社会が出現してくるであろうからです。さて、そこでどういうことが起こる可能性があるかということについて、ちょっと考えをめぐらせてみましょう。自立した個人そして市民の社会であれば、当然、我々が既に重要だと考えている自由とか平等とか、あるいは参加といった価値は、必ず社会の中で大きな意味を持ってくるでしょう。実際、自立した個人、自立した市民からなる社会というのは、必ず自由で平等な参加の保障されている社会であるということは多くの思想家や理論家が述べてきたことでもあります。しかし、ここで注目したいのは、それでは自立した個人や市民が仮に存在することになったとして、そしてまた自由、平等、参加といったことが十分に保障されることになったとして、その社会は全く理想的な市民の社会になれるのかという問題です。普通であれば、これだけ条件が整う状況では、それは当たり前のことのように見えます。理想的な状態であれば、すべての人の自由が完全に実現され、すべての人びとが平等になり、すべての人びとが政治に参加して、政治的な決定も人びとの納得のいく形でできるはずです。しかしながら、私は、一見そう見える場合でさえ、実は必ずしも理想どおりにはならないのではないかということを指摘したいのです。理想のような市民の社会であっても、その秩序には常に陥穽があると思うのです。なぜそう言うかというと、社会秩序には、先ほど述べたような不可避の事実からして、一般的に正の動機と負の帰結とでも呼ぶべき事態、換言すればアノミーの発生という事態が不可避であるからです。ここで言う正の動機とは、人間の行動におけるよい動機あるいは正しい動機のことであり、負の帰結とはその行動の集積から生じてくる否定的な結果ということですが、問題なのは、個々人が動機としては決して悪くはなく行動したとしても、その集積全体の結果はしばしば個々人にとって悪しき利益をもたらすことがあるということなのです。それは、換言すれば、個々人の種々の行動の集積によってかえって社会秩序が崩れていく状態として、一種のアノミーでもあるのです。

さて、自由、平等、参加といったことは非常に重要な価値ではありますが、市民が多数しかも多様な考え方を持って集まった場合に、その自由や平等や参加の要求にどういうことが起こってくるかをよく考えてみましょう。

まず自由に関して言えば、多数の人びとが自由を求めるときかえってその自由が弊害をもたらす場合があります。例えば、思想や信条あるいは信教の自由は非常に重要で、国家権力が強制的に個人の内心の思考までも統制しようとしたという時代のことを考えてみれば、自己自身の深奥に存する思想や信仰が権力によって干渉されないということの意義は明白です。しかしながら、例えば信教の自由ということが人びとの間に広まって様々な宗教が現れてくるということになった場合にいったい何が起こってくるかという問題は、最近の日本でも非常にドラスティックな経験がありましたし、またアメリカなどでも大きな問題となっています。つまり多様な宗教的主張が現れ、それぞれの独自の立場の正当性を主張することで、お互いに他を排除し合うという傾向が出てくるのです。このとき、自分の宗教を信じない他の人びとは異質な人間であり、場合によっては人間でさえないということも起こってきます。宗教が自己のドグマに固執することで、社会全体をドグマティズムと不寛容が支配する傾向が強くなるわけです。自由が等しく与えられ、政府権力や他人から自分の思想や信仰の独自性を保護されること自体の意義については誰も異論のないところです。しかしながら、その一方で、自由がいったん社会の中で保障され、そして社会の中の様々な人たちが自己の多様な価値観に基づき自由を利用して行動するようになってきたときに、ある時点からは、社会全体が価値的な対立に満たされるという事態へと動いていく可能性も大きいのです。

また、別の例を挙げると、表現の自由とそれに伴う性道徳の変容という問題があります。特に政治的な発言ができない、あるいは他人のいろいろな考え方に対しても批判ができない、芸術が思うように表現できないといったことは、人間にとって非常に大きな損失であって、この表現の自由が勝ち取られるまでの歴史が極めて重要な意味を持っていることは周知のとおりです。しかしながら、ここでも、表現の自由がいったん社会で認められるようになると、いろいろな形の表現活動が社会の中に現れて、社会の常識に挑戦するようになってきます。そこでは、単に奇をてらっただけの表現、あるいは既存の道徳に対して意図的に反抗する表現、さらには不快な表現も許容されてくることになります。そうなると、特に社会的に大きな問題になるのは、性道徳の問題です。例えば、日本ではいわゆる有害コミックの問題、あるいは最近ではヌード写真や、不快なチラシなどの問題などがありますが、これらの表現は、自由の保護の中で既存の性の観念や道徳を揺さぶり、場合によってはそれを根底から覆そうとするものでもあります。もしそれらが広範に広がり、多くの人に影響を与えていくと、性のあり方は極めて多様化し、それによって大きな価値観の対立を生み出していくでしょうし、極端な場合には暴力的な行動にもつながっていくことがあるでしょう。こうして、自由の保障はもちろん非常に重要なのですが、しかしそれが社会の中で様々な人びとによって利用される中で、私たちにとっては必ずしもそれを許すことが適切だとは思われないような形の自由へと発展していく可能性があるわけです。

次に、平等化について見てみましょう。まず第一は経済的な平等に関してです。日本の社会は、アメリカのような社会に比べて平等であると言われますが、それは貧富の差がそれほど大きくないということです。絶対的貧困層と考えられる人びとは非常に少ないですし、多くの人が中流の生活を維持しています。第三世界などではこの貧富の差は非常に大きな問題で、社会の中にそのような貧困が存在する限り、平等化は緊要な課題となります。しかしながら、先進国の多くにおいて現在そうであるように、経済的平等がかなりの程度まで実現して、所得や福祉がいろいろな形で保障されるようになると、しばしば、自分自身で生活を創り出す力、自助あるいは勤労という倫理が浸食されてくる傾向が出てきます。つまり、所得がある程度保障されることになると、働いてよい生活をめざすという努力をしなくとも一応は食べていけるため、無理に働かなくともよいという方向に人間が動機づけられるということになるわけです。そうすると、最悪の場合には、社会全体の人びとの間で自立や自助、あるいは勤労といった倫理がだんだん薄れ、多くの人が保障に依存してしまうということが考えられることになります。さらに、このような状況では、保障を行う制度のコストも過大なものとなってくるでしょう。しかも、その制度を支えるのは多くの場合他の勤労者の所得ですから、勤労者と被保障者との間の亀裂も深まることになるでしょう。勿論現実には、日本のような非常に平等な社会でも勤労意欲のかなり高い社会も存在します。しかし、その日本でも、特に若い世代の労働観は大きく変化してむしろ個人の生活を楽しむ方向へ変わってきており、所得さえ何らかの形で保障されるならば、重要なのはあくまで個人の生活をエンジョイすることであって、極端な場合にはその日の生活ができる分だけは働いて、後は自分の好きなことをしたいという人も現れてきています。

もう一つ、平等化に伴ってしばしば生じてくる問題は、差別の撤廃に伴う、個性や能力の軽視ということです。確かに、世の中には是正されるべき多くの差別があります。人種差別、性差別、あるいは様々の身分的な差別などです。これらの差別に関しては、誰しもそれが是正されることは平等の観点から非常に望ましいことだと考えているでしょう。しかしながら、この差別是正が徹底して進んでいくと、どうなるでしょうか。差別を撤廃するということは、人間を可能な点まで等しく取り扱うということですから、そこで考えられることは当然、できるだけ人びとの間の相違というものを考えないことにする、何かの相違をもとに人びとを取り扱うということをできるだけやめるようにするということを含んでいます。それ故、そこでは、個人、個性、あるいは持って生まれた能力、あるいは実力、功績といった個人に特有の価値が、重視されなくなってくる可能性があります。社会にとって差別の撤廃はもちろん大事なことですが、社会にはまたいろいろな相違が現実にはありますから、それらすべてが是正の対象として考えられるという傾向が出てくるであろうことも否定できません。そしてあらゆる可能な差別がすべて廃されていくということになると、その分だけ個々人に残される個性や能力、あるいはユニークさの意義というものは減っていくということになるわけです。果たしてそのことは人間の社会にとって望ましいことでしょうか。決してそうではないでしょう。それは、大規模な平準化、あるいは画一化という問題を引き起こすからです。

さらに、自由や平等の問題とはまた異なった、参加とそれが引き起こすカオスという問題があります。具体的にはまず市民参加がもたらす論議の対立紛糾という事態です。積極的な市民参加は、政治的決定を少数の専門家やエリートの手に委ねることを避けて、当の決定によって利益や不利益を与えられる対象そのものである人びとの声をその決定に反映させるために極めて重要であり、そのために多くの市民の意見を種々のチャンネルを通じて集約することの意義は極めて大きいことは言うまでもありません。そのことによって、政治的決定はより具体的で責任あるものとなり、それを通じてすべての制度的決定が人びとへの尊重と配慮とを備えたものとなっていくからです。政治や法がとりもなおさず人間のためにある限り、人びとが自己自身のために自己自身の手で判断を下し、行動していくことは、人間社会の一つの重要な理想であることを疑う人は誰もいないでしょう。しかしながら、先ほど述べたような前提のもとで、つまり個々人が自立した人間として、多様な価値観を持って政治的その他の社会的な決定に参加するという状態を考えるならば、それらの多くの人びとの意見がまとまるということはなかなか容易なことではないように思われます。勿論、例えば、大学や会社、あるいはサークル、町内会などの比較的小規模の集団ではその集団の活動目的が比較的はっきりしているので、その限りでは多様な意見もその目的に則した方向にまとめあげられる可能性が大きいと言えます。しかし、例えば社会全体に関わる政治という問題を考えてみますと、一国の場合はもとより地域の政治であっても、扱われる問題の広範さのゆえに意見の多様性は極めて大きな問題として現れ、またそれに伴う利害も大きく対立するわけですから、それらがまとめあげられて人びとの間に一致が得られるという可能性はその分だけ低まることになるでしょう。勿論、人びとは、その決定が自己自身の政治的地位や社会的状態を長期的に定めるものであればあるほど非常に真剣に議論することでしょうし、理想としては、その結果としてできあがる決定に全員が納得して賛成し、その決定が実現されていくという形で物事が運ばれる可能性がないわけではありません。けれども、現実には、まさに問題を真剣に議論しようとするからこそ、そこに生ずる相違や対立は際立ったものとなり、そしてそれをまとめあげることが一層困難になるわけです。

同様のことは、行政の情報公開や手続整備によっても起こってくるでしょう。言うまでもなく、そのような開かれた行政の理想は、市民が行政のプロセスをよく知って、しばしば起こる行政の横暴や不正をチェックし、市民の声を行政に反映させて行政を市民本位のものにしていくためにたいへん重要です。しかし、その半面では、そのような開放によって、行政手続は煩瑣で時間のかかるものとなり、行政上の事務処理の効率性を阻害する場合も出てくることになるでしょう。これもまた一種の論議の紛糾だと言えます。このような意味で、参加ということはもちろんそれ自体重要な意義を有するのですが、それがなされることによって生ずる結果の反面には、カオス、すなわち論議が紛糾して物事が決まらず、混乱が生ずるという状態が考えられるのです。

最後に、組織的決定とそれに伴う抑圧という問題について触れたいと思います。これは先に述べた治者と被治者の視点のずれという問題に関わっています。被治者の視点からすると、要求される事柄はすべて組織において尊重してもらい、その実現を図ってもらうのが当然だと考えられるでしょうが、治者の方の視点（それは組織の視点でもあるのですが）から見ると、要求のすべてに十分に答えられる場合とそうでない場合が出てきます。例えば資源が希少であったり、その分配には大きなコストがかかるために、場合によっては多くの人に犠牲を強いざるを得ないという場合も出てくるのです。そのような場合には、治者と被治者との間の同一性という理想はまったく成り立ちません。そこでは、自分が要求したことの多くは実現不可能だとされたり、あるいは他人の要求が自分の要求よりも優先的に実現されてしまうということになるので、人びとの間には治者に一種の背信があるという認識が生まれる可能性があるわけです。そうすると、人びとは組織的決定によって自己の利益が抑圧されたり、阻害されたりしていると感じるようになり、それを不当だとして組織に反対したり、決定に従わなかったりするようになるでしょう。そのように争っている当事者たちはおそらく気づかないかもしれませんが、このことは、好むと好まざるとに限らず、組織的決定が、その決定を受けて要求が実現される人の視点とは別の視点から行われることで大きなずれを生じさせてしまうという、一つの社会的事実なのです。

以上に概略を述べたような、人間の活動における動機と結果との種々の大きな乖離を一応まとめて、私は〈市民のパラドックス〉と呼びたいと思います。つまり、個人として自立し、独立した思考や行動をとっていると考える市民が現れたとしても、社会全体として見た場合には、個々人が思うほどには理想的な状態が実現されるとは限らないのです。社会における市民のあり方、それも真に実効的な市民のあり方を考えようとするときには、この厳然たる社会的事実をまず認識しておかなければならないと私は思うのです。

なぜ、このようなパラドックスが起こるのでしょうか。それは人間の多様性、多数性という事実が、私たちの社会にとっては不可避的に存在しているからです。人間の価値観や性格、あるいは行動様式は様々です。そして、多くの人びとの集合のうちでそれらの多様な本性が錯綜し、複合することで、各自が正しいと考えることを実現しようと行動しても、全体としてはなお望ましからざる帰結が出てくる可能性があるのです。ただし、どのような価値観や性格あるいは行動がどのようにつながり合って、ここでパラドックスと呼んでいる状態が生み出されるのか、そのメカニズムははっきり分かりません。今五〇人の人がいるとすると、極端な場合には五〇通りの行動様式があるわけですから、それらが複合することで生じてくる全体の関係はそれだけでも極めて複雑になり（一一二五通り）、どういう形でいかなる社会全体の行動が起こるかということは決して容易には予測され得ません。ましてや一〇〇万、一〇〇〇万というオーダーになると、そこに生じうる関係の全体は計り知れないとしか言いようがないでしょう（極端な場合には、それぞれ、五〇万×九九万九九九九通りと、五〇〇万×九九九万九九九九通りになってしまいます）。換言すれば、社会は常に意図せざる結果を生ずるものなのであって、社会秩序というものは必ずしも誰かが考えたとおりに生起するものではないのです。

ただ、そうは言っても、先に取り上げた自由、平等、あるいは参加ということに関して、そこにパラドックスが生じてくるときにはいかなる要素が顕著な役割を果たしているのかというふうに見てみると、いくつか指摘できることがあるように思われます。まず、個々人の自己利益の追求ということがあります。これは特に自由が弊害を生み出すときに非常に大きな意味を持っている要素です。つまり、他人とは全く違った、場合によっては他人に優位した生活を追求していこうとする欲求が私たちのどこかにはあるわけで、それは、他人をも視野におさめた節度ある自由の範囲を越えて、自己への偏愛を生み出す一つの大きな動因を与えるに違いありません。平等に関しては、大衆化の傾向ということが言えるように思われます。そこに含まれているのは、目に見える他人の優位への羨望です。すなわち、他人と自分とは少なくとも同等のレヴェルの生活をしたいという渇望です。それによって、私たちはお互いに無限の向上願望のスパイラルに引き込まれることになるでしょう。また、参加の問題の場合に関わりがあるのは、やはり個々人における価値観の多様性です。私たちは現在、一定程度の豊かな生活水準を達成しており、そこから先さらにより高い生活の質ないしは真の自己のあり方の追求をめざしています。この場合には生活それ自体の安定ばかりではなく、さらに進んで個々人の独自の価値観の十分な実現が求められるでしょうが、それは個々人にとって簡単には他人に譲歩できない、根本的な要求になるでしょう。そのため、参加という問題に関しては、簡単に他人には妥協できないという傾向が生じてきて、大きな障害が現れるのです。さらに、これらの全体に関わることとして一つ挙げるとすれば、現代は抽象社会あるいは巨大社会となっているということが重要でしょう。すなわち現代は社会の規模が極めて大きいために、人びとが互いに目に見える形でのコミュニケーションをとれるわけでは決してなく、お互い他人が何を考えているのかはほとんど分からないという、人間と人間との間の大きな懸隔が存在しているのです。このような懸隔は、人びとに他人からの制限という社会感覚を失わせてしまうのです。

このようにして、市民の問題を考える前提として、もし自立した個人や市民から成る社会であったとしても自由や平等や参加という理想が簡単には実現できない可能性があるということが、社会秩序に関する一般的な観点からは考えられるわけです。では、私たちはそのような条件を抱えながら、いかにして市民的な社会を作ってゆけるのでしょうか。ここで述べた〈市民のパラドックス〉というものは、現代の日本もそれが社会である限り必ず抱え込んでいる一般的な条件であるということと、既に触れたような日本社会が持っている特殊性の問題との双方をにらみながら、現代日本における市民の問題についてもう少し考えていくことにしたいと思います。

そこで、現代日本における市民の意義を論ずるにあたってなぜこのような〈市民のパラドックス〉に注目するのか、別の角度から今までの議論をまとめることにしましょう。

四　日本社会と〈市民のパラドックス〉

端的に言うならば、私の考えでは、日本はまだ欧米に関していう意味での近代化をしていないように思えます。勿論近代化ということ、つまりそこで生まれてくる個人や権利を中心とした社会の見方は、欧米にとっても一つの理想状況であり、決してすべての国がそれを完全に実現しているというわけではないでしょう。欧米各国のうちには、様々な社会的な矛盾、あるいは近代の理念とは反する状況が散見されます。この意味では、思想のレヴェルで考えられたような個人や権利、契約による政府などが現実にはどの程度まで欧米においてできあがったのかということは、よく注意して観察する必要があります。確かに、地球全体を見渡した場合、他の社会よりは欧米においてその理念により近い社会が実現されたということはあるでしょうが、近代化は欧米でもなお理念であって、全く現実であるというわけではないのです。

しかし、そのように留保をつけて見た場合でも、日本は果たして近代化を欧米のように実現しているのかと言うと、必ずしもそうではないと私には考えられます。現代の日本では市民の意義に関わる種々の印象的な出来事が見られます。例えば阪神大震災救援やＮＧＯに代表されるようなボランティアの活動、あるいは最近の生活に密着した市民運動や様々な生活次元での権利認識の拡大、行政への市民参加の動きなどです。しかしながら、それらは確かに重要ではあるものの、そのような動きが活発になってきているということから直ちに、現実に日本の社会に理想的な市民がいて、社会の中で非常に重要な役割を果たしているとは言いきれないのではないでしょうか。

なぜそのように言うかというと、もしも日本の社会が集団性を中心に成り立ってきたとすれば、社会が変化する中で、そういう集団性が急に個人中心の状態に変わるということは果たして現実にありうるのだろうかという疑問を、私は持たざるを得ないからです。現実の社会の動きは緩慢なものです。よほどドラスティックな暴力革命でもあれば格別、ほとんどそのような激変を経験していない日本の社会は、伝統的に蓄積されてきた村や家を中心とする集団性が形を変えて必ず社会や人間のどこかに残っていっているはずであって、今やそれがすべて払拭されて個人を基礎とする社会ができあがっているということは、私にはちょっと想像できないのです。そのような集団性は、例えばいわゆる会社本位主義、あるいは派閥的行動様式、社会的な近隣関係あるいは大勢順応的な心理といったところに残っている可能性があるのではないでしょうか。それ故、以前は社会全体を覆っていた集団性が今はなくなったといっても実はどこかに形を変えて残存しているのだとすると、個人というものが社会の中で十分に浮き立ち、自立した存在になっているとは言えないと考えられます。

日本の社会の成り立ちに関しては、プレモダン、モダン、そしてポストモダンそれぞれの要素が交錯していると言われることがあります。プレモダンとは天皇制、村、家、共同体といった前近代的な要素、モダンとは言うまでもなく日本国憲法に体現された近代西欧的な法や政治のあり方、そしてポストモダンとは、例えば最新のコンピューター・テクノロジーやインターネットなどに象徴されるボーダレスかつセンターレスな社会ネットワークの形成や、個性溢れる自由なライフ・スタイルの追求などの状態を指しています。それらの異質なものが現代の日本においては同時に起こっているというわけです。

実際、最近の社会、政治、あるいは経済的な事情から日本は今非常に大きな変動期を迎えており、その一面として個人や市民の意義が改めて問題となってきています。どちらかと言えば集団主義的で権威主義的であった社会の基本構造が、現在特に経済の領域の変化を契機として根本的に変わろうとしています。アメリカとの貿易関係や為替相場の変動などに発する日本の経済市場全体の構造変化への圧力は、市場規制の見直しや日本的雇用慣行の変容を迫っています。例えば、終身雇用制はこれから立ち行かなくなるだろうと言われていますが、そうだとすると結局それは労働契約が流動的な社会を生み出すことになるでしょう。今までのように企業が配転、出向といったいろいろな形で最後まで世話をしてくれるという時代ではなくなると言われています。私たちはある場合にはレイオフということで解雇されて失業せざるを得ないかもしれないし、そのときには自分で職を探してゆかざるを得ないことになるでしょう。現に多くの企業でのいわゆるリストラによって、多くの人たちの事実上の解雇もなされています。このような企業行動はそれ自体としては倫理的な問題があるかもしれませんが、現実として見た場合には、経済の動向によっては失業や就職難などが普通になるということであり、それは今までの日本経済では考えられなかったことです。好むと好まざるとにかかわらず、そのような状況になると、私たちは必ずそれに適応していくので、当然、集団に埋もれた構成員のままでいるよりも、個人や個性の意識が否応なしに生まれてくるようになり、大きな社会構造変化の一動因となっていくでしょう。このような事情は経済だけに限られず、それ以外の領域でも様々な社会的要因によって個人意識が高まってきています。高度な経済的発展を遂げ日本社会がある意味で飽和状態に達してきていることによって、今度は個々人の生活のあり方を高める、生活の質の豊かさを求める社会へと変わってきているという傾向も確かにあります。そうすると一番目立ってくる問題は、個人の価値観やライフスタイルをめぐって、それらをどう自由に考え、どのように社会の中で実現していくかということであり、ここに何がしか個人の位置づけの問題が発生してくることになります。例えば夫婦別姓の意識、あるいは自由なライフ・スタイルの意識の強化など様々な個性化要因が重なり合って、日本は今初めて社会の根本のレヴェルにおいて少しずつ欧米化し始めているように見えます。

さてそうだとすると、日本社会で現在個人はどういう状況にあるのでしょうか。もし先程来考えてきたとおりであるならば、以前から日本社会に存在していた、伝統的な社会構造の中でいわば空気のように存在していたある種の共同性というものが失われるということは明らかです。実際私たちの多くは、意識するとしないとに関わらず、そのような共同性を頼りにして生きてきたと言えるでしょう。それは通常は意識されなくても、例えば昭和天皇の死去、大地震、あるいはテロリズムなど大きな社会的出来事が起こるたびに現れてきたのです。それは特に、社会や国家への期待を含んでおり、何か事件が起こると多くの場合には国家への期待が、あるいは逆にその期待が満たされない場合には反動から国家への批判が現れます。個人主義の観点からするならば、もちろん国の保護責任は大きいのですが、ある面では国への期待は限定されています。それ故、多くの人が国の保護を当然だと思っているように見えるということは、人びとが多かれ少なかれ空気のような共同性を常に意識の中に残存させているということも考えられます。私たちはそのような共同性の内で初めて個人を考えている可能性があり、経済や社会における共同性それ自体の可視的な変化によって初めて、個人を集団よりも先に意識するようになり、そこで個人という存在の意味を少しずつ知ることにもなっているのではないでしょうか。

しかし、ここで大きな問題が生じます。それは、その変化が、実は私たちにとって今まで頼りにしていた共同性というものが消失しつつあることにも気づかせるということです。そのとき私たちはいったいどういう反応をするのでしょうか。ある社会心理学的研究によれば、本来集団の共同性に依拠して生活している私たち日本人は、その行動原理を常に集団の規範に依存させているので、もしそのような規範が不明になったときには、全く利己的な行動をとるとされています。それに対して、欧米の社会に典型的なように、社会の共同性が必ずしも強くはなく行動原理がむしろ個人において強く内化されているような場合には、共同の規範が不明でもなお人びとは一定の原理に従って行動すると言われます。似たようなことは、例えば、私たち日本人の考え方は基本的にある中心の方へ収縮していく縮み志向のものであるといった見方によっても示唆されています。すなわち、私たちには小さいものへの憧憬があり、いったんそのような視座から世界を把握できない場面（例えば戦争のような）になると、急に枠を超えて、無秩序な行動へ走りやすいというのです。最近大きな問題になっている太平洋戦争における残虐で破廉恥な行動は、まさに収縮していく思考の前提として存在しているある種の共同性が見知らぬ土地への移動によって失われると、突然日本人は暴走を始めるという傾向によるというわけです。もちろん、日本人のすべてがこれらに指摘されているような行動様式をとるわけではないでしょう。しかし、論理的に考えても、空気のような共同性というものが失われた時にそれを前提していた人が裸のエゴイズムに走る可能性は確かに高いように思われます。ここから言えることは、社会の中でもし人びとの紐帯が失われていったときには、それに代わるだけの共同性を保障する枠組みがなければ、私たちの社会はアノミー化してしまう可能性があるということです。

ところが、ここで別に注意しなければならないのは、そのような個人と集団との関係の変化を支えて秩序づけていくだけの力をもった制度的枠組みが現実し、存在しているのか、という問題もあることです。個人とその権利、それを保護する政府といった原則が社会の基本的な出発点であることに強い合意を持っている社会では、多様な個人の価値観の追求、あるいはライフ・スタイルの追求といったものを受け止めて秩序立てていくための社会的な枠組みが一応存在していることになるでしょう。しかし、日本の場合そういった枠組みがあるのかと考えてみると、日本国憲法に体現されているような原則が果たして本当に私たち自身を社会的に結びつけていくための基本原則として受け容れられているのかということにはまだ疑問がつきまといます。日本という社会は以前から権威主義的な構造を持っている社会です。天皇制なり、武士の政治なり、あるいは明治政府なり、昭和中期の政府なり、つい五〇数年前まで連綿と続いてきていた社会の枠組みに思いを致すならば、日本社会はほとんど常に上意下達の権威主義的な関係によって作られてきたように見えます。そうだとすれば、日本国憲法のような法も当然、私たち自身が個人として参集し、そして社会を作り上げていくための基本的ルールではなく、あくまでお上から降ってきた権威的な規則としてだけ映ってくるという可能性があるでしょう。そうであるならば、私たちの社会は、現在起こってきている個人の自由な価値観やライフ・スタイルへの志向を本来の形で受けとめ、それをあらためてまとめ上げていくための、まさに私たち自身の間の共同のルールとしての枠組みを欠いているかもしれないのです。

ここで、比較のために、アメリカの場合を瞥見してみましょう。現代のアメリカ社会は、家族の離散や暴力の問題、あるいは麻薬の問題、犯罪の問題、貧困問題、人種問題、さらにはそれ以外の価値観の問題、例えば人工妊娠中絶、性の倫理などいろいろな問題が噴出して、社会的な争論が絶えることがありません。ある面ではこの社会は近代個人主義の病弊に陥っているが故であると批判されてもいるのですが、別の角度から見ると、しかしそれでもなお人びとが拠り所にできる基本的な価値が存在しているように見えます。一つは、今ではかなり力を失ったとはいえキリスト教とそこから派生した人間的倫理がありますし、もう一つには、独立宣言と共にこの社会の根本的なルールである憲法があります。この意味では、仮に社会が非常に混乱しているとしても、なおアメリカの社会において拠るべき社会の共通枠組み、宗教あるいは憲法という枠組みがあると言えます。勿論、その力がどれほどであるかが今まさに問題視されているのであり、また法のような人工的な枠組みによって社会を統合しなければならないこと自体がアメリカの問題ではあるのですが、それはともかく、このような社会的枠組みが、アメリカで果たしてきたのとと同じだけの重みを持って私たちの日本社会の中に存在しているかと問うてみるとどうでしょうか。私たちの社会においては宗教は以前からかなり雑多であり、大きな社会的統合力をもってきたとは考えにくいでしょう。また、憲法といっても、日本国憲法の成立過程に関してはいわゆる押しつけ論や、現在の見直し論などがあり、戦後五〇数年の間に本当に日本人自身がこの憲法でいいかどうかまさに国民的な投票のレヴェルで問われたことは一度もないということを考えると、私たちは憲法が重要だとは思っているとしても、その法としての重要性が社会秩序との関わりでどこまで大きいものなのかということを考えた機会は必ずしも多くないでしょう。

アメリカの場合、先に述べたような社会問題に直面しつつ現在どういう考え方が現れてきているのかということを、簡単に触れておきましょう。そこには、リバタリアニズム、リベラリズム、コミュニタリアニズム、リパブリカニズムといった考え方が出てきています。リバタリアニズムは徹底して自由というものを重視し、政府は最小限の役割を果たせばよいという考え方です。それは自由至上主義であり、人びとが自由に活動をしてゆけば、短期的には自由の衝突や貧富の差といった問題が出てくるけれども、長期的には必ず社会は自律的な動きで自己調整をしていくことができると考えます。リベラリズムは福祉国家的な自由主義であり、これは自由と平等を調和させるという考え方です。特にアメリカの場合には福祉や所得の保障についてはできるだけ公的な保障を充実させる一方で、表現の自由や思想・信条の自由、信教の自由などの精神的自由に関してはできるだけ自由の幅を広くとり、これらの双方を調和させようという考え方です。コミュニタリアニズムとは、共同体の価値を重視する考え方です。つまり、自由至上主義も、福祉国家的な自由主義も基本的には個人とか利己心というものをあまりに尊重しすぎており、それによってかえって社会が分断されてしまうのであって、むしろ個人がそもそもよって立っているはずの集団や社会の共同の価値というものを改めて見直し、それに従って人びとが連帯して生きることが重要だというのです。また、リパブリカニズムは、市民たる人びとは有徳さを備えた人びとであるべきであり、政治的にも社会的にも優れた判断能力を自分自身としても涵養すべきであって、そういう市民が政治に参加し、対話を行うことで公共的な決定をくだしていくべきだという考え方です。これらの考え方は、それぞれの形で新しいアメリカ社会のあり方を模索するものです。

ここで注意したいのは、アメリカと日本とでは社会的な様相が異なるので、アメリカで議論されている事柄がそのまま今の日本に当てはまるというわけではないことです。日本でも、例えば自由至上主義に近い考え方を特に経済に関して述べる人も多くいますし、福祉国家的な自由主義が重要だと考える人もいます。コミュニタリアニズムという考え方は、日本の脈絡の中では既存の村や家の共同体を連想させがちなので、その受容にはある慎重さが求められています。リパブリカニズムは、現代の政党政治の状況に鑑みるならば、理想としては当然これがなされるべきだと誰しもが痛感することであり、その点では市民自治の観点から重視されることがあります。しかしながら、アメリカ社会の前提と日本の社会の前提は違います。アメリカの場合には、個人の存在が出発点です。それ故、現在では、エゴイズムに流れないような個人の結合をどう再生するかということだけがほとんど問題になります。先に述べたリバタリアニズムやリベラリズムなどにしても、すべてその問題に関わっています。個人中心の立場は必ずしもすべて悪いものではなく、長期的には自由でよい結果を生み出すことが多いというのがリバタリアニズムの考え方で、それに対して、個人中心主義は特に医療や福祉といった人びとの基本的な生活のニーズに関わるところでは抑制される必要があるが、しかしそれ以外では自由が保障されなければならないというのがリベラリズムの考え方です。また、コミュニタリアニズムでは、個人中心主義は結局エゴイズムに流れるのであり、そうなるのは人びとが以前有していた良き意味での共同性が失われてしまったためであって、だからこそそこに回帰することが考えられているわけです。リパブリカニズムも問題関心は基本的には同じですが、それを市民の有徳性ということを通じて考えていこうとするのです。

いずれにしても、それらには悪しき共同性を廃して、まず個人の自覚を促していくという問題は存在してはいません。しかしながら、この問題は日本社会にとっては非常に大きな問題であり、その点をまず先決問題として考える必要があります。近代的な個人、自律した個人、あるいは市民という存在が共同して社会的な決定を下すと考える際には、同時に、伝統的な悪しき共同性というものを廃することが課題になっているはずなのです。しかし、ここでさらに気をつけなければならないことは、実際問題として、これから日本という社会が個人主義化していく傾向にあるとしても、それは直ちに理想状態に至るわけではないということです。個人というものが実現すればするほど、そこにはあの〈市民のパラドックス〉の余地が非常に大きくなっていくという問題が不可避的に現れてくるのです。個人の価値観が多様化し、また市民の価値観が多様化していくことは個人にとっては望ましいことですが、その反面でそこには人びとの対立や衝突、軋轢が生まれてきます。そして、そこにはそれを回避するための秩序枠組みが要求されます。しかしながら、ここで、必ずしも市民の共同性の確固とした基礎を有していなかった日本社会において、新しい社会全体の共通のルールをいったいどうやって作り上げていくのかという問題が生じてきます。悪しき共同性を廃して個人の自覚を促し個人を覚醒させると共に、しかしその一方で個人が覚醒したときに、今度はそこから以前まであった共同性が失われることで個人が逆にエゴイズムに走るということがないように相互の協働を作り出すという問題が、まさに三重の課題がここには潜んでいるのです。それらが同時に解決されることではじめて、われわれは日本社会の中で市民というものが成り立ち、活動するということが言えるのです。

このようにして見ると、近代的な市民像を簡単に現代日本の中にすぐ当てはめるというわけには決していきません。多数の人間の集まりである社会とは一般的にどのようなものであるのか、そして日本の社会の中にどういう要素があり、それがどう変化しようとしているかということを見定めることなしには、欧米で議論されてきた市民のあり方を簡単に移入することはできないのです。

ちなみに、このこととの関連で、単純なデモクラシー論の陥穽ということを補足しておきたいと思います。市民の意義が強調されるときには誰しもが自然にデモクラシーを想起するでしょう。しかし、まず第一に、日本社会における先決問題との関わりでは、悪しき共同性が残存する社会ではデモクラシーは大勢順応や付和雷同とほとんど区別されない可能性が大きいでしょう。デモクラシーが曲がりなりにも機能するためには、その前提としてはそれに参加する人びとがまず自立している必要があります。この先決問題が解決されないことにはデモクラシーを説くことは無意味でしょう。さらに、それ以上に重大な問題として、第二に、先に参加とカオスという問題に関して見たように、市民というものが私たちの理想とするような極めて自立的で、多様な価値観を持った個人であればあるほど、かえって市民参加に大きなパラドックスがつきまとう可能性があるという問題があります。つまり、いろいろな考え方、価値観の人が話し合うことになると、デモクラシーというものを単純に多数決による決定の様式と考えるならば、場合によっては多数決そのものが成り立たないことがあるのです。また仮に多数決が成り立つとしても、そこでいわば無視されてしまう少数の人びとの考え方の尊重と配慮という問題も出てくるはずです。そういう意味で、単純にデモクラシーがあればいいと考えるだけでは不十分です。自立した個性的な市民の間では、結局、利益あるいは価値観といったものが同じであるという想定が成り立たず、一人一人をカウントして数だけを計算すればそれだけで社会の決定が正しいものと見做されるとは言えなくなるからです。

五　リベラル・マインド——〈市民のパラドックス〉を超える一つの途——

さて、それでは、私たちは現代社会における市民の意義を確立するためにいったいどういう考え方をすればよいのでしょうか。〈市民のパラドックス〉が社会的な現実であり、また日本社会それ自体も固有の問題性を抱えているとすれば、それは必ずしも容易な問題ではないと思われますが、一応私なりの考え方を述べてみることにしたいと思います。それは、私がリベラル・マインドと呼ぶものです。最近ではリベラルという言葉は政治的に頻用され、いささか手垢にまみれてきた感もありますが、実はリベラルという言葉は本来重要な意味を持っているのであって、ここで改めてリベラル・マインドということを論ずるのには大きな意味があるだろうと、私自身は思っています。

そのリベラル・マインドということを言うために、まずプリンシプル（principle）と呼ばれているものの意味を考えてみたいと思います。通常、この言葉は原理とか原則と翻訳されていますが、日本語としてはいささか狭量で頑迷な響きを持つ可能性があるので、敢えてプリンシプルとしておきます。プリンシプルは欧米では非常に多用される言葉ですが、単に多用されているということ以上に、歴史的にもそしてさらに理念的にも非常に重要な意味を持った観念です。それは、社会の人びと全体が同じ価値意識をもつための国家主導型の宗教原理でもなければ、独裁者が国家の構成員全体に対して強制する政治的な命令でもなく、あるいは日本にしばしば見られるような付和雷同や大勢順応のメンタリティでもない、むしろ個人の自発性と理性に発し、個々人の間で共有されるべき公共的なモラルを指しています。

この観念の背後には様々な歴史的系譜が存在していますが、その中の一つに法の支配（rule of law）という思想があります。法の支配というと、しばしば私たちは法治主義のことだと考えるのですが、それは少し違います。法治主義というのは、およそ権力を有する者が法を用いて社会をコントロールするという意味を持っているのであって、極端な場合には法律さえあれば権力者は何でもできるということをも含みうるものです。しかし法の支配という考え方はそれとはまったく異なり、基本的には古代ギリシャ、ローマ以来近代に至るまで継承されてきた、欧米における法－政治制度の一大背景になっている考え方です。簡単に言うならば、それは人びとが相互に編み出した原理・原則に従って社会秩序を形成し、それによって特に権力そのものをコントロールするという考え方です。そして、良き意味での法治主義はまさにこの前提に立ったうえで、人びとの生活を法によって秩序だてることを指すのです。

この背景には自然法という考え方があります。自然法という考え方は基本的には西欧のキリスト教思想抜きには理解できないものであり、日本人にはなじみにくいものでしょう。ですが、神が存在するかどうかは別として、そこで一般的に考えられていることは、人間社会の中の権力者を超えて、そもそも人間が社会をなす限り人間を司っている根本的ルールが客観的に存在しうるということです。それゆえ、たとえ現代社会の主権者たる国民といえども、法の支配の枠の中に入っているのです。勿論こういう西欧に発した法の支配の考え方というものがすべての社会に妥当するというわけではありませんが、そのエッセンスの部分だけを取り出すならば、先にも述べたように、人間が人間として社会をなす限り個々人の間の相互関係の中で基本的なルールが形成され、それが人びとを拘束するようになるのであって、すべての人がそれを遵守しなければならないのだというのが法の支配の本質にあるのです。ただし、この法の支配は単に法に従う慣行が歴史的に形成されているというだけの意味ではないことには注意する必要があります。西欧ではそのように考えられた時代もありましたが、重要なのはそれが慣行であれ、あるいは何か合理的な根拠をもって構築されるものであれ、法の支配の内容が権利保障と密接に結びついているということです。法の支配とは、権力者でさえ破ることのできない個々人の価値や利益を保障することに向けられたものであって、その内容がどうであれ社会には共通のきまりができあがってくるということとは全く異なります。

このような背景をもちながらも、それをもう少し現代風に捉えた、人間にとって重要な公共的なモラル、それを私はプリンシプルと呼びたいのです。そして先程来述べてきたように、私たちがこの日本という社会の中で徐々に悪しき共同性を廃することができて、お互いが個人としての生活を送ることができるようになってくるとすれば、実はそうなればなるほど、私たちには単なる権威主義やあるいは何か強制的な宗教というものとはまったく異なった、公共的なモラルというものが必ず必要になるはずであろうと私は思うのです。そのようなモラルがなければ、私たちの社会の枠組みというものを、まさに市民の集まりとして組み立てるのは不可能でしょう。そういう意味で、プリンシプルに着目したいのです。ただ、先に述べた〈市民のパラドックス〉に関して、このプリンシプルというものを重視し皆がそれを意識することでそのパラドックスから完全に抜け出せるのかというと、それは困難であるかもしれません。しかし、このプリンシプルを重視するということは、次に述べるような意味で、一つの可能な途として十分考えるに値するものだと私は思います。

では、そういう市民のあり方を基本的に支えるプリンシプルとして、何が具体的に考えられるでしょうか。私は、それは市民的相互性のモラルだと言いたいと思います。それはどういう事かというと、私たちはお互いそれぞれが互いの立場に立って考える用意をもつべきであるという、それ自体としてはごく簡単なことです。しかしながら、このことは実際には非常に難しいことです。個人の想像力には限界があるので、他人の立場に立って考えるということは、かなりの感受性と理解能力がなければできません。しかもそこに様々な利害が絡まってくると、余計に難しい問題が生じてきます。しかし、私は、それ故にこそ、他人に相対する場合にはその分だけモラルというものが強く要求されるように思われます。つまり自分自身の考えや見方を相対化し、他人の言葉に耳を傾ける余地を確保するというモラルが強く要求されるのではないでしょうか。換言すれば、相互の十分な共感のためには、それに相応する能動的な努力が必要ですし、さらに、お互いにお互いの話を聞き合うということの中で私たちは学習する用意をもたなければなりません。ここで言う学習とは、単なる模倣ではなく、むしろ、自分にとって全く異質なもの、あるいは自分にとって一見想像不可能なもの、そういうものを自分にとって可能な限り理解可能なものとし、自分の一部にするということです。互いの立場にとって考えるという事が、非常に難しいとしてもなお大きな価値があるのは、そういう形で学習をすることで、自分自身のものの見方や視野が広がって、豊かになっていくからです。このような意味で、これから私たちが市民として自律した個性的で多様な存在になっていくとすれば、その分だけこのようなモラル、あるいは他人の立場を理解する能力が、ますます重要なものとして要求されるでしょう。これが市民相互性のモラルであり、リベラル・マインドの根本条件なのです。

では、内容的にはどういう形でその市民的相互性のモラルを捉えたら良いでしょうか。私は、それを尊重と配慮と普遍性との結合として表現したいと思います。ここで尊重というのは、もちろん相互に他人の思考あるいは行動を理解すること、とりわけ異質な考えをその内側から意味あるものとして理解し、寛容することです。配慮ということも当然そこに含まれますが、それはさらに他人の理解を踏まえて、特に困窮に関してたとえ自己にある程度の損失が伴うとしてもなおそれを可能な限り救済しようとするということです。そして、このような尊重と配慮の際には、異なる考えの持ち主どうしであっても相互に共有することのできる、ある共通した価値や利益を共に志向し、そこからお互いがそれぞれの位置づけを理解する必要があり、それがここで言う普遍性です。これら三つの要素の結合によって、私たちはそれぞれの独自の思考や行動が共に成り立ち、繁栄できる範囲というものを学びつつ、どのようにしたらよりよい共存の仕方がありうるかということを共に探っていくことができるでしょう。

以上のことは、市民相互間ではもちろん、当然治者と被治者という関係の場合にも同じく当てはまります。現代の民主主義的な社会では誰もが治者になりうるし、また誰もが被治者になりうるという状況にあります。そういう中では、治者はそれ自体として被治者に対して特権的な地位を持っているわけでは決してありません。基本的には、誰もが同じ人間だということは明らかであり、ただ必要に応じてその役割を果たしているだけです。そういう目で見ると、もしここでリベラル・マインドと呼んでいる、尊重、配慮、普遍性といったものがおよそ市民としての相互関係を形作っていくための第一条件であるとすれば、それは当然治者にも市民にも等しく当てはまるものであることは明らかでしょう。

さて、そういう尊重、配慮、普遍性といったものを前提として、それでは市民としてのあり方をどういう方向で考える必要があるのでしょうか。先に述べた自由、平等、参加、あるいは決定という場面に即して、少し敷衍することにしたいと思います。

まず、自由という問題に関しては、権利のバランスということをどうしても考える必要があります。権利というものはお互いに対してそれぞれの要求を主張できる道具立てであると同時に、どちらにとっても同じ道具であるということの反射として、当然お互いにとって必ずしも自分の要求をすべて通すことが許されないという相互制約を与えるものでもあります。従って、権利ということが考えられる場合には他人との関係で限界というものも常にあるという認識が重要になります。ただしそれは、集団主義的な社会に見られがちな公共の福祉のような理由によって本来的に制限されているということとは異なって、個人の自由というものを全面的に奪うことではないということは明らかです。あくまで出発点は個人の権利ですが、それが社会的に同時に求められるが故に、権利が衝突する場合には相互に譲歩しなければならない、個人は自由であるがしかし他人に害悪を与えるほどに自由ではない、ということです。これはリベラルであるということの伝統的な考え方ですが、それが一つの明確なプリンシプルであることを確認したのは、近代立憲主義やその後の自由主義理論の大きな功績です。

次に平等の問題に関しては、負担の公平ということが考えられる必要があるでしょう。例えば国が福祉やあるいはいろいろなサービスを行うという場合に、その財源は決して無尽蔵に出てくるわけではなく、国を支えているその構成員から出てくるものです。その意味では、ある市民にとっての医療や福祉というものも結局は他の市民によって支えられているのであり、国は基本的にはその代理人なのです。その点を考えてみると、配慮というものは当然に自分以外の市民の肩にも掛かっているわけですから、困窮している人びとのニーズへの理解はもちろん重要なのですが、その一方では公的な生活支援には一定の限度が出てくるし、またその負担が一部の人びとに過剰にならないようにする必要があるわけです。勿論、代理人たる政府の役割やパフォーマンスの問題、あるいは組織上の効率性の問題はまた別に重要なことは言うまでもありません。

さらに、参加と決定ということに関していうと、対話の精神、あるいは開かれた決定ということが重要でしょう。対話の場合には責任をともなう主張ということが重要であり、もし自分が他人と同じ立場であったらどうであるかということを考えたうえでの要求を考えていく必要がありますし、その主張がもたらしうる不利益についての自己責任の引き受けも要求されるでしょう。また、決定に関しては、理由ある決定ということが重要です。日本の場合には決定機関は十分に理由のある決定を下しているとは言えない傾向にあり、裁判所でさえそういう場合が多いように見えます。アメリカの場合を見てみると、例えば連邦最高裁はまさに憲法の番人として重要な役割を担っているのですが、それだけに、そこで展開される判断は、内容的な善し悪しはあっても、理由づけが重要な要素となっています。それに比すると、理由づけを核心とするはずの裁判の判決でさえ日本ではしばしば理由づけが不十分ですし、まして行政の場合には決定を下している理由をできるだけ秘匿するというのがむしろ行政の徳のようなところがあって、問題が多いことは明らかです。しかし現実はともかくとして、市民の時代ということになれば、そのような考えはもはや通用しないでしょう。お互いにとってそれぞれに理由のある決定を行い、またそれを開示するということが必要になるはずです。

また、実際に市民のいろいろな自発的な活動、あるいは対話や参加のあり方をどういうふうに制度的に保障することで市民の力をよりよく引き出せるかという、制度設計の問題も重要でしょう。特に、中央集権的に権限を配した方がいいのか、地方分権的に設計した方がいいのか、それはそれぞれの功罪をいろいろはかっていくべきでしょう。例えば経済であれば、ちょうどEUがそうであるように、ある程度地域の自立性というものをもたせながら、しかし同時に共通の枠というものを作らなければ活動は円滑には運ばないということがあるでしょう。しかしその一方で、医療や福祉のような地域の人びとの生活のニーズに密着するものについては、むしろその地域独自の工夫をはかることを主眼とした制度の設計も必要であるとも思われます。いずれにしても、それは問題になっている事柄にかかっていて、その事柄の性質によって中央集権的な形で対処をした方がいい場合と、地域的に独立性をもたせた方がいい場合とに分かれるでしょう。

それでは、そういうリベラル・マインドが日本の社会の中に現実に存在しているのかというと、私には、実はその余地は必ずしも多くはないように思われます。しかしながら、潜在的にはあると言ってもいいでしょう。それはおそらく多くの人が個人として持っている良心です。もし自分が他人と同じ立場、あるいは同じ境遇にあるとすれば、どう考えなければならないか、そういう力は潜在的には誰にでもあるでしょう。また、自己の考えがどのような帰結を生む可能性があり、そのときにはそれをいかにして引き受けるかということを考える力も潜在的にはあるでしょう。それらの面がもし生かされるならば、リベラル・マインドとここで呼んでいるものの要求も決して過大なものではないはずです。日本社会はある種の慣性によって動いている面があります。誰も声高に自由の意義を主張しなくとも、また声高に平等の真の意味を考えずとも、あるいは参加と決定における責任ある決定を徹底して問わずとも、社会は何とか動き、日常生活に大きな支障はありません。それ故、多くの人びとにとっては、その背後に隠れている社会における人間のあり方や法と政治のあり方の問題が浮き彫りにされないままに終わっている可能性も大きいと思われます。市民というものが本当に意義をもつのは、そのような眠った感覚が、社会と意識の変化を通じて覚醒されるときなのかもしれません。

しかし、最後に残る問いは、果たしてリベラル・マインドの要求によって、日本社会が真の市民によって担われると同時に、あの〈市民のパラドックス〉を本当に超えられるのだろうかということです。率直なところ、私にはそれはよく分かりません。しかしながら、次のような理由でこれはやはり非常に重要な意味を持つことだろうと私は直感しますし、価値はあると信じています。つまり、このようなモラルの浸透は、〈市民のパラドックス〉の大元の一つである人間の利己性を一定程度減殺し、そのことによって集団的に生じてくる不確定性にある程度の見通しを与えることができるようになるであろうということです。そのように言うことで、私はおおげさな人間革命を説いているのではありません。そうではなく、人間の社会の有り様を考え、そしてその中での個人の自由や平等、あるいは多くの人びとの共存を考えるとき、そこに最小限のモラルが必要になるはずだということを言いたいのです。とりわけ日本が市民の時代と言われるようになって、現実にも多くの人びとが、政府あるいは在野を問わず、自発的に活動する機会が増えるという中で、何よりも基本的なのは、もう一度この社会を構成している個人が持っているそれぞれの生活の意味とそれを可能にする社会のよりよきあり方を考えるために、そういうモラルを様々な角度から涵養するということではないかということなのです。

終わりに、このような市民の問題というのは、これからは国内社会だけではすまないような問題へも広がっていくでしょう。現に核の問題、あるいは環境問題、難民に対する支援など、国際的なレヴェルでいろいろな問題が発生しています。現代は変動が激しい時代であるので、日本人としてまさに日本の国内で市民であるだけでなく、世界の中でも市民たることを要求されるという、ますますもって大きな課題を私たちは今突きつけられています。そして、そこではまた民族、文化、生活様式などの相異といったいろいろな複雑な要素も出てきて、そういう中で私たちの持っている市民の感覚というものがいったいどこまでその当の人びとに通用するかという問題も生じてきています。そのような問題に関しても、私が述べたリベラル・マインドというのは、誰もが同じ人間であるという非常に単純な事実からして非常に重要であるだろうと私は思います。それは、私たちがまさにコスモポリタンであることにとっても基本となるモラルであると私は考えるからです。

市民の時代の法と政治のあり方という問題は、基本的には積極的に考えていくべき事柄です。しかし、それは決して簡単に達成されるものではなく、私たち自身の生活、あるいは行動、あるいは思考のあり方をもう一度よく見直す、あるいは日本の社会全体が持ってきたある構造、その中で自分が置かれた位置というものをもう一度よく見直すというところからまず始めなければならないのではないでしょうか。

〈参考文献〉

川本隆史『現代倫理学の冒険』（創文社、一九九五年）
ロバート・N・ベラーほか／島薗進ほか訳『心の習慣』（みすず書房、一九九一年）
富永健一『日本の近代化と社会変動』（講談社、一九九〇年）
カレル・ヴァン・ウォルフレン／篠原勝訳『日本権力構造の謎㊤・㊦』（ハヤカワ文庫、一九九四年）
山岸俊男『社会的ジレンマのしくみ』（サイエンス社、一九九〇年）

あとがき

本書の計画を立ててから早くも五年近くが経過した。この間正義の問題に関する私なりの研究は、当初の些か楽観的な予想とは裏腹に、遅々として進まなかった。ある意味では、私にとっては問題が大きすぎたかもしれないと改めて思う。何が正義かという哲学的な問題は、様々な種類や次元の実践的判断の周到な反省なしには十分な成果を得られないという面がある。正義は広範な価値であり、日常の実践的判断やその学問的省察に様々な顔を伴って現れるからである。

実際、考えてみれば、現代正義論の偉大な端緒を成したジョン・ロールズの仕事は、一九七一年に第一の大著〈正義の理論〉として結実するまでに、実際上一〇数年の幾多の個別論文の積み重ねに歳月を要している。そしてその後のロールズ自身の議論の展開は、これもまた様々な個別論文の積み重ねを経て、一九九四年の第二の大著〈政治的リベラリズム〉まで二三年を要し、さらにその後においてもなお、一九九九年の〈諸人民の法〉や〈正義の理論〉の改訂版などを含めて、少しずつ、しかし決してとどまることなく続いている。ロールズの第一の著書以後にも幾つかの重要な正義論の著作がまとめられたが、管見の限り、ロールズの思索が有するような体系性と包括性を持った考察を示すものはないと言ってよい。ロールズの正義論はやはり二〇世紀の古典である。そのような彼の研究は、いわば波が繰り返すように徐々に一つ一つのトピックを追究し、ドラフトや論文をまとめ、そしてそれらが全体として形を成したときに著書としてまとめるというスタイルを貫いている。ある点では鈍重とも見えるこのような進め方は、しかし、学問の専門分化が進み、様々な知見が割拠する現代の学問状況においては、正義のようなグランド・プロブレムを考究しようとするならば絶対に必要な方法であるだろう。私が自分自身の全く拙い試みから学んだ最大の教訓は、正義の問題を含め、およそ価値をめぐる哲学的考究は、結局の所、周到な理論的洗練と経験の十二分な省察なくしては困難であるということであったと言ってもよい。

にもかかわらず、私はこの本を自分なりに何とかまとめなければならなかった。それは、法的正当化の理論に端を発し、権利論に跳躍して研究を進めて来た私にとって、その双方の仕事から当然に要請される課題でもあった。前者においては法的正当化の究極において正義の観念との解釈的な関わりを明らかにしなければならなかったし、後者においては権利の根拠として一定の公正の理念とのつながりを示さなければならなかったからである。法的正当化を実質的な指針となる価値の問題、また権利概念の実質的根拠となる価値の問題という二つの問題は、異なった角度からではあるが、しかし同じ関心方向において、私なりの正義論の展開を要求していた。これをまとめることができなければ、私自身の従来の研究が曲がりなりにも完結しなかったというわけである。さらに、途中からはグローバル・ジャスティスの問題などに少し関心を向けたこともあって、そこでは文化の壁を越えて共有されうる正義の内実は何かという、これもまた大きな問題が加わった。また、この間、正義に関わる私の仕事に関心を示してくださった方々にも、私が考える正義の内容がどのようなものであるかを明らかにして一つの全体像を提示する必要は見えていたはずである。逆に、それらの仕事の結語を最後には私なりの正義観念の分節化に向けて常にオープンにしてきた私であったから、何が正義なのか、そして正義に適った法的正当化、あるいは権利論とはいかなるものなのか、を私なりに明らかにしなければ、面映ゆい言い方ではあるが、自らの課した学問的責務をそれなりに全うできないと、常に感じていたのである。

このような、ある面では重苦しい作業を進めることは、思わぬ精神的負担を強いられたことも多かった。

そして、当初は一冊の書き下ろしとして計画した本書であるが、何度かの試行錯誤のうえで結局はその素材となるはずの個別論文を改めて配列しながら、正義観念の中心的内容の部分のみを書き下ろして付け加えるという形とすることにとどまらざるを得なかった。それでもなお、この部分には予想外の時間がかかってしまったのであった。しばしば自分自身の力不足を感じたものである。しかし、そのようなとき、私は幸運にも自分以外の所から多くの助力を得ることができた。それは、私の言説に興味を示し、疑問を発し、批判をしてくれた、多くの先輩・友人・学生の皆さんからの力添えである。その数は多く、ここでいちいちお名前を挙げることができないことをお許しいただかなければならないが、学会で、大学の内外の研究会で、あるいは講義や演習で、あるいは私的な会話や電子メールのやりとりで、これらの皆さんは私の思考を刺激し、啓発し、そして批判してくれた。ともすれば概念的な解釈に傾きやすく、手前勝手になりがちな私の思考を解し、オープンにし、鍛えてくれた。これらの人々の助けなしには、私はこのような形でも本書をまとめられなかったと思う。

その中でも、次の三人の方には、特に記して感謝を申し上げげたい。私が所属する北海道大学大学院法学研究科の吉田克己教授（民法）には、私の主張に共感と関心を示していただき、演習への相互参加などを快諾いただくと共に、日常の議論のなかで様々な法学的問題提起による刺激を与えていただいた。同じく尾崎一郎助教授（法社会学）には、日頃の議論やメールのやりとりなどは言うまでもなく、さらに大学院における共同演習やディスカッション・グループの試みなどを通じて、よき批判や示唆、そしてサポートをいただいた。そして、国立社会保障・人口問題研究所室長の後藤玲子氏（経済哲学）には、同所主宰の研究プロジェクトにお誘いくださり日本の社会科学を担う俊秀たちに交じって研鑽を積む機会をお世話いただくと共に、多くの啓発的な議論をいただいた。この場を借りて、これらの三人の方々の学問的なご厚情に改めて御礼を申し上げる次第である。

最後になるが、本書の出版にあたっては、吉田克己教授のご尽力をいただくと共に、信山社編集部の渡辺左近氏の懇切なお力添えをいただいた。感謝申し上げたい。

本書にもしも見るべきものがあるとすれば、それは多くの人々の教示や批判のおかげであり、それでもまだ不適切な点が残るとすれば、言うまでもなく、すべて私の思索の不足によるものである。しかし、それらの不足にもかかわらず、あるいはむしろその不足のゆえにか、本書が将来において正義をめぐる種々の問題の考察を志す人々にとって何がしかの礎となりうるのであれば、それに越した喜びはない。

二〇〇一年二月

長谷川　晃

主要人名索引

〈著者紹介〉

長谷川晃（はせがわ・こう）

1954年　秋田市に生まれる。

1982年　東京大学大学院法学政治学研究科博士課程修了

現　在　北海道大学大学院法学研究科教授

〈主要著書〉

権利・価値・共同体（弘文堂、1991年）

解釈と法思考（日本評論社、1996年）

公正の法哲学

2001年（平成13年）3月20日　初版第1刷発行

著　者　長谷川　晃

発行者　今井　貴
　　　　渡辺左近

発行所　信山社出版株式会社

〔〒113-0033〕東京都文京区本郷6-2-9-102

電話　03（3818）1019

FAX　03（3818）0344

Printed in Japan.

印刷・製本／松澤印刷・大三製本

ISBN4-7972-2190-9　C3332

予約承り中　約1,200頁　予定価：本体6,800円

三井　誠 町野　朔 曽根威彦
中森喜彦 吉岡一男 西田典之
編　集

刑事法辞典

信山社

創立10周年記念
2000年12月刊行

刑事法辞典

編　集
三井　誠 町野　朔 曽根威彦
中森喜彦 吉岡一男 西田典之

信山社

編集・執筆者

愛《あい》知《ち》正《まさ》博《ひろ》　中京大学法学部教授
秋《あき》葉《ば》悦《えつ》子《こ》　富山大学経済学部助教授
浅《あさ》田《だ》和《かず》茂《しげ》　大阪市立大学法学部教授
荒《あら》木《き》伸《のぶ》怡《よし》　立教大学法学部教授
石《いし》塚《づか》伸《しん》一《いち》　龍谷大学法学部教授
井《い》田《だ》良《まこと》　慶應義塾大学法学部教授
伊《い》東《とう》研《けん》祐《すけ》　名古屋大学法学部教授
伊《い》藤《とう》渉《わたる》　東洋大学法学部助教授
指《いぶ》宿《すき》信《まこと》　鹿児島大学法文学部助教授
今《いま》井《い》猛《たけ》嘉《よし》　法政大学法学部助教授
岩《いわ》間《ま》康《やす》夫《お》　大阪学院大学法学部助教授
上《うえ》嶌《しま》一《かづ》高《たか》　神戸大学法学部助教授
上《うえ》田《だ》信《しん》太《た》郎《ろう》　香川大学法学部助教授
上《うえ》田《だ》寛《かん》　立命館大学法学部教授
植《うえ》田《だ》博《ひろし》　広島修道大学法学部教授
臼《うす》木《き》豊《ゆたか》　小樽商科大学商学部助教授
宇《う》藤《とう》崇《たかし》　岡山大学法学部助教授
梅《うめ》田《だ》豊《ゆたか》　島根大学法文学部助教授
大《おお》出《いで》良《よし》知《とも》　九州大学法学部教授
大《おお》久《く》保《ぼ》哲《さとし》　久留米大学法学部教授
大《おお》越《こし》義《よし》久《ひさ》　東京大学教養学部教授
大《おお》澤《さわ》裕《ゆたか》　名古屋大学法学部教授
大《おお》塚《つか》裕《ひろ》史《し》　岡山大学法学部教授
大《おお》沼《ぬま》邦《くに》弘《ひろ》　成城大学法学部教授
奥《おく》村《むら》正《まさ》雄《お》　同志社女子大学現代社会学部教授
小《お》田《だ》直《なお》樹《き》　広島大学法学部助教授
甲《か》斐《い》克《かつ》則《のり》　広島大学法学部教授
香《か》川《がわ》喜《き》八《はち》朗《ろう》　亜細亜大学法学部教授
加《か》藤《とう》克《かつ》佳《よし》　愛知大学法学部教授
門《かど》田《た》成《しげ》人《と》　島根大学法文学部助教授
上《かみ》口《ぐち》裕《ゆたか》　南山大学法学部教授
川《かわ》出《いで》敏《とし》裕《ひろ》　東京大学法学部助教授
川《かわ》崎《さき》英《ひで》明《あき》　東北大学法学部教授
川《かわ》端《ばた》博《ひろし》　明治大学法学部教授
北《きた》川《がわ》佳《か》世《よ》子《こ》　海上保安大学校助教授
木《き》村《むら》光《みつ》江《え》　東京都立大学法学部教授
京《きょう》藤《とう》哲《のり》久《ひさ》　明治学院大学法学部教授
葛《くず》野《の》尋《ひろ》之《ゆき》　静岡大学人文学部助教授
葛《くず》原《はら》力《りき》三《ぞう》　関西大学法学部助教授
後《ご》藤《とう》昭《あきら》　一橋大学法学部教授
小《こ》山《やま》雅《まさ》亀《き》　西南学院大学法学部教授
近《こん》藤《どう》和《かず》哉《や》　富山大学経済学部助教授
斎《さい》藤《とう》信《しん》治《じ》　中央大学法学部教授
斉《さい》藤《とう》豊《とよ》治《じ》　甲南大学法学部教授
齊《さい》野《の》彦《ひこ》弥《や》　北海道大学法学部教授
佐《さ》伯《えき》仁《ひと》志《し》　東京大学法学部教授
酒《さか》井《い》安《やす》行《ゆき》　国士舘大学法学部教授
酒《さか》巻《まき》匡《ただし》　上智大学法学部教授
佐《さ》久《く》間《ま》修《おさむ》　大阪大学法学部助教授
佐《さ》藤《とう》隆《たか》之《ゆき》　横浜国立大学経済学部助教授
佐《さ》藤《とう》美《み》樹《き》　高岡法科大学法学部助教授
椎《しい》橋《ばし》隆《たか》幸《ゆき》　中央大学法学部教授
塩《しお》見《み》淳《じゅん》　京都大学法学部教授
島《しま》伸《しん》一《いち》　駿河台大学法学部教授
島《しま》岡《おか》まな　亜細亜大学法学部助教授
清《し》水《みず》一《かず》成《しげ》　琉球大学法文学部教授
洲《しゅう》見《み》光《みつ》男《お》　朝日大学法学部教授
白《しら》取《とり》祐《ゆう》司《じ》　北海道大学法学部教授
城《しろ》下《した》裕《ゆう》二《じ》　札幌学院大学法学部教授
新《しん》屋《や》達《たつ》之《ゆき》　立正大学法学部助教授
鈴《すず》木《き》左《さ》斗《と》志《し》　学習院大学法学部助教授
瀬《せ》川《がわ》晃《あきら》　同志社大学法学部教授
関《せき》正《まさ》晴《はる》　日本大学法学部専任講師
＊曽《そ》根《ね》威《たけ》彦《ひこ》　早稲田大学法学部教授
園《その》田《だ》寿《ひさし》　関西大学法学部教授
高《たか》田《だ》昭《あき》正《まさ》　大阪市立大学法学部教授

信山社創立10周年記念

［注文書］2000年9月刊行予定　予約票　予6,800円		書店予約印
住　所		
お名前		
ＴＥＬ		
ＦＡＸ		

刑事法辞典

2000年12月30日　第1版第1刷発行

編　者　三井　誠
　　　　町野　朔
　　　　曽根威彦
　　　　中森喜彦
　　　　吉岡一男
　　　　西田典之
発行者　今井　貴
発行所　株式会社　信山社
編集所　信山社出版株式会社
販売所　信山社販売株式会社
〒113-0033　東京都文京区本郷 6-2-9-102
電話　03(3818)1019
FAX　03(3818)0344
印　刷　勝美印刷株式会社
製　本　株式会社渋谷文泉閣

ISBN 4-7279-5601-X C3532　013-050-020-0300

NDC 01-326．001

［編者から］

このたび信山社の10周年企画依頼によりまして，『刑事法辞典』を編集することになりました．

長年の刑事法学研究成果をふまえつつ，刑事法を理解する上で不可欠な項目を総まとめし，大きからず小さからず手頃な頁数で，大学生・研究者さらに実務家の要望にも応えられる刑事法の中辞典を目指して，項目選定に各編集委員が力を注いで参りました．お蔭様で，全体としてバランスのとれた中小項目主義の項目構成（総数約2,141項目，執筆者134名）にすることができ，一同ほっとしているところでございます．

平成10年８月　　編集委員　　三井　誠　町野　朔　曽根威彦
中森喜彦　吉岡一男　西田典之

［信山社から］

さて今度，三井誠先生，町野朔先生，曽根威彦先生，中森喜彦先生，吉岡一男先生，西田典之先生のご編集により『刑事法辞典』を刊行することに致しました．

もとより辞典の刊行に要する時間と労力・費用が並でないことはよく存じておりますが，10周年を期に勇気を振るって本格的な辞典をはじめ『法律学の森』等の企画を進行しております．

幸い，編集をご担当いただいた先生方の献身的なお力添えをいただき，学界の有力な先生方にご執筆のお願いができることになりました．小社にとっては，幾多の苦節の中で最も喜びとするところであります．何としても早く完成させて小社の節目の記念とし，今後この分野においてご執筆の先生方とともに，有意義な仕事に邁進して参りたいと存じます．

何卒，ご支援いただけますよう心からお願い申し上げます．

平成10年８月　　信山社　袖山　貴　渡辺左近　村岡侖衛　中浦芳明

高《たか》橋《はし》則《のり》夫《お》　早稲田大学法学部教授
髙《たか》山《やま》佳《か》奈《な》子《こ》　成城大学法学部助教授
田《た》口《ぐち》守《もり》一《かず》　早稲田大学法学部教授
只《ただ》木《き》　誠《まこと》　獨協大学法学部助教授
多《た》田《だ》辰《たつ》也《や》　大東文化大学法学部教授
田《た》中《なか》利《とし》幸《ゆき》　横浜国立大学経済学部教授
田《た》中《なか》　開《ひらく》　法政大学法学部教授
田《た》淵《ぶち》浩《こう》二《じ》　静岡大学人文学部助教授
津《つ》村《むら》政《まさ》孝《たか》　学習院大学法学部教授
寺《てら》崎《さき》嘉《よし》博《ひろ》　筑波大学社会科学系教授
土《ど》井《い》政《まさ》和《かず》　九州大学法学部教授
長《なが》井《い》長《ちょう》信《しん》　南山大学法学部教授
長《なが》井《い》　圓《まどか》　神奈川大学法学部教授
中《なか》空《ぞら》壽《とし》雅《まさ》　関東学園大学法学部助教授
長《なが》沼《ぬま》範《のり》良《よし》　成蹊大学法学部教授
中《なか》野《の》目《め》善《よし》則《のり》　中央大学法学部教授
*中《なか》森《もり》喜《よし》彦《ひこ》　京都大学法学部教授
鯰《なまず》越《ごし》溢《いつ》弘《ひろ》　新潟大学法学部教授
新《にい》倉《くら》　修《おさむ》　國學院大学法学部教授
*西《にし》田《だ》典《のり》之《ゆき》　東京大学法学部教授
西《にし》村《むら》秀《しゅう》二《じ》　富山大学経済学部教授
野《の》村《むら》　稔《みのる》　早稲田大学法学部教授
橋《はし》田《だ》　久《ひさし》　京都産業大学法学部助教授
橋《はし》爪《づめ》　隆《たかし》　神戸大学法学部助教授
橋《はし》本《もと》正《まさ》博《ひろ》　一橋大学法学部助教授
林《はやし》　幹《みき》人《と》　上智大学法学部教授
林《はやし》　美《み》月《つ》子《こ》　神奈川大学法学部教授
林《はやし》　陽《よう》一《いち》　千葉大学法経学部助教授
久《ひさ》岡《おか》康《やす》成《なり》　立命館大学法学部教授
日《ひ》髙《だか》義《よし》博《ひろ》　専修大学法学部教授
平《ひら》川《かわ》宗《むね》信《のぶ》　名古屋大学法学部教授
平《ひら》田《た》　元《はじめ》　三重大学人文学部教授
平《ひら》良《ら》木《ぎ》登《と》規《き》男《お》　慶應義塾大学法学部教授
福《ふく》島《しま》　至《いたる》　龍谷大学法学部教授
福《ふく》山《やま》道《みち》義《よし》　福岡大学法学部教授
堀《ほり》内《うち》捷《しょう》三《ぞう》　法政大学法学部教授
前《まえ》田《た》雅《まさ》英《ひで》　東京都立大学法学部教授
*町《まち》野《の》　朔《さく》　上智大学法学部教授
松《まつ》生《お》光《みつ》正《まさ》　姫路獨協大学法学部教授
松《まつ》代《しろ》剛《まさ》枝《え》　山形大学人文学部講師
松《まつ》原《ばら》久《ひさ》利《とし》　桐蔭横浜大学法学部助教授
松《まつ》原《ばら》芳《よし》博《ひろ》　九州国際大学法学部助教授
松《まつ》宮《みや》孝《たか》明《あき》　立命館大学法学部教授
丸《まる》山《やま》雅《まさ》夫《お》　南山大学法学部教授
三《み》島《しま》　聡《さとし》　大阪市立大学法学部助教授
水《みず》谷《たに》規《のり》男《お》　愛知学院大学法学部助教授
*三《みつ》井《い》　誠《まこと》　神戸大学法学部教授
宮《みや》城《ぎ》啓《けい》子《こ》　成城大学法学部教授
宮《みや》澤《ざわ》節《せつ》生《お》　神戸大学法学部教授
村《むら》山《やま》眞《まさ》維《ゆき》　千葉大学法経学部教授
守《もり》山《やま》　正《ただし》　拓殖大学政経学部教授
安《やす》田《だ》拓《たく》人《と》　金沢大学法学部助教授
安《やす》冨《とみ》　潔《きよし》　慶應義塾大学法学部教授
安《やす》村《むら》　勉《つとむ》　金沢大学法学部教授
山《やま》口《ぐち》　厚《あつし》　東京大学法学部教授
山《やま》田《だ》道《みち》郎《お》　明治大学法学部教授
山《やま》中《なか》敬《けい》一《いち》　関西大学法学部教授
山《やま》名《な》京《きょう》子《こ》　奈良産業大学法学部教授
山《やま》火《び》正《まさ》則《のり》　神奈川大学法学部教授
山《やま》本《もと》輝《てる》之《ゆき》　帝京大学法学部助教授
山《やま》本《もと》正《まさ》樹《き》　近畿大学法学部教授
*吉《よし》岡《おか》一《かず》男《お》　京都大学法学部教授
吉《よし》田《だ》敏《とし》雄《お》　北海学園大学法学部教授
吉《よし》田《だ》宣《のぶ》之《ゆき》　桐蔭横浜大学法学部教授
吉《よし》弘《ひろ》光《みつ》男《お》　九州国際大学法学部助教授
吉《よし》村《むら》　弘《ひろむ》　北九州大学法学部教授
米《よね》山《やま》耕《こう》二《じ》　一橋大学法学部専任講師
渡《わた》辺《なべ》　修《おさむ》　神戸学院大学法学部教授

構成要件（独）Tatbestand **1 意義の多様性**　構成要件とは，*刑法'における法律要件のうち直接犯罪行為に関する記述をいうが，条文そのものではなくこれに解釈を施して得られた，犯罪を輪郭づける観念像が構成要件である．そして，現実の犯罪行為が構成要件に当てはまることを*構成要件該当性'といい，構成要件に該当した犯罪事実を構成要件該当事実という．構成要件（構成要件該当性）は，犯罪成立要件の1つであって，もともとは，価値に関係しているとはいえ，実質的な価値判断を含む*違法'・*責任'とは異なり，それ自体は形式的，価値中立的な性質をもっている．と解せられてきたが，今日では，実質的，価値的な構成要件概念も有力に主張されている（2，3参照）．

2 理論の変遷　構成要件理論は，構成要件の意義・内容，構成要件と違法・責任との関係などをめぐって，いくつかの見解に分かれている．

まず，(1) 行為類型論は，構成要件該当性の判断に裁判官の恣意的評価が入ることを防止しようとして，構成要件を純客観的，記述的に捉えた*ベーリング'の流れを汲んで，構成要件を違法・責任から截然と分離し，構成要件のもつ形式的，価値中立的な性格を徹底させている．もっとも，今日の行為類型論は，客観的構成要件要素のほか*主観的構成要件要素'を認めるが，前者は違法評価の対象，後者は責任評価の対象であるにとどまり，それ自体が違法・責任の実質的価値判断を伴うものではないとしている．

つぎに，(2) 違法類型論は，構成要件を（可罰的）違法行為の類型と解するものであるが，構成要件と違法性の関係に関する理解の違いを反映して，さらに次の2つの見解に分かれている．

第1は，構成要件を違法性の徴表とみ（煙と火の関係），構成要件に規範的要素も含まれていることを示唆して，構成要件は違法性の認識根拠であるとした*マイヤー'の流れを汲むものであって，構成要件該当性と違法性を区別しつつも，両者を原則・例外の関係と捉えている．

第2は，マイヤーの見解をさらに進めて，*規範的構成要件要素'のほか主観的構成要件要素をも認め，また，構成要件を違法性の存在根拠と解する*メツガー'の流れを汲むものであって，構成要件該当性と違法性を一体のものとしてみる立場である．この立場は，① 構成要件該当性を違法性の中に埋没させ（新構成要件論），あるいは ② 構成要件該当性の中に違法性を取り込むことになる（*消極的構成要件要素'の理論）．さらに，③ 違法有責類型論は，犯罪の本質を国家的道義違反とみる*道義的責任論'の立場から，構成要件は違法類型であると同時に責任類型でもあるとして独得の構成要件論を展開した*小野清一郎'の流れを汲むものであって，構成要件を違法行為の類型であるにとどまらず，有責行為の類型でもあると解している．この意味での構成要件は，犯罪類型とも呼ばれる．

3 犯罪成立要件における機能　構成要件の果たすべき機能の第1は，*罪刑法定主義'的機能であって，構成要件は刑法の人権保障機能と結び付いて，処罰される行為と処罰されない行為を明確に限界づける機能を有している．

第2は，犯罪個別化機能であって，構成要件は個々の犯罪を他の犯罪から区別して示す機能を果たしている．

第3は，違法性推定機能であって，構成要件に該当する行為が違法であることを推定させる機能である．通説は，構成要件は（可罰的）違法類型であるから，構成要件に該当した行為について違法であることが論理的に推定され，例外的に*違法阻却事由'があれば推定された違法性が阻却されると解する．これに対し，構成要件に該当する行為は違法評価の対象にすぎないと解する立場からは，構成要件に違法性の論理的意味での違法性推定機能は認められないことになる．

第4は，故意規制機能であって，構成要件は，故意があるというために認識の対象として必要とする客観的事実を示す機能を果たしているが，故意の構成要件関連性を認めない見解も有力である．

4 構成要件要素の種類　構成要件要素は，第1に，客観的要素と主観的要素とに分けられる．まず，客観的構成要件要素としては，*実行行為'，（構成要件的）*結果'，*因果関係，*行為'の主体，行為の客体，行為の状況が含まれる．なお，*客観的処罰条件'を犯罪概念，特に違法に還元しようとする立場からは，これも行為の条件として構成要件に含まれることになる．

つぎに，主観的構成要件要素には，すべての犯罪に予定されている一般的要素と，特定の犯罪にのみ必要とされる特殊的要素とがある．一般的主観的要素が，構成要件的*故意'および構成要件的*過失'であり，特殊的主観的要素としては，通常，*目的犯'における主観的目的，*傾向犯'における内心の傾向，*表現犯'における心理的過程が挙げられている．

第2に，構成要件要素には，単なる事実認識に基づいて確定しうる記述的要素と，その確定のために文化的価値判断を必要とする規範的要素とがある．価値的評価を必要とする*規範的構成要件要素'は，構成要件の明確性の観点からみて望ましくないものであり，その採用は必要最小限度にとどめられなければならない．

→*定型説'　［曽根威彦］

— さ —

順点の原則　事件が起訴されると，裁判所としては，その事件の審理を担当する裁判機関を定める手続が必要となる．事件を配付するこの手続は，事件を受理した順序に従って，あらかじめ順序を定められた配付先の部または係に機械的に行うのが，原則である．これを順点の原則という．配付先の決定に作為が入らないようにするとともに，負担の公平を図るためである．　［三井　誠］

人の健康に係る公害犯罪の処罰に関する法律　1970年のいわゆる「公害国会」で成立した（昭45年法142）．公害罪法と略称され，人の生命・健康に被害をもたらす公害行為を処罰する公害刑法を構成する．

「工場又は事業場における事業活動に伴つて人の健康を害する物質……を排出し，公衆の生命又は身体に危険を生じさせた」という故意の排出罪（3 Ⅰ．Ⅱは結果的加重犯）と，「業務上必要な注意を怠り」同じ危険を生じさせた過失の排出罪（4 Ⅰ．Ⅱは結果的加重犯）とを規定し，双方の犯罪に関する両罰規定も規定されている（5）．

これら排出罪は公害犯罪とも呼ばれる．工場からの排出物質が悲惨な被害をもたらした四大公害事件（水俣病事件，新潟水俣病事件［阿賀野川水銀中毒事件］，富山イタイイタイ病事件［神通川カドミウム中毒事件］，四日市ぜんそく事件）などの構造型公害を念頭において作られた法律である．

このこともあり，最高裁は，器具の操作を誤り有害物質を大気中に排出してしまったというような，「事業活動の一環として行われた」のでない事故型公害においては，過失排出罪は成立しないとしている（最判昭62·9·22刑集41·6·255，最判昭63·10·27刑集42·8·1109）．

有害物質が排出されたことの証明があり，現に被害が生じていることの証明があったとしても，それが排出物質に因るものであることの証明は困難なことがある．*疑わしきは被告人の利益に'の原則が妥当する刑事裁判では，「疑わしきは排除する」を原則とする*疫学的因果関係'の考え方をとることはできない．

本法は，「工場又は事業場における事業活動に伴い，当該排出のみによつても公衆の生命又は身体に危険が生じうる程度に人の健康を害する物質を排出した者がある場合において，その排出によりそのような危険が生じうる地域内に同種の物質による公衆の生命又は身体の危険が生じているときは，その危険は，その者の排出した物質によつて生じたものと推定する」（5）という*推定'規定を設けた．しかし，*挙証責任'を被告人に転換する合理的な根拠はなく，立証の困難性だけを理由としてこのようなことをすることは許されないから，この規定には憲法31条違反の疑いがある．→環境刑法，胎児傷害　［町野　朔］

山田泰弘著
『株主代表訴訟の法理——生成と展開』
500509
栞第1刷
2000・12①
信山社
東京都文京区
本郷6-2-9-102

総合的な株主代表訴訟論

浜田道代
（名古屋大学法学部教授）

会社法と民事訴訟法との境界領域に位置している株主代表訴訟制度は、取り組み始めると止めどもなく疑問が深まるばかりになるような難問をいくつも孕んでいる。本書は、この難問に正面から取り組んで、包括的総合的に深く掘り下げた成果を収めたものである。とりわけ、代表訴訟制度を法的構造論との関係で解明しようとしている点に、本書の最大の特色がある。これは、これまでなされてこなかったことが不思議なほどに基礎的な取り組みであり、これによって解釈上・立法上の諸問題を考察する前提となる大きな構造論を成り立たせたという点で、本書の理論的な寄与は大きい。

株主代表訴訟は、昭和二五年に初めて我が国に導入された当初、アメリカ法との比較において精力的に研究が進められた。その時点でもっともこれを深く研究したのは、北沢正啓博士である。その後も注目に値する論文等がいくつか発表されたが、現実に株主代表訴訟が提起されることは多くなかったことを反映して、研究面でも日本法の立場に即した分析が特に深められることは少なかった。平成五年の商法改正は、この状況に大きな変化をもたらした。訴訟を手がける実務弁護士が依頼人の立場を守るのに好都合な新しい見解を発表し始め、その影響下に判例が新たな展開を見せ、あるいは従来十分に想定されていなかったような実務処理が進められるようになった。このような状況を受けて、訴訟法学者も会社法学者も、目前の諸課題につき活発に見解を発表するようになり、いくつかのテーマをめぐって鋭く論争が繰り広げられる事態となった。さらに、解釈論を工夫するだけでは取締役が窮地に陥るのを妨げないと懸念する立場か

ら、議員立法による立法的な手当が目論まれるようになった。近時の法務省法制審議会商法部会による商法の大幅見直し計画の中でも、代表訴訟制度の見直しが一つのテーマとして検討されることになった。

このような状況下で、本書はこのテーマに最も総合的包括的に取り組んだ本格的な研究である。とりわけ次の諸点において、高く評価される。

第一に、比較法的観点からアメリカ法に加えてイギリス法を丹念に辿った。これまで我が国においてはアメリカ法について研究の蓄積があるものの、イギリス法には余り目が向けられてこなかった。イギリス法を視野に取り込んだことは、これがアメリカ法のさらに源流をなしているという事実と、一九世紀以降イギリスの株主代表訴訟がアメリカとは異なる方向へと進んだという事実ゆえに、本書の考察を多角的で幅のあるものとするのに役立っている。

第二に、株主代表訴訟が日本に導入された昭和二五年商法改正前後の状況もまた丹念に辿っている。イギリス・アメリカの制度との比較に加えて、旧制度から新制度へ何がどのように変わったかを明らかとすることにより、日本の代表訴訟制度を構造的に分析しうる視点を獲得している。

第三に、訴訟の現場から突きつけられている解釈問題のうち主要なものをもれなく取り上げて、統一的な視点から議論を展開している。関連する数多くの判例・決定例や論文・判例評釈を渉猟し、それらを踏まえた上で、それぞれの論点に関する自らの見解を矛盾を来さない形で提示することに成功している。しかも、それぞれに提示されている結論は、現実の要請に十分な考慮をしながらも、代表訴訟の構造分析に基づく論理的体系的思考を重視したものとなっている。現実の都合を優先させて理論的矛盾を抱え込むことをいとわない利益衡量的な解釈論や立法論を厳しく廃している点に特徴がある。

第四に、取締役の責任は誰がどのように追及するものとすべきかにつき、考え得るモデルとその折りに遭遇するであろう問題点を列挙し、各国の制度を手がかりにしつつ、理論的総合的な分析を試みている。その分析成果を基礎に、日本の代表訴訟制度に一定の評価を下し、今後の制度改革の方向性を示している。

第五に、親子会社・株式交換の問題へと研究を広げ、多重代表訴訟の問題につき本格的な議論を展開している。この視角からアメリカ法を詳細に分析したものは、

これまで我が国に見られなかった。しかもその分析を基礎に、日本法の下で、多重代表訴訟に関する新たな解釈論を提示している。

以上により、本書は学界レベルの最先端を切り開く最も意欲的な業績の一つに数えられるべきものとなっている。

山田氏は、株主代表訴訟が活発化する機縁となった平成五年商法改正時において、学部の三年次生として、私の商法演習に参加した。この株主代表訴訟制度を分析すれば、今日の日本社会を成り立たせる本質的な要素を解明することにつながるとの直感を得て、学部学生時代からこのテーマと真剣に取り組み始めた。学部卒業後は大学院へと進学し、五年の歳月をかけてこの課題と格闘してきた。そのようにして、注ぎ込まれた努力が本書として実を結んだ。

今後株主代表訴訟のあり方について考察を深めようとする者にとって、必読の書となるに違いない。

［著者紹介］ 山田泰弘（やまだ・よしひろ）
一九七二(昭和47)年生まれ
一九九五(平成7)年3月　名古屋大学法学部卒業
一九九七(平成9)年3月　名古屋大学大学院法学研究科博士課程（前期課程）修了
二〇〇〇(平成12)年3月　名古屋大学大学院法学研究科博士課程（後期課程）修了
高崎経済大学経済学部経営学科講師・博士（法学）

2003 民事手続法の基礎理論　民事手続論集　第1巻　谷口安平著　近刊
2004 多数当事者訴訟・会社訴訟　民事手続論集　第2巻　谷口安平著　近刊
2005 民事紛争処理　民事手続論集　第3巻　谷口安平著　A5判上製　11,000円　新刊
2006 民事執行・民事保全・倒産処理（上）民事手続論集　第4巻　谷口安平著　12,000円
2007 民事執行・民事保全・倒産処理（下）民事手続論集　第5巻　谷口安平著　近刊
2166 明治初期民事訴訟の研究　瀧川叡一著　4,000円　新刊
163 日本裁判制度史論考　瀧川叡一著　6,311円　４６変 341頁 上製箱入
628 裁判法の考え方　萩原金美著　2,800円　４６変　320頁 並製
789 民事手続法の改革リュケ教授退官記念　石川 明・中野貞一郎編　20,000円
2118 パラリーガル　田中克郎・藤かえで著　2,800円　Ａ５変 256頁 上製カバー
2125 法律・裁判・弁護　位野木益雄著　8,000円　Ａ５判変 336頁 上製カバー
419 近代行政改革と日本の裁判所　前山亮吉著　7,184円　Ａ５変 336頁 上製箱入カバー
850 弁護士カルテル　三宅伸吾著　2,800円　４６変 211頁 並製ＰＰ
575 裁判活性論　井上正三ディベート集Ｉ　井上正三著　9,709円　Ａ５変 35頁 上製箱入り
605 紛争解決学　廣田尚久著　3,864円　Ａ５変 402頁 上製カバー
2157 紛争解決の最先端　廣田尚久著　2,000円　四六判 184頁
9013 民事紛争をめぐる法的諸問題　白川和雄先生古稀記念　15,000円　Ａ５変 660頁
5018 図説判決原本の遺産　林屋 礼二・石井 紫郎編　1,600円　Ａ５ 102頁 並製カバー
102 小山昇著作集（全１３巻セット）小山昇著作集セット　257,282円
28 訴訟物の研究　小山昇著作集1　37728円　菊変 504頁 上製箱入り
29 判決効の研究　小山昇著作集2　12,000円　菊変 382頁 上製箱入り
30 訴訟行為・立証責任・訴訟要件の研究　小山昇著作集３14,000円　菊変 380頁
31 多数当事者訴訟の研究　小山昇著作集４　12,000円　菊変 496頁 上製箱入り
32 追加請求の研究　小山昇著作集５　11,000円　菊変 310頁 上製箱入り
33 仲裁の研究　小山昇著作集６　44,000円　菊変 645頁 上製箱入り
34 民事調停・和解の研究　小山昇著作集７　12000円　菊変 328頁 上製箱入り
35 家事事件の研究　小山昇著作集８　35,000円　菊変 488頁 上製箱入り
36 保全・執行・破産の研究　小山昇著作集９　14,000円　菊変 496頁 上製箱入り
37 判決の瑕疵の研究　小山昇著作集１０　20,000円　菊変 540頁 上製箱入り
38 民事裁判の本質探して　小山昇著作集１１　15,553円　菊変 345頁 上製箱入り
39 よき司法を求めて　小山昇著作集１２　16,000円　菊変 430頁 上製箱入り
109 余録・随想・書評　小山昇著作集１３　14000円　菊変 380頁 上製箱入り
898 裁判と法　小山昇著作集　別巻１　5,000円　Ａ５変 336頁 上製箱入り
1794 法の発生　小山昇著作集　別巻２　7,200円　Ａ５変 304頁 上製カバー
55 訴訟における時代思潮　クライン Ｆ.・キヨベェンダ Ｇ.著　1,800円　４６変 172頁
62 日本公証人論　植村秀三著　5,000円　Ａ５変 346頁 上製箱入り
1791 やさしい裁判法　半田和朗著　2,800円　Ａ５変　232頁 並製表紙ＰＰ
96 民事紛争解決手続論　太田勝造著　8,252円　Ａ５変 304頁 上製箱入り
103 比較訴訟法学の精神　貝瀬幸雄著　5,000円Ａ５変 312頁 上製箱入り
172 体系アメリカ民事訴訟法　グリーン M. 小島武司 他訳13,000円　Ａ５変 452頁 上製箱入り
374 要件事実の再構成（増補新版）三井哲夫著　13,000円　Ａ５変 424頁 上製箱入り
904 司法書士のための裁判事務研究・入門　日本司法書士会連合会編　5,000円
552 民事紛争交渉過程論　和田仁孝著　7,767円　Ａ５変 300頁 上製箱入り
814 民事紛争処理理論　和田仁孝 著　2,718円　Ａ５変 29頁 並製カバー
569 多数当事者の訴訟　井上治典著　8,000円　Ａ５変 316頁 上製箱入り
630 民事訴訟審理構造論　山本和彦著　12,621円　Ａ５変 430頁 上製箱入り
685 国際化社会の民事訴訟　貝瀬幸雄著　20,000円　Ａ５変 640頁 上製箱入り

中東正文 編著
［日本立法資料全集］

『商法改正［昭和25年・26年］GHQ／SCAP文書』

500510
栞第１刷
2001・3①
信山社
東京都文京区
本郷6-2-9-102

戦後の会社法の骨格を作った昭和二五・二六年改正

中京大学学長
名古屋大学名誉教授
弁護士
北澤正啓

昭和二五年商法改正は、戦後の会社法の骨格を形作ったという点で、現在までの最も重要な改正である。それにもかかわらず、これまで改正の経緯に関する資料については、関係者の回顧録などがあるにとどまり、学術的な分析が十分になされてこなかった。

このような状況のもとで、しかも商法が明治三二年の制定一〇〇周年を迎えた年に、昭和二五年と翌二六年の改正に関するＧＨＱ／ＳＣＡＰ文書が、ほぼ完全な形で刊行されることは誠に意義深い。これによって、少なくともＧＨＱ側の資料はほぼ完全に出揃い、他方、日本側から提出された資料も少なからず明らかにされたから、占領当局との折衝過程も相当程度明らかになった。

昭和二五年と二六年の改正について、いつの日か誰かがこのような研究をしてくれることを私自身期待していたが、名古屋大学で私の最後の講義を聞き、浜田道代教授の薫陶を受けている新進気鋭の中東正文君がこれを完成されたことは、欣快至極である。

今後の商法の発展を考えるに当っては、会社法の歴史を確認することが不可欠である。本書は、会社法の研究者のみならず、実務家にとっても、必読の書物といえよう。

第二回大隅健一郎賞受賞の論文を核に GHQ／SCAP文書を収集・分析

名古屋大学大学院
法学研究科教授
浜田道代

本書は、第二回大隅健一郎賞の対象となった論文を核として、資料集としてもいっそうの完全を期したものである。栄誉ある大隅賞が授与されたものであるだけに、会社法の来し方行く末を考えてみる上で、不可欠の文献となっている。

歴史的な研究は、地道で着実な努力を要する割には、労力に見合った成果を得ることが極めて困難なものである。しかし、中東正文氏は、昭和二五年・二六年の商法改正につき、その鍵が収められているGHQ／SCAP文書に正面から取り組み、膨大な資料の収集および分析に総力を結集した結果、実に実り多い成果を導き出すことに成功した。上述のように学問上も高い評価を与えられるべき著作にまとめ上げることができたという点で、本書は、歴史的研究としては希有なほどに幸せな部類の研究に属するといえるであろうが、それもすべて、彼の着眼点のよさと分析力の確かさと注ぎ込んだ情熱の大きさのなせるわざである。

中東氏の本研究は、もとをたどれば、北澤正啓先生の古稀祝賀論文集『日本会社立法の歴史的展開』（商事法務研究会、一九九九年）の企画の一環としてなされたものである。この古稀祝賀論文集の企画にあたっては、執筆分担を適材適所でお願いしたところが、編者としての私の会心の部分である。それぞれの方に最も似合いの箇所の担当をお願いしたがゆえに、各自充実感を感じながら執筆していただけたのではないかと自負している。そこでは、熱心に取り組むうちに次第に深く入り込んで詳細な研究を成し遂げた者が続出したが、この中東氏の研究こそ、その最たるものであった。

ＧＨＱ体制下で進められた昭和二五年・二六年の商法改正は、わが国の戦後の様相を大きく規定したものであり、日本会社立法史上最大級の意義を有するものであったことはいうまでもない。そのような重要な課題に取り組んで、これほどまでによく消化し、学界に多大な還元をなし得る学術的成果に結実させたのは、中東氏の抜きん出た能力と着実な努力があってのことである。ＧＨＱに関する資料が比較的まとまった形で存在しているであろうことは、北澤先生も期待されていたようであるが、これほど膨大な資料を取り扱うことになろうとは、当初は想像もできなかった。五〇年前の資料とはいえ、読みとることすら困難な資料が多かったようである。それを読み込み、系統的に整序する作業は一段と難しく、並大抵の努力をもってしては行いうるものではない。

近時は会社法の改正を巡る動きも一段と目まぐるしく、それに伴って会社法研究も目前にある問題を直接的に取り扱うものが多くなっている。それ自体必要であり、有意義であるには違いないが、このような時代環境にあるだけに、現在の問題のルーツがどこにあるのかを探求することが欠かせなくなっている。その意味でも、本書の意義は、様々な立法提案がなされる現代にあって、古くて新しい視点を提供するものである。

中東氏の意欲的な労作が、会社法の研究者のみならず、法の運用や立案に携わる各界の人々に活用されることを期待してやまない。

［編者紹介］ **中東正文**（なかひがし・まさふみ）

名古屋大学大学院法学研究科助教授

一九六五年　三重県伊勢市で生まれる。
一九八九年　名古屋大学法学部卒業、一九九一年　名古屋大学大学院法学研究科博士課程(前期課程)修了。同年　名古屋大学法学部助手、一九九三年　中京大学法学部専任講師、一九九六年名古屋大学法学部助教授、一九九九年に改組により現職。
一九九二―一九九三年　カリフォルニア大学バークレー校ロー・スクール客員研究員、一九九八年　ビクトリア大学法学部客員研究員。
一九九七年　第二回大隈健一郎賞を受賞